49가지 품성에 기초한

성품리더십 계발

CHARACTER LEADERSHIP DEVELOPMENT

49가지 품성에 기초한

성품리더십 계발

박종진·손병기 공저

동문사

머리말

사람은 일생을 살아가며 누군가를 이끌며 누군가에게 이끌림을 받으며 살아간다. 우리는 다양한 방식으로 리더십을 필요로 하고 또한 발휘하며 살아간다. 특별히 인공지능(AI)으로 대표되는 4차 산업혁명시대에 첨단의 하이테크놀로지가 발전하는 요즈음 리더십에 대한 필요가 갈수록 증가하고 있다. 다양한 기관의 조사에 따르면 미래에 요구되는 기술로 리더십이 매우 높은 우선순위를 차지하였다. 특히 대학생은 미래의 지도자로 성장하는 중요한 시기로, 이때 자신을 잘 관리하고 타인과의 관계를 잘 형성하는 셀프리더십과 팀워크, 팀리더십 그리고 자신의 인생에서 족적을 남길만한 레거시(Legacy) 리더십의 기초를 쌓는 것이 필요하다. 이러한 리더십을 키우고 성공적인 삶을 영위하기 위해서는 실력으로 표현되는 역량만으로는 안되고 인성(성품)까지 겸비한 리더로 자라나야 한다.

교수들의 멘토인 조벽 교수는 그의 책『인성이 실력이다』(2016)에서 인성을 성공의 핵심이라고 얘기한다. 그리스 철학자 헤라클레이토스는 “인성은 그 사람의 운명”이라고 얘기하였다. 동서고금을 막론하고 인성의 중요성은 강조되어 왔으며, 특별히 과학기술의 발달로 인간성의 상실을 경험하는 현대사회에 와서는 그 중요성이 더욱 절실해지고 있다. 우리나라는 2015년「인성교육진흥법」을 제정하고 학생들이 배려, 나눔, 협력, 타인 존중, 갈등 관리 등의 마음가짐이나 사람됨과 관련된 특성을 지닌 인간이 되도록 지원하고 있다. 이러한 인성교육의 중요성과 실행 방향은 주로 초·중·고등학교 위주로 진행되고 있고, 대학교 이상의 성인의 인성교육은 실제적 측면에서 논의나 실행이 제대로 되지 않고 있는 실정이다. 그러나 인성(성품) 계발은 한 평생을 통해 이루어지는 것으로 전 생애적인 과정으로 이루어져야 한다. 사회에서도 실력뿐만 아니라 훌륭한 성품과 리더십을 가진 인재를 요구하고 있다.

본서는 인성교육의 중요성이 날로 강조되고 있는 상황에서 대학 및 일반 성인의 교양과정에서 성품과 리더십 계발을 통해 "바람직한 인성을 갖춘 좋은 시민 리더"가 될 수 있도록 돕는 데 필요한 교재 용도로 개발된 것이다. 인성교육에 대한 이론적인 논의는 많이 이루어져 왔고 관련 도서들도 많이 발간되었지만, 실제적으로 어떻게 인성을 계발하고 실천적인 측면에서 성품을 계발할 것인지에 대한 프로그램이나 관련 도서가 부족한 것이 사실이다. 또한 성품에 기초해 리더십을 계발하는 내용은 거의 없다. 이 책은 이러한 상황에서 성품과 리더십 계발을 위한 실용 도서로서 대학생이나 일반 성인들이 삶의 기초로서 성품과 리더십의 중요성을 깨닫고, 이를 계발하는데 있어서 조금이나마 도움이 되었으면 하는 바람에서 저술되었다.

본서는 총 2개 부(part), 9개 챕터(Chapter)로 구성되어 4차 산업혁명시대의 자동화와 인공지능 등으로 우리가 습득해야 할 노동 기술이 변화하는 시점에 청년기 대학생들에게 필요한 성품과 이에 기반한 리더십을 체득하도록 하였다. 특별히 단계별 리더십인 셀프리더십과 팀워크, 팀리더십 그리고 레거시 리더십 중에서 기초가 되는 셀프리더십에 대해 집중하여 기술하였다.

1부 인성과 성품 계발은 총 4개 챕터로 구성되어 현대사회에서 인성의 필요성과 인성 및 인성교육의 개념 그리고 성품을 구성하는 49가지 개별 품성의 정의 및 성품을 계발하는 방법론, 마지막으로 9가지 개별 품성에 대한 구체적인 실천 내용에 대해 기술하였다.

2부 셀프리더십 계발은 총 5개 챕터로 구성되어 리더십과 대학생의 셀프리더십 개론, 셀프리더십의 필요 구성요소인 자기이해, 자기관리, 취업 역량 계발, 계속 성장해 나가기 등의 내용을 다루었다.

성품과 리더십 계발은 이론적으로만 배울 수 없고 실천하고 적용을 통해 이루어지며 가르치는 교수자에 의해 많은 영향을 받음을 부인할 수 없다. 학생들에게 좋은 성품과 리더십이 계발되려면 먼저 성인으로서 우리가 성품에 기초한 리더십을 계발하고 본을 보여야 함을 강조하고 싶다. 필자들도 이제까지 성품과 리더십 강의를 하며 우리 자신의 성품과 리더십의 부족함을 절실히 깨닫고, 스스로의 성품 계발을 위해 노력해왔다. 그러나 여전히 부족함을 느끼고 이러한 과정이 일생을 통해 이루어져야 하는 것임을 느낀다. 하지만 이러한 노력은 반드시 보상을 받으며 삶의 열매로 나타날 것임을 믿어 의심치 않는다.

필자들은 이와 같이 우리들의 삶에서 이러한 인성(성품)과 역량을 겸비한 리더십이 필요함을 뼈저리게 깨닫고 대학생들을 위한 성품 리더십 프로그램 개발에 힘을 쏟고 있다. 그래서 본서는 이론만이 아니라 실제적이고 구체적인 내용을 제시하는 가이드북과 같다. 아무쪼록 이 졸저가 대학생들이나 일반 성인들이 성품을 기반으로 자신을 이끄는, 그래서 타인과의 관계를 잘 세울 수 있는 셀프리더십을 학습하고 실천할 수 있는 실용서로서 잘 활용되길 바라는 마음이다.

끝으로 본서가 출판되기까지 도움을 주신 분들에게 감사의 마음을 전하고 싶다. 먼저 이 책을 출판할 수 있도록 배려해 주신 동문사 이중수 사장님과 관계 직원 여러분들의 수고에 감사를 드린다. 또한 필요한 자료를 제공하고 격려해주신 김형국 박사님께도 감사를 표하며, 집필에 집중할 수 있도록 배려해 주고 인내해준 가족들에게도 고마움을 표하고 싶다.

2021년 6월
저자 일동

추천사

우리 사회의 곳곳에서 다양한 어려움과 갈등을 마주한다. 그리고 그 내용들을 잘 살펴보면 거기에는 반드시 자신의 역량을 제대로 발휘 못하는 리더, 다른 사람들을 전인격적으로 이끄는 리더가 존재하지 않는 것을 발견한다. 많은 문제들의 원인은 사람들에게 있고 특히 리더들에게 있다.

대학생들은 우리 미래의 리더들이다. 우리의 미래가 될 청년들은 무엇보다 자신에게 리더십을 발휘하며 타인과 건강한 관계를 형성하는 셀프리더십, 이렇게 독립적이 된 존재들이 함께 팀으로 일하는 역량, 이러한 팀을 이끌 수 있는 리더십 그리고 결국은 일과 삶을 통해서 세상에, 다음 세대에 무엇인가는 남기는 레거시 리더십의 기초를 놓아야 한다.

역량만을 강조하는 세상은 치열한 경쟁과 약육강식의 사회를 만들어내지만, 통합된 성품을 가진 리더들이 자신들의 역량 위에서 리더십을 발휘한다면, 조금 더 사람이 살만한 세상이 될 것이고, 이러한 삶을 살아가는 사람들은 누구보다 스스로가 스스로에게 깊은 자부심을 누릴 것이다.

이 책을 통해서 이 모든 것의 출발점 셀프리더십을 잘 배우게 되길 기대한다. 자신을 리드하지 않는다면, 세상에 의해 리드당하지만, 자신을 리드하는 사람이 세상을 리드할 수 있다.

김형국(하나복DNA네트워크 대표, 정림건축 CPL, 신학박사)

차례

CONTENTS

2부 셀프리더십 계발

1부 인성과 성품 계발

CHAPTER

1

현대사회와 인성의 필요성

1. 현실진단과 인성교육

오늘날 우리는 인류 역사상 과학과 기술 그리고 물질이 최고도로 발달한 그런 사회에 살고 있다. 문명의 혜택으로 우리의 삶은 모든 면에서 말할 수 없이 편해졌고 물질적인 성취도 어느 정도 이루어졌다고 할 수 있다. 금세기 최고의 미래학자인 앨빈 토플러(Alvin Toffler)는 『제3물결(The Third Wave)』(1980)에서 다가올 미래를 예측하며 인류의 역사를 3개의 물결로 구분하였다. 제1물결은 농업혁명의 물결, 제2물결은 300년이라는 비교적 짧은 시간에 인류를 변화시킨 산업혁명의 물결이다. 제3물결은 1950년대 중반에 시작되어 최근까지 계속되고 있는 정보지식혁명의 물결이다. 『부의 미래(Revolutionary Wealth)』(2006)에서 토플러는 '미래에는 지금 우리가 상상하지도 못하는 엄청난 일들이 벌어질 것'이라고 예측한다. 제3의 물결에 이어 제4의 물결이라 불릴만한 혁명적인 변화의 물결이 전개될 것이기 때문이다. 제4의 물결은 '융 · 복합 창조시대' 또는 '초연결 사회'로 특징지어진다. 제3의 물결이 산업화에서 정보화 사회를 기반으로 정보를 이용하여 부가가치를 높여왔다면, 제4의 물결은 서로 다른 것을 결합해 시너지를 내고 창조를 하면서 상생할 수 있는 새로운 기능이 생기는 것으로 정의되고 있다.

이러한 흐름에 더해, 지난 30~40년 동안 신자유주의는 경쟁과 시장원리, 차등 보상을 통해 혁신, 성장, 번영 등을 추구하며 많은 혁신과 성장을 이루어왔다. 그러나 오늘을 사는 우리가 과연 잘 살고 있는가? 이러한 신자유주의의 무한경쟁과 차등 보상 등을 통해 많은 발전을 이룸과 동시에 심각한 양극화 문제가 발생하고 사회적 갈등이 커져왔다. 인류의 미래를 염려하는 많은 사람들은 오늘의 세계야말로 인류가 일찍이 경험하지 못했던 심각한 문제에 봉착해 있으며, 그 심각성은 인류의 미래를 보장하기 어려울 정도라고 한다. 이러한 현대의 문제와 그 심각성은 다양한 환경문제, 전쟁으로 인한 대량 살육과 핵전쟁의 위험, 가치관의 전도와 도덕 질서의 붕괴 그리고 이로 인한 인간성의 상실 등으로 대변될 수 있다.

현대사회의 문제점과 성숙한 사회

"매사추세츠 주의 한 남자가 아들의 하키 연습시간에 다른 아빠와 말다툼 끝에 울화가 치밀어 살인을 범한 죄로 붙잡혔다." (뉴욕타임즈, 2002)

"학생 8,600명을 대상으로 설문조사한 결과 70%가 한번 이상 시험에서 부정행위를 했다고 말했다." (ABC 뉴스, 2000)

"마약 사용량이 젊은이들 사이에서 급증하고 있다. 미국인 7천 8백만 명이 과거에 불법 마약을 사용해 본 경험이 있다. 또한 전 미국인의 6.2%가 현재 불법 마약 사용자이다." (The Seattle Post-Intelligencer, 1998)

위의 이야기들은 미국의 사례이다. 한국 사회는 어떠한가? 8.15 광복과 한국전쟁을 지나 지난 50여 년 동안 정치, 경제 분야에서 괄목할 만한 성장이 있었지만, 압축적 근대화 과정에서 누적된 사회의 부조리와 모순이 표출되고 있는 것을 볼 수 있다. 가깝게는 세월호 참사, 판교 환풍구 참사, 멀게는 삼풍백화점 붕괴, 성수대교 붕괴 등의 사고들을 떠올리며 우리는 왜 이런 사건들이 연이어 일어나고 있는지 생각하지 않을 수 없다. 이러한 참사를 불러온 직·간접적 원인으로 제도와 관행, 안전 불감증이나 재난에 대한 미숙한 대응 등을 지적할 수 있겠지만, 책임의식의 결여와 양심 실종, 극단적인 이기심, 황금만능주의와 배금주의 등과 같은 도덕적 실패를 근본적인 원인으로 진단할 수 있다.

우리 사회가 안고 있는 온갖 병폐들이 이런 대형사건의 양상으로 표출되면서, 우리가 지향해야 할 공동체적 이상과 목표는 물질적 혹은 외형적 성장이 아닌 내면적·정신적 성숙에 두어져야 하고, 정신의 자각과 변화를 위해서는 범국민적 차원의 결단과 노력이 요구되는 시점이라는 의견이 대두되고 있다.

이러한 시점에서 서울대 윤리교육과 정창우 교수는 그의 책 『인성교육의 이해와 실천』(2015)에서 우리 사회가 나아가야 할 방향을 '성숙한 사회'로 제시하고 있다. "영국의 미래학자 가보(D. Garbo)가 자신의 저서 『성숙사회(the mature society)』(1972)에서 내린 개념 규정에 주목해 보자. 가보가 말하는 성숙사회란, 오직 양적인 확대만을 추구하는 경제 성장이나 그에 의존하는 대량소비사회 대신, 높은 수준의 물질문명과 공존하면서도 정신적인 풍요와 생활의 질적 향상을 최우선시하는 평화롭고 자유로운 사회를 의미한다. 그는 개개인이 청년기를 거쳐 성숙기에 접어드는 것과 같이, 사회도 성숙을 향해 전환하지 않으면 안 되는데, 이 단계에서 인간은 양적 확대보다 생활의 질을 중시하게 되어 정신적 가치를 소중히 여기게 된다고 주장하였다."

또한 정창우는 이러한 성숙한 사회의 실현은 구성원 개개인의 인성과 사회구조와 제도 차원의 도덕성이 확보되어야만 가능하며, 이는 '개인윤리 차원'과 '사회윤리 차원'에서 이 두 차원의 통합을 통해 이루어질 수 있다고 주장하였다. 그러면서 제도적 장치를 통해 사회정의를 제대로 실현하는 문제는 사회구성원의 인성 수준에 의해 좌우되므로 사회 구성원의 인성 수준이 보다 근원적이고 핵심적인 차원에 해당된다고 보았다.

"이러한 성숙한 사회를 만들기 위한 구성원의 핵심 자질을 '바람직한 인성'이라고 한다면, '바람직한 인성을 갖춘 사람'이 된다는 것은 구체적으로 무엇을 의미하는가? 바람직한 인성을 갖춘 사람이 된다는 것은 우리가 될 수 있는 가장 좋은 사람, 즉 성실, 용기, 절제, 배려, 예의, 도덕적 대인관계능력 및 의사소통능력 등과 같이 (주로 자기 자신 및 타인과의 관계 차원에서 요구되는) '도덕적 덕성(moral virtues)과 역량을 지닌 사람'이자 인권존중, 준법, 협동, 사회적 책임, 정의, 공동체의식, 환경윤리의식 등과 같이 주로 공동선에 대한 관심 및 공적인 영역에서 책임과 의무를 이행하는 데 필요한 '시민적 덕성(civic virtues)과 역량을 지닌 사람'을 의미한다."(정창우, 2015)

그러나 우리 사회가 안고 있는 현재의 사회적, 도덕적 문제들이 결코 짧지 않은 세월 동안에 걸쳐 만들어진 것이며 고도화된 산업화와 자본주의가 급속하게 발전하면서 개인주의와 이기주의가 팽배해짐에 따라 자본주의의 가장 큰 특징인 무한경쟁 속에서 인성교육이 제대로 이루어지지 못했다. 인성교육은 사회구성원으로서 사회를 발전시키는 인격체가 되며, 정신적 만족을 이룰 수 있도록 협조하는 인간으로 만드는 필수 조건이다. 이러한 관점에서 볼 때,

올바른 인성은 개인적, 공동체적인 삶의 유지와 번영을 위해 반드시 필요한 요소임에도 불구하고, 오늘날 국민 인성 수준은 긍정적으로 평가받기 어려운 실정이며, 이와 같이 낮은 도덕적, 정신적, 의식적 수준은 현재 우리 사회에서 나타나고 있는 학교 및 군대 폭력, 정치권 및 공직사회의 도덕적 해이 현상과 매우 낮은 수준의 부패인식지수, 생명경시 풍조, 자기통제능력의 부족, 사회 양극화 및 양성 불평등 심화 등의 근본 원인으로 작용하고 있다고 보는 것이 타당할 것이다.

우리나라의 인성교육

우리나라의 인성교육은 '5.31 교육개혁'(1995)에서 특히 강조되었다. 여기서 초·중등교육의 목표를 "학습자의 다양한 개성을 존중하고, 인성(도덕성, 사회성, 정서) 및 창의성을 최대한 신장시키는 교육체제를 갖춤으로써, 모든 학습자의 잠재능력이 최대한 계발되도록 한다."라고 제시하고 있다. 이후 2009년과 2011년 이루어진 개정 교육과정에서는 "모든 교육 활동을 통해 인성교육을 실천할 수 있도록 교육과정을 구성한다."라는 항목을 신설하고, 특히 초·중·고등학교에서 유기적으로 연계된 인성교육이 이루어질 수 있도록 학교급별 교육목표에 '인성교육 요소를' 반영하고 있다(이미숙, 2012: 26-28). 2013년에 정부는 '학교교육 정상화 추진'을 발표하여 그 주요 추진 계획 중 하나로 '인성교육 중심 강화'를 내세웠고, '인성교육 강화 기본 계획'이 발표되었다.

또한 「인성교육진흥법」이 2014년 12월 국회를 통과, 2015년 1월 공포됨에 따라 2015년 7월부터 국가와 지방자치단체, 학교에 인성교육의 의무가 부여되었다. 「인성교육진흥법」은 건전하고 올바른 인성을 갖춘 시민 육성을 목적으로 한다. 이 법에 명시된 인성교육의 정의는 "자신의 내면을 바르고 건전하게 가꾸며 타인, 공동체, 자연과 더불어 사는 데 필요한 인간다운 성품과 역량을 기르는 것을 목적으로 하는 교육"이다. 이에 따라 각 대학별로 입시에서 인성 평가를 강화하는 방향으로 나아가고 있다. 자기소개서 공통 양식에 인성 평가 항목이 신설되고, 교사 추천서의 인성 평가 및 대인관계 평가 항목을 반영하는 학교가 늘어나는 등 대학마다 인성적인 부분을 고려하여 학생을 선발하겠다는 의지가 담겨 있다. 이때 인성 평가의 핵심요소는 배려, 나눔, 협력, 타인 존중, 갈등 관리, 관계지향성, 규칙 준수 등이다.

〈표 1-1〉 인성교육진흥법 주요 내용

입법 목적	건전하고 올바른 인성을 갖춘 시민을 육성하자
인성교육 종합계획	교육부장관, 국가인성교육진흥위 심의에 따라 5년마다 수립 시 · 도 교육감, 종합계획에 따라 연도별 시행계획 수립 및 시행
국가인성교육진흥위(신설)	교육부장관(위원장), 민간 전문가 등이 교육 방향과 실적 점검
유치원, 초 · 중 · 고	교육부장관이 정한 인성교육 목표와 성취 기준을 준수해야 학교장, 매년 인성교육 계획 세워 교육
가정	국가 · 지자체 · 학교의 인성교육 관련 건의 가능
인성교육 인증제	지역사회의 인성교육에 참여한 학생 실적 인정
교원 연수 강화	교장, 교사 채용 때 인성 검증 사범대 · 교대, 예비 교사의 인성교육 역량 위한 필수 과목 개설해야
예산	국가 · 지자체, 학교 인성교육 예산 편성 학교, 대통령령에 따라 예산의 일정 비율을 인성교육으로 편성해야

대학과 인성교육

이러한 인성교육의 중요성과 실행방향은 주로 초 · 중 · 고등학교 위주로 진행되고 있고 대학교 이상의 성인의 인성교육은 실제적 측면에서 논의나 실행이 제대로 되지 않고 있는 실정이다. 그러나 최근 들어 100세 시대에 이를 만큼 수명이 길어지고 이에 따른 여러 사회적 문제의 발생으로 인해 성인교육의 필요성이 증가하고 있다. 정창우는 인성회복을 위한 실천과제로 「인성교육진흥법」을 통한 인성교육 지원을 위한 법적, 제도적 뒷받침의 제공' 등 10가지를 제시하며 그중에 '생애 단계별 인성교육 실시의 필요성'을 다음과 같이 주장하였다.

“최근 인성교육의 중요성과 필요성을 강조하는 목소리는 대체로 초·중·고등학교 학생들을 향하고 있다. 하지만 인성 형성이 전(全)생애적인 과정을 통해 이루어지는 것을 생각한다면, 당연히 인성교육 또한 전 생애라는 장기적인 관점에서 체계적이며 전문적인 방식으로 계획 및 운영되어야 한다. 예를 들어, 유아 단계에서는 부모와의 애착심 형성, 학령기 이전 아동기에는 공감(empathy) 능력의 발달, 기본예절 및 기본 생활 습관 형성, 초등 단계에서는 기본적인 도덕 판단능력 향상, 심미적 감수성 및 정서능력(특히 정서인식 및 정서조절능력) 함양, 대인관계능력(특히 갈등해결능력) 향상, 자성(自省)적 태도 형성, 중·고등학교 단계에서는 바람직한 자아정체성 및 목적의식(sense of purpose) 발달, 기본적인 인문학적 소양 및 상상력 함양(인생과 사회에 대한 지적 안목을 형성하고 예민한 감수성으로 세상을 느끼며 능동적으로 자기를 조형해 가는 과정 중시), 성인기에는 자아정체성 확립, 인문학적 지혜 및 통찰력 향상, 노년기에는 과거와 현재의 변화에 대한 통찰, 인간과 자연의 관계 탐구, 죽음에 대한 철학적 인식 등에 초점을 맞출 수 있을 것이다. 이와 같이 생애 단계별 인성교육 계획을 국가 수준에서 수립하고 인성교육을 촉진하기 위한 인프라 구축에 힘써야 할 것이다. 특히 인성교육을 위한 적극적인 지원을 위해 「인성교육진흥법」과 같은 법적 지원체제를 마련하고 시행해야 할 것이며, 이러한 지원을 바탕으로 학생과 시민을 위한 각종 인성교육 교육과정과 프로그램을 활발하게 운영해야 할 것이다.”(정창우, 2015)

특히 대학생들은 중·고등학교부터 이어진 입시와 성적 위주의 교육이 좋은 스펙(specification)과 취업이라는 현실로 이어져 인성교육이 제대로 이루어지지 못하고 있다. 다행히 최근에 인문학적 소양의 중요성이 강조되어 많은 대학에서 교양과정을 통해 이러한 교육을 수행하고 있지만 예전의 대학 캠퍼스의 낭만은 사라지고 자기 자신이나 사회에 대한 철학적 고민보다 현실적인 필요에 따라 취업준비에 많은 시간을 쏟고 있는 실정이다. 그러나 기업에서는 취업준비생들이 가지고자 하는 스펙이 실제적으로는 별로 쓸모가 없거나 채용할 때 별로 고려하지 않는 경우가 많다고 한다. 미국에서 ‘기업체가 직원한테 요구하는 역량' 19가지 가운데 상위 5개 항목은 협업능력, 리더십, 문자로 소통하는 능력, 문제해결능력, 높은 직업윤리의식 등으로 인성과 관련된 부분이 많다(이찬승, 2015). 이에 따라 최근에는 기업들이 구직자들의 됨됨이와 인생관을 점검할 수 있는 인성면접을 강화하는 방향으로 흘러가고 있다.

본서는 인성교육의 실제적인 필요가 증가하고 있는 현실에서 초·중·고를 중심으로 논의되는 인성교육에 대해 대학생과 일반 시민을 위한 인성교육에 도움이 될 수 있는 내용을 마련하고자 한다. 고등학교를 졸업한 대학생들이 성인으로 성장하는 단계에서 훈련하고 계발해야 하는 인성의 내용들을 살펴보고 취업과 연계하여 필요한 인성(성품)을 계발할 수 있는 인성교육 교육과정과 이와 연계하여 리더십 함양을 위한 프로그램 개발을 목표로 한다.

2. 인성교육과 성공하는 삶

한국교육개발원에서 성인 2,000여 명을 대상으로 실시한 '2014 교육여론조사'에 따르면, 한국 초·중·고 학생들의 인성·도덕성 수준에 대해 낮다고 응답한 비율이 61.3%이며, 초·중·고등학교에서 현재보다 더 중시해야 할 교육내용으로 '인성교육'을 1순위로 꼽는 답이 가장 높은 것(초등학교 61%, 중학교 53.6%, 고등학교 40.2%)으로 나타났다. 이처럼 입시 및 경쟁 위주의 교육과정 운영과 심각해진 학교 문제에 대한 대안으로 인성교육이 그 어느 때보다 강조되고 있다(김정민 외, 2014).

인성교육의 실태

교육과학기술부는 2014년 한국교육개발원(KEDI)에 위탁하여 초·중등 학생들의 인성수준 표준화 인성검사 도구와 매뉴얼을 개발하고 전국 초등학생 5학년, 중학교 2학년, 고등학교 1학년생 등 1,184개교 4만여 명을 대상으로 인성검사를 실시하였다.

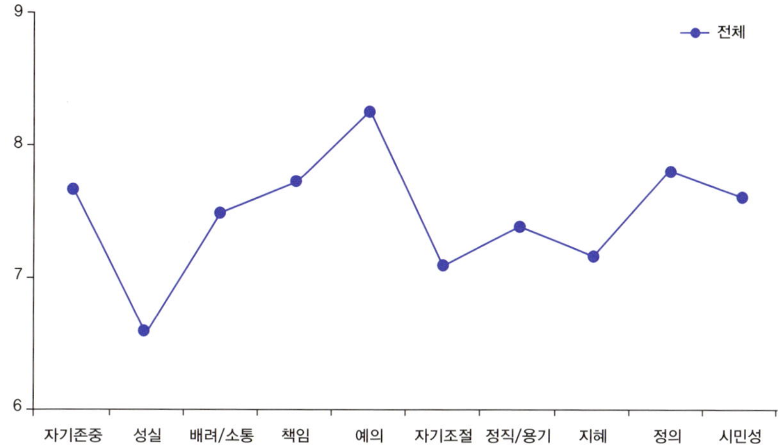

[그림 1-1] 하위요인별 전반적 경향성

새로 개발된 인성검사는 인성의 핵심덕목을 자기존중, 성실, 배려 · 소통, 책임, 예의, 자기조절, 정직 · 용기, 지혜, 정의, 시민성의 10가지로 구분하였다. 우리나라 학생들의 인성수준을 살펴본 결과, '예의(8.25)' 점수가 가장 높고, '성실(6.61)' 점수가 가장 낮게 나타났다. 10개 인성덕목별로 높은 것에서 낮은 것 순으로는, '예의(8.25)', '정의(7.82)', '책임(7.71)', '자기존중(7.67)', '시민성(7.63)', '배려 · 소통(7.50)', '정직 · 용기(7.40)', '지혜(7.18)', '자기조절(7.10)', '성실(6.61)'의 순으로 나타났다.

학교급에 따른 10개의 인성덕목별 추이는 초등학생(78.1) 〉 고등학생(73.4) 〉 중학생(72.8) 순으로 나타났다. 성별에 따른 10개의 인성덕목별 전반적인 수준은 대체적으로 여학생 〉 남학생으로 나타났지만, 자기존중, 성실, 자기조절에서는 남학생이 여학생보다 높게 나타났다. 학교급에 따른 인성수준의 차이는 단지 인성수준의 차이만이 아니라, 학생들의 삶의 만족도, 긍정정서, 부모 및 교사와의 관계 등 관련 변인에 대한 학생들의 반응수준과 연관하여 이해되어야 한다. 즉, 관련 변인별 수준(삶의 만족도, 긍정정서, 부모-자녀 관계, 교사-학생 관계)이 높을수록 인성수준이 높다고 본다.

이와 같이 지난 수십 년간 인성교육에 대한 필요성을 인식하고 이에 대한 관심과 노력에도 불구하고, 우리나라의 인성교육이 성공하지 못한 주요한 이유는 무엇일까? 여러 원인 중에 입시와 성적 위주의 학교교육으로 인해, 인성교육을 형식적 혹은 공식적 차원에서만 강조하였을 뿐 실질적으로 제대로 시행하지 못했기 때문일 것이다. 그리고 보다 중요하게는 인성교육 시책이 대증(對症)적 치료요법으로서 단시간 내 가시적 효과를 보거나 또 다른 하나의 스펙으로 사용하기 위한 것이 많았기 때문이다(정창우, 2015: 25).

교육과학기술부가 2012년 실시한 「인성교육 실태조사」의 결과를 보면 인격형성에 가장 부정적인 영향을 끼치는 요소로 전체 집단의 29.4%가 '성적 위주의 학교교육'을 꼽았고, 20.8%가 '부모님의 잘못된 교육관'이라고 응답하였다. 그 다음으로는 '폭력적인 또래 문화'가 19.1%, '유해한 매체' 11.7%, '경쟁적 사회풍토' 10.5%, '잘못된 어른들의 모습'이 8.5%로 나타났다. 이 조사는 전국의 500개 초·중·고등학교에서 57,902명의 학생과 교사, 학부모를 대상으로 인성교육의 현주소와 인성교육 실천과제에 대한 의견을 물은 것으로 우리나라 인성교육의 현주소를 나타내고 있다.

인성교육과 행복

무한경쟁의 신자유주의 시대인 현대 사회에서 공동체는 붕괴되고 '인간다운' 인간으로서 '인간답게' 살아가기는 너무나 어려운 현실이다. 최근에 벌어지고 있는 금수저, 흙수저 논란이 이러한 현상을 대변하고 있다. 게다가 대도시와 소도시 간의 격차가 커서 소도시 주민들의 열등감이 커져 가고, 대도시 내에서도 이른바 강남으로 대변되는 특정지역과 타 지역 간의 갈등이 증폭되고 있다. 때문에 탈농촌, 탈소도시 현상은 꾸준히 일어나고 있고 도시 간의 부익부, 빈익빈 현상도 심화되고 있다. 또한 물질적 가치를 다른 가치보다 중요시하면서 궁극적인 가치가 무시되는 가치전도 현상이 일어나고 있다. 이러한 황금만능주의의 폐해는 날로 심각해지고 있다.

이러한 일을 극복하기 위해서는 우선 인간성 회복과 가치관의 변화가 병행되어야 하며 인생에 있어서 진정한 성공이 무엇인가에 대해 진지한 성찰을 할 필요가 있다. 최근 초중고 학생을 대상으로 한 조사에 의하면 만약 돈을 10억 벌 수 있다면 감옥에 가도 좋다는 결과가 나온 적이 있다. 자라나는 어린 학생들이 돈을 인생의 최고 목표로 삼고 있는 것이다.

우리는 모두 삶 속에서 궁극적인 목적 또는 최종적으로 얻고자 하는 것이 행복임을 부정하기 어렵다. 우리가 인생에서 성공을 추구하는 것도 이러한 행복을 얻기 위한 것이다. 그러나 안타깝게도 우리는 "행복해진다는 것은 무엇을 의미하는가? 진정한 성공이란 무엇이고, 무엇이 행복으로 이끄는가, 그리고 무엇이 그렇지 않은가?"를 깊이 생각하지 않고 그냥 행복과 성공에 대한 맹목적인 집착 현상을 나타내곤 한다. 이러한 경향성은 사람들이 일반적으로 행복을 얻기 위해 쾌락(Pleasure), 권력(Power), 명예(Prestige), 재산(Property)의 4P를 추구하는 것으로 표현되기도 한다. 그러나 진정한 행복을 얻으려면 무조건적인 사랑과 궁극적인 삶의 목적이라는 두 가지 조건이 필요하다.

데빈(T. Devine)과 그의 동료들은 저서 『마음과 인성을 계발하는 것』(2000)에서 범문화적인 연구결과를 바탕으로 전 세계의 문화들이 진정한 행복의 원천으로서 세 가지 삶의 목표들을 단언하고 있다고 보고한다.

- 좋은 인성 계발: 우리가 할 수 있는 최선의 사람이 되는 것
- 관계를 사랑하기: 다른 사람과의 좋은 관계 형성 및 유지
- 사회에 공헌하기: 타인의 삶 및 공동체에 긍정적인 변화를 가져오기

긍정 심리학의 창시자인 셀리그먼(M. Seligman)의 『진정한 행복』(2004)에서 그는 쾌락주의적 행복과 자아실현적 행복을 구분할 필요가 있다고 역설한다(정창우, 2015: 39).

인성교육과 성공

우리가 진정한 행복을 얻기 위해 중요한 요소인 성공에 대해 어떻게 정의할 수 있을까? 성공이란 돈, 명예, 권력, 건강을 갖는 것인가? 역사 속에서 참된 성공을 이룬 많은 사람들은 그중에서 한 가지도 갖지 않았다. 기독교뿐만

아니라 세계적으로 존경받는 테레사 수녀나 불교의 성철, 법정 스님 같은 분은 무소유의 삶을 실천한 것으로 유명하다. 아무도 그들을 실패자나 행복하지 않은 사람으로 생각하지 않는다. 동시에, 많은 사람들이 큰 부를 소유하고 심히 큰 영향력을 가졌으며 또 자기들의 직업에서 매우 중요한 업적을 성취하고도 자기들이 개인적인 삶에서, 또는 결혼 생활에서, 혹은 그들의 자녀들의 문제에 있어서는 완전히 실패한 것같이 보이는 많은 사람들이 있다.

인간관계가 삶에 얼마나 큰 영향을 미치는지 알기 위해 72년간 하버드 대학 졸업생 268명의 생애를 연구하였는데 장기 성공의 중요한 요소는 인간관계였다.

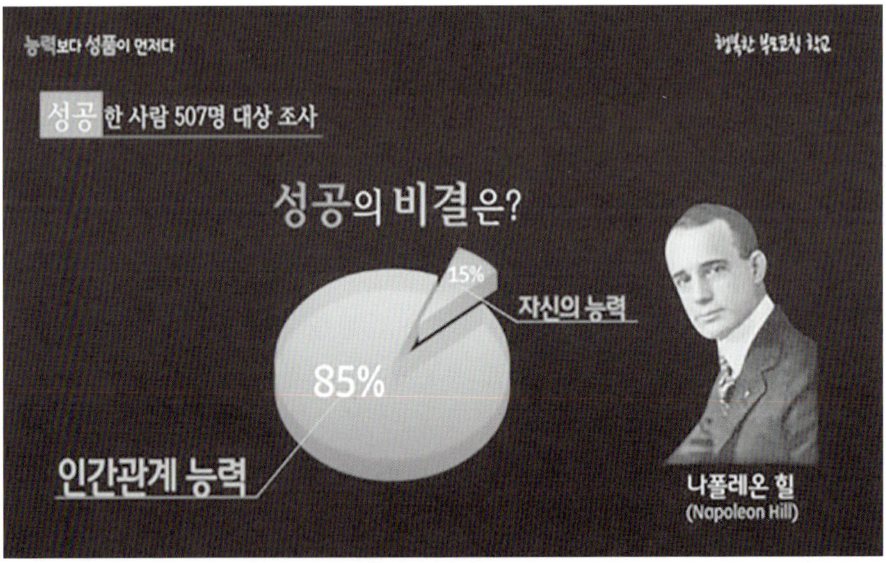

[그림 1-2] 성공의 비결

출처: EBS 다큐

무엇이 진정한 성공의 원천인가란 질문에 대해서 행복의 원천과 마찬가지로 다양한 문화나 배경에 따라 다양하게 정의될 수 있을 것이다. 그러나 공통적으로 단순히 '물질적 또는 외형적 성공'이 아닌 '내면적 · 정신적 성공'이 더욱 중요하다는 것에 공감할 것이다.

"그 예를 하나 들자면 바로 '우리가 성공을 어떻게 바라보는가' 하는 관점에 있어서의 사회적 인식의 변화이다. 초기 150여 년 동안의 미국 역사를 통해서 볼 때, 예전에는 성공의 개념에 반드시 성품적인 요소가 있었다. 그간 출간된 수백 권의 책, 논문, 수필집들 중에서도 가장 유명한 것은 아마 벤자민 프랭클린의 자서전일 것이다. 그 자서전에서 가장 중요하게 강조되는 것은 좋은 성품이었다. 그리고 인생의 행복과 성공이란 정직하며, 친절하고, 근면하며 선한 사람이 되는 것이라는 확신이 그 책에는 기록되어 있다. 그와 더불어 공정하며 치우침이 없음과 용기라는 덕목이 인생에서 필수적인 것으로 거듭 강조되어 있다. 그러나 제2차 세계대전 이후로 성공의 의미가 급격히 변화되었다. 이 시대의 많은 저서들에 나타난 성공의 의미는 '자신이 원하는 대로 하는 것'이다. 그러므로 많은 사람들에게 있어서 인생의 목표는 원하는 것을 성취하는 것이 되어 버렸다. 이와 더불어 한 사람의 내면세계의 표현인 성품(character)의 중요성이 표면적인 성격(personality)에 대한 강조로 바뀌었다."[1]

도덕성 실험과 삶의 태도

인생을 살아가면서 인성이 우리의 삶의 태도나 만족도에 얼마나 영향을 미치는지에 대한 실증적인 연구들이 많이 이루어져 왔다. 몇 년 전 교육방송(EBS)에서는 「다큐프라임」이라는 프로를 통해 아이들의 생활과 관련하여 여러 가지 심리적인 실험을 수행하였는데 '2부 도덕성'에서 우리가 가져야 하는 인성의 하나인 '도덕성'이 우리의 삶에 어떤 영향을 미치는가에 대해 탐구하였다. 설문을 통해 아이들을 도덕성이 낮은 군(group)과 높은 군으로 나누고 각 군의 삶에 대한 태도나 난관에 대한 대응 자세 등을 조사하였는데 도덕성이 높을수록 삶의 만족도, 낙관성, 좌절극복, 희망이 높은 것으로 나타났다.

실험을 수행한 서울대 연구팀은 도덕성의 요소를 정서와 인지로 보았는데 생각과 행동을 일치시킬 때만 도덕은 의미를 가진다. 실험에 의하면 아이들의

1 성품이 자녀의 인생을 결정한다. 조 & 수잔 예이츠. 국민일보. 2004.

도덕 지수와 행동은 연관 관계를 가지고, 도덕 지수가 높은 그룹과 중간 그룹을 비교한 결과 자제력과 집중력 모두 도덕 지수가 높은 그룹이 우수한 것을 알 수 있다. 드러나지 않은 도덕성이 아이의 모든 행동을 규정하고 있는 것이다. 정서와 인지로 이루어진 도덕성에 행동이 더해질 때 아이들의 미래인생관이 결정될 수 있다. 실험 결과에 의하면 도덕성은 단순한 태도나 성품이거나 인성의 하나의 핵심덕목이 아니라 경쟁력이다.

〈EBS · 서울대 공동연구〉

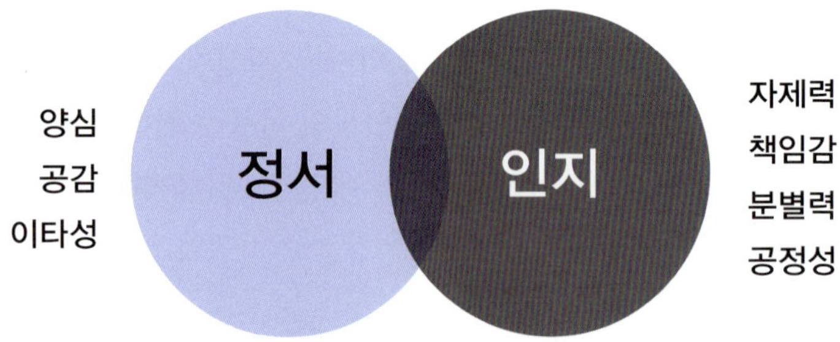

[그림 1-3] 도덕성의 요소

출처: EBS 다큐프라임

이러한 결과에도 불구하고 실제 교육현장에서는 인성교육이 제대로 이루어지지 않고 있는데 많은 교사들과 학부모들은 "우리도 더 많은 인성교육을 실천하고 싶지만, 입시 및 성적 위주의 교육현실로 인한 압박 때문에 그럴 시간적 여유가 없습니다."라고 말하곤 한다.

하지만 이제 학업과 인성의 관계에 대한 인식을 새롭게 정립할 필요가 있다. 예를 들어, 미국 인성교육 관련법, 특히 연방법에 포함된 '학업적, 사회적, 정서적 능력 함양을 위한 학습법(ASELA)'에서는 인성교육을 통해 배려적이고 도전적인 학습 환경을 구축함으로써 인성 함양과 학력 신장은 동시에 추구될 수 있다는 기본 관점을 취하고 있고, 이러한 관점은 다양한 경험적 근거에 의해 지지되고 있다(정창우, 2015: 48).

미국의 인성교육

미국에서는 인성교육을 강화함으로써 학업 수행, 학생 태도 및 행동 개선, 학교 환경 개선 측면에서 다양한 효과가 있다는 보고가 있어 왔다. 일례로 2000년에 이루어진 '사우스캐롤라이나 인성교육 사업 평가'에서 1994년에 제정된 「학교향상 법」(The Improving America's Schools Act of 1994)에 따라 미국인의 정의적, 인지적, 도덕적 인성을 함양하고 친사회적인 행동을 함양하기 위해 1995년부터 2001년까지 적용된 '인성교육 파일럿 프로젝트'의 성과에 대한 조사 연구 결과, 91%의 응답자가 학생 태도의 향상, 89%가 학생 행동의 향상, 65%가 학업 수행능력 향상, 65%가 교직원들의 태도 향상을 보였다고 보고하였다. 또한 미국 세인트루이스 미주리대학교의 심리학자인 마빈 버코위츠(Marvin W. Berkowitz)와 멜린다 비어(Melinda C. Bier)는 2005년 발표한 보고서 「성품교육을 통해 이루어지는 것들」(What Works in Character Education)에서 성품교육을 받은 학생들과 그렇지 않은 학생들을 비교 분석한 결과, 성품교육을 받은 학생들의 지적 능력이 훨씬 뛰어났다고 보고했다.

미국의 경우, 인성교육파트너십(Character Education Partnership, CEP)과 성품교육연합(Character Education Coalition, CEC) 같은 인성교육 전문기관에서 개발한 평가도구를 활용하여 인성교육 적용 효과를 과학적, 객관적으로 검증해 오고 있으며, 300개 이상의 연구 보고서 및 논문에서 인성교육 실천을 통해 학교 환경, 학생 태도 및 행동(반사회적·폭력행동 감소, 규율문제 감소, 출석률 향상), 학업 수행 등에 긍정적인 효과를 거두었다고 보고하였으며, 특히 국가 인성교육 우수학교들(National Schools of Character)은 인성교육이 학업성취도와 긍정적인 상관관계가 있음을 일관되게 보여 주어 왔다.[2]

CEP, CEC와 같은 인성교육 프로그램의 효과에 대한 연구결과는 다음의 세 가지로 요약할 수 있다. 첫째, 학업성취의 효과가 있었다. Shriver와 Weiss-

---

2 출처: Charles, C. H., & Oliver, T.(Eds.).(2011). *Finding Common Ground: A Guide to Religious Liberty in Public Schools*. Washington, D. C.: First Amendment Center.

berg(2005)는 사회 및 정서 학습 프로그램에 참여하는 학생들은 통제 군에 비해 출석률이 높고, 보다 학습적인 교실행동, 덜 파괴적인 행동, 학교에 대한 긍정적인 감정, 더 좋은 점수를 얻게 되었다고 보고했다. 둘째, 문제행동이 감소했다. 성품교육을 LA의 고등학교에서 체계적으로 실시한 결과, 교우 간 싸움 · 무기 · 약물 사용이 감소되었고 샌프란시스코의 고등학교에서도 혼전 임신율이 감소되었다고 보고되었다. 셋째, 학교 관련 행동이 긍정적으로 변했다. 마빈 버코위즈와 멜린다 비어(Marvin W. Berkowitz & Melinda C. Bier, 2006)가 24년간 유치원부터 고등학교까지 미국 내에서 이루어진 성품교육을 평가한 결과, 친사회적 능력(pro-social competence), 즉 친사회적 행동과 태도, 의사소통 능력, 관계증진, 시민의식 등이 증가한 것으로 밝혀졌다. 학교기반 성과(school-based outcomes)인 학교 출석 및 규칙 준수와 학교에 대한 애착, 학교와 교사에 대한 태도도 긍정적으로 변화되었다고 보고했다(이영숙, 2014: 65-66).

미국의 인성경영 사례

또한, 미국에서는 인성(성품)을 회사 경영에 접목하여 성공적인 사례가 나오고 있고 성품 경영의 개념이 확산되고 있다. 미국의 석유장비업체 킴레이(Kimray, Inc.)의 탐 힐(Tom Hill)은 직업윤리를 넘어서서 피고용인 각자의 성품을 계발함으로써 회사를 변화시킨 얘기를 그의 책 『Making Character First』[3]에서 쓰고 있다. 킴레이는 성품 경영을 도입하고 2년 만에 산재보상비용을 80% 절감하고 기록적인 수익을 올릴 수 있었다.

"이것은 킴레이에서의 나의 첫 20년에 관한 이야기이다. 당신이 팀과 회사의 리더이거나 사랑하는 일에 삶, 열정 그리고 영혼을 쏟아붓는 기쁨과 특권을 누려본 적이 있다면, 내가 경험한 좌절을 이해할 것이다. 리더로서 보낸 초년 시절에, 나는 직원들보다 나 자신에게 더 집중했다. 돌아보면, 나의 행동 중 많은 것이 직원의 행복보다는 성공하고자 하는 나의 자존심이나 열망과

3 위기 극복의 힘 인성수업, 탐 힐 · 월터 젠킨스 지음/강성룡 옮김, 한언, 2017.

관련된 것이었다. 내 주변 사람들을 위해 더 오랜 시간 일하고 희생하면 성공을 어떻게든 거머쥘 수 있을 거라 믿었다. 그것은 재앙을 부르는 확실한 방법이며, 나는 20년간을 매일 그렇게 살았다.

하지만 이야기는 여기서 끝나지 않는다. 당신의 팀을 위대하게 만들 방법이 있다. 희망이 있으며 터널의 끝에는 빛이 있다. 우리가 직면하는 문제들은 흔히 프로그램이나 기술 또는 연장근무로 해결될 수 없는 개인의 성품과 관련된 것들이다. 조직 내에 성품을 중시하는 문화를 만드는 것은 이런 난제들에 대한 해결책이다. 다행히도 무수한 영역에서 시도되고 입증된, 완전한 변화를 일으킬 방법이 있다. 성품에 대한 많은 정의가 있다. 그러나 이 책에서 정의하는 성품은 성격이나 평판이 아닌 도덕성을 세워가는 것이다. 그것은 사람의 태도, 언어 및 행동을 끌어내는 것이다. 명심하라. 성품은 리더십 문제이다. 기업문화를 완전히 변화시킬 수 있느냐의 성공 여부는 당신이 자신의 부족한 성품을 인식하고 고치려는 능력에 달려 있다. 성품은 위에서부터 시작된다. 하지만, 당신의 개인적 성품만이 문제가 아니다. 좋은 성품을 가르치고 성품의 본을 보이는 일에도 반드시 전념해야 한다. 이 책은 킴레이에서 내가 보낸 첫 20년 후부터 시작하여 그다음 20년인 '경영혁신'의 이야기를 담고 있다. 이 책에서 말하는 메시지를 적용하면 내가 자신에게만 몰두하느라 겪었던 그런 고충을 피할 수 있다. 직원과 동료의 성공에 초점을 맞추다 보면, 창의성이 발현되고 책임감이 확고해지며 신뢰는 어디서나 찾아볼 수 있는 평범한 것이 된다."(Tom Hill, 2010)

인성교육과 성공의 삶

최근에는 우리나라에서도 유치원에서부터 초·중·고등학교까지 인성교육이 확산되고 있으며 그 성과가 나오고 있다. 대학교에서는 인문정신 함양교육을 활용하여 인성교육적 효과를 거둔 사례들이 나오고 있는데 인성교육범국민실천연합 주관으로 실시되는 '인성교육 프로그램 인증 심사'에서 인증 자격

을 획득한 프로그램 중에 사례들(특히 대학생 인성교육)이 포함되어 있다.[4]

교육 희망 멘토인 조벽 교수는 그의 저서 『인성이 실력이다』(2016)에서 인성을 성공의 핵심이라고 주장한다. "인성이 단순한 자기관리와 대인관계능력을 뛰어넘어 창의적 리더십과 통합 또는 융합의 핵심 역량으로 정의하고, 인성은 생각과 감정을 통합해서 올바르고 아름다운 행동으로 이어지게 만드는 감성 지능이며 인생 성공을 위한 최고 역량이다. 감정이 생각과 조화를 이루어 바람직한 행동으로 표출되게 하는 인성은 타고나는 자질이 아니라 노력해서 배울 수 있는 자질이다. 그래서 실력이라고 하는 것이다."(조벽, 2016: 49)

3. 인성계발과 역량기반 교육

급변하는 현대 사회에서 '역량'이라는 키워드가 부각됨에 따라 대학의 교육과정 구성 방향도 내용 중심에서 역량 중심으로 변화되고 있다. 이전의 내용 중심 교육과정에서는 언어로 명시된 지식 정보의 전달 등이 중요했으나, 역량을 중심으로 하는 교육과정에서는 역량, 성과, 지식 정보를 활용할 수 있는 구체적인 기술 습득 등이 강조되고 있다. 즉, 과거에는 여러분이 "무엇을 아는가?"가 중요했다면, 이제는 "무엇을 할 줄 아는가?"가 중요하게 여겨진다. 각 대학은 학생이 습득한 학습 결과를 역량에 의거, 체계적으로 진단하고 평가하는 교육의 질 관리 시스템을 구축하여 양질의 교육서비스 제공을 위해 노력하고 있다.

역량은 직무 상황에서 주어진 업무를 성공적으로 수행하기 위해 필요한 개인의 지식, 기술, 태도, 가치관 등을 의미한다. 핵심 역량(key competency)이란 직종이나 직위에 상관없이 대부분의 직종에서 직무를 효과적이고 성공적으로 수행하는 데 핵심적으로 필요한 역량이다.

---

4 출처: 인성교육범국민실천연합(http://insungedu.or.kr/main/main.php)

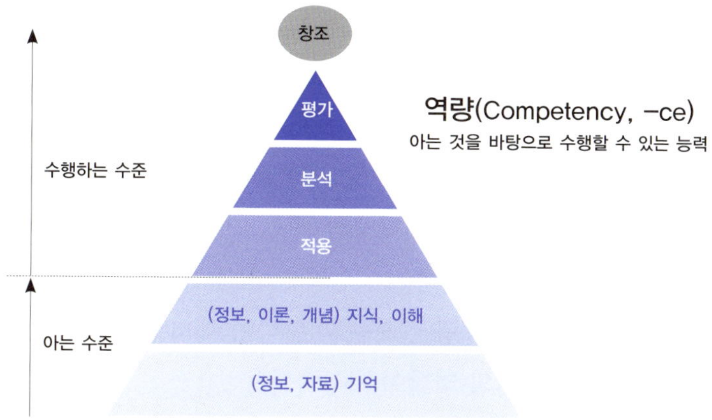

[그림 1-4] 역량의 개념

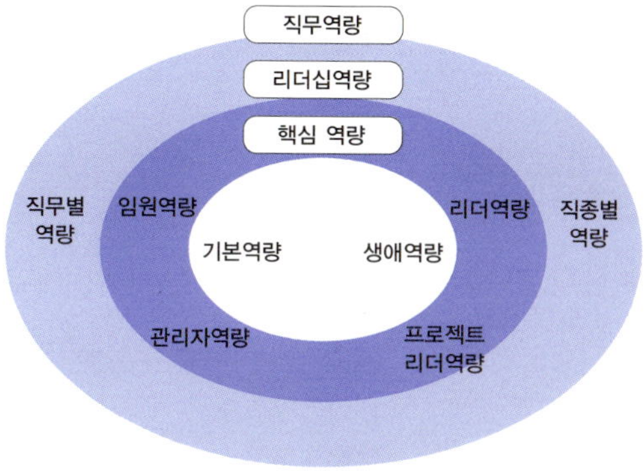

[그림 1-5] 역량의 유형

역량기반 교육은 이러한 핵심 역량을 기반으로 하는 교육과정으로 이론적 지식 전달보다는 지식을 활용할 수 있는 능력 배양에 중심을 두고 있는 것으로 교수자의 지배적인 교육보다는 학습자의 학습에 초점을 둔 교육을 지향한다. 학생들은 역량기반 교육과정을 통해 ① 사회적 적합성이 높은 교육, ② 구체적인 상황에서 문제를 해결할 수 있는 교육, ③ 지식과 아울러 태도, 가치관, 시민의식의 함양을 위한 교육을 받을 수 있다.

K-CESA 핵심 역량 진단도구

국내에서는 대학생 핵심 역량 진단도구 K-CESA(Korea Collegiate Essential Skills Assessment)를 교육부와 한국직업능력개발원에서 개발하여 2010년부터 사용해 오고 있다. K-CESA의 목적은 대학생의 핵심 역량을 측정하여 사회적 변화 및 기업의 요구에 부응하는 인재를 양성하기 위한 것이다. 아울러 진단을 통하여 개인의 핵심 능력 및 역량 정도를 진단하여 대학생의 취업 능력 제고를 위한 자기계발 가이드로서의 역할이 가능하다.[5]

K-CESA에서는 대학생들의 핵심 역량 6가지와 하위영역을 다음과 같이 설정하였다.

〈표 1-2〉 K-CESA 핵심 역량

상위요소	핵심 역량	하위영역
인지적 요소	의사소통	적극적인 경청과 이해 능력 효과적인 의사 전달 및 발표 토론과 중재
	자원 · 정보 · 기술 처리 및 활용	자원의 처리 및 활용 능력 정보의 처리 및 활용 능력 기술의 처리 및 활용 능력 정량적 사고와 자료해석 능력
	종합적 사고력	분석적 능력 추론적 능력 평가적 능력 대안적 능력
	글로벌 역량	다문화 이해 및 수용 능력
비인지적 요소	대인관계 및 협력	정서적 유대 협력 중재 리더십 조직에 대한 이해
	자기관리	자기주도적 학습 능력 목표지향적 계획수립 능력 직업의식 정서적 자기조절 능력

5 K-CESA: 대학생 핵심 역량 진단 시스템(https://www.kcesa.re.kr)

국내 대학생 핵심 역량 진단 결과

대학생 핵심 역량 진단은 대학생의 핵심 역량 6가지를 측정하는 객관화된 지표이다. 한국직업능력개발원에서는 2010년부터 매년 대학생 핵심 역량 수준과 그 변화를 측정하고 있다. 2019년 10월 15일 기준으로 2019년 진단 참여 학생은 11,454명이다.[6]

〈표 1-3〉 핵심 역량별 K-CESA 점수(2017~2019)

구분	2017	2018	2019
자기관리역량	51.68	51.89	50.47
대인관계역량	58.80	61.39	62.95
자원정보기술의 활용역량	48.45	50.39	49.04
글로벌역량	50.27	51.51	51.41
의사소통역량	36.20	35.99	33.64
종합적 사고력	43.66	43.42	37.72
전체	48.18	49.10	47.54

표 1-3은 6개 핵심 역량의 점수를 연도별로 보여 주는 결과이다. 연도별 점수 추이에서 나타나는 가장 큰 특징이라면, 점수가 가장 높은 역량과 가장 낮은 역량이 일관되게 동일하다는 점이다. 2017년도에는 대인관계역량 58.80점, 의사소통역량 36.20점이었으며, 2018년도에는 대인관계역량 61.39점, 의사소통역량 35.99점으로 나타났다. 2019년 역시 대인관계역량 62.95점, 의사소통역량 33.64점으로 대인관계역량 점수가 가장 높고, 의사소통역량 점수가 가장 낮은 것으로 확인되었다. 연도별 K-CESA 점수의 특징을 살펴보면, 남학생이 여학생보다, 학년이 높을수록 역량의 점수가 다소 높은 것으로 확인

6 대학생 핵심 역량 진단(K-CESA)지원과 활용(2019), 손유미 외, 한국직업능력개발원, 2019.

되었다. 지역별로는 비수도권 학생들과 수도권 학생들의 평균이 유사한 수준으로 나타났다.

우선 2019년의 경우, 남학생이 51.19점, 여학생이 45.90점으로 남학생의 점수가 여학생보다 높은 것으로 나타났다. 학년별로는 1학년이 44.14점, 2학년이 48.90점, 3학년이 49.22점, 4학년이 55.95점, 기타(5학년 이상)가 44.19점으로 나타났다. 대체로 학년이 올라갈수록 역량 수준도 높아지는 것을 확인할 수 있다.[7]

국내 대학 핵심 역량 기반교육 사례

수도권 4년제 대학의 핵심 역량 기반교육 사례를 살펴보자. 이 대학은 창학정신에 입각한 교육목적, 교육목표 달성을 위해 대학에 적합한 인재상과 3대 핵심 역량을 설정하였다. 핵심 역량은 대학이 추구하는 인재를 양성하기 위한 구체적인 수단으로서 ① 창의지성역량, ② 인성역량, ③ 시민성역량으로 구성되어 있다.

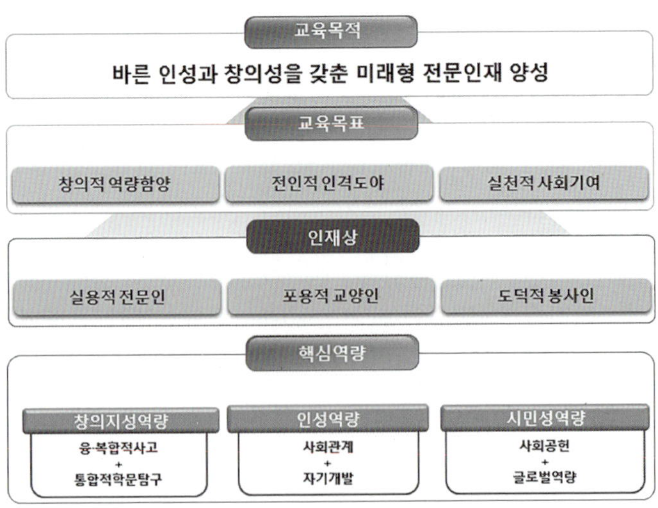

[그림 1-6] 핵심 역량 기반교육 사례

7 대학생 핵심 역량 진단(K-CESA)지원과 활용(2019), 손유미 외, 한국직업능력개발원, 2019.

창의지성역량은 지식에 대해 능동적으로 탐구하고, 문제 상황에서 지식을 다양한 방법으로 활용할 수 있는 능력으로 융·복합적 사고와 통합적 학문탐구의 하위역량으로 구성된다. 융·복합적 사고는 문제를 합리적으로 해결하기 위하여 다양한 영역의 지식과 정보를 비판적으로 사고하고 활용할 수 있는 능력으로 비판적 사고와 문제해결이 포함되고 통합적 학문탐구는 다양한 학문 영역에 대한 이해 및 개방적 태도를 바탕으로 여러 분야의 지식을 통합하여 활용하는 능력으로 지식탐구와 지식활용이 포함된다.

인성역량은 자신의 내면을 건전하게 발전시키고 타인에 대한 이타심 및 자연과 더불어 살아가는 데 필요한 인간다운 성품을 기르는 능력으로 사회관계와 자기개발의 하위역량으로 구성된다. 사회관계는 구성원과의 공감과 소통을 통해 관계를 협력적으로 하여 사회전반에 도움이 되고자 하는 능력으로 존중 및 배려와 소통과 협력을 포함한다. 자기개발은 자존감을 가지고 자신의 삶과 진로에 필요한 기초 능력과 자질을 갖추어 나가고자 하는 능력으로 자아인식과 자기관리가 포함된다.

시민성역량은 공동체 구성원에게 요구되는 윤리적 가치와 태도를 가지고 지역, 국가, 세계 공동체 발전에 적극적으로 참여하는 능력으로 사회 공헌과 글로벌 역량의 하위역량으로 구성된다. 사회 공헌은 공동체에 대한 긍정적 사회 책임감을 바탕으로 자발적 봉사정신을 실천하는 능력으로 윤리의식과 사회봉사를 포함하고 글로벌 역량은 문화적 감각과 언어능력을 바탕으로 다양한 문화에 참여하고 차이를 수용할 수 있는 능력이고 국제감각과 문화수용을 포함한다.

4. 인성계발과 취업 역량

인간이 자아실현을 통해 풍요로운 삶을 살기 위해서는 어떤 인간이 될 것인가와 무엇을 하며 살 것인가가 매우 중요한 문제이다. 단순히 먹고 사는 문제를 떠나 사회의 한 일원으로서 경제적으로도 풍요롭고 의미 있으며 다른 사람의 존경을 받는 무엇인가를 하고 싶은 욕망이 모두에게 있다. 매슬로는 이러한 인간의 욕망을 욕구 피라미드로 설명한다. 매슬로의 욕구 피라미드를 보면 생리적·본능적 욕구가 가장 아랫부분을 차지하고, 그 위의 단계가 존중, 사랑, 소속감의 욕구이다. 이와 같은 욕구들이 충족되면 자신의 꿈을 추구하는 자아실현의 단계로 발전해 갈 수 있다.

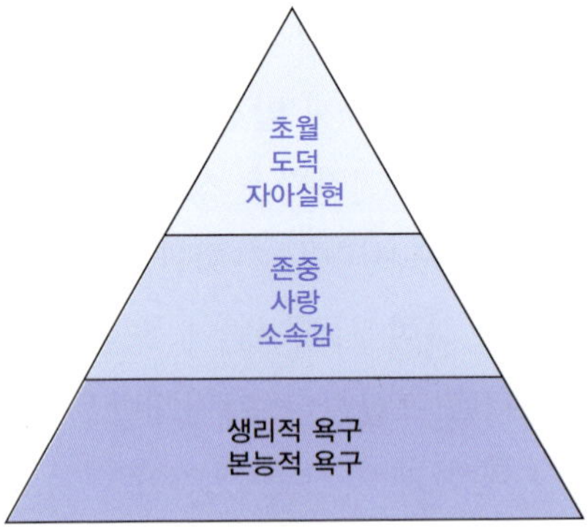

[그림 1-7] 매슬로의 욕구 피라미드

한국의 많은 부모와 학생들이 이러한 욕구를 충족하기 위해 좋은 대학에 들어가려고 노력하고, 대학에 와서는 좋은 직장을 갖기 위해 스펙을 쌓으며 취업준비에 많은 시간을 쏟고 있는 실정이다. 그러나 많은 기업에서 스펙보다는 자기소개서와 면접을 중요시하는 방향으로 바뀌고 있다. 많은 대기업들이 앞으로는 인재를 채용할 때 출신 학교나 어학 실력, 심지어 사진도 보지 않겠다고 밝히고 있다.

새로운 요건이 이미 2012년 말부터 뉴스 헤드라인에 등장했다. '대기업들, 인재 채용 때 인성 중시', '입학사정관 전형 인성 평가 강화', '대기업 채용, 스펙보다는 인성' 등이다. 실제로 10개 기업 가운데 9곳이 지원자의 학력, 자격증 등 스펙에 의존하기보다는 책임감, 대인관계, 실천력, 참신함 등 인성과 관련된 요인들을 살핀다고 한다(조벽, 2016: 63).

미국 기업체 요구 역량

앞에서 언급했듯이 미국에서 '기업체가 직원한테 요구하는 역량' 19가지 가운데 상위 5개 항목은 협업능력, 리더십, 문자로 소통하는 능력, 문제해결 능력, 높은 직업윤리의식 등으로 인성과 관련된 부분이 많다(이찬승, 2015).

〈표 1-4〉 미국에서 기업체가 요구하는 역량 순위

① 협업 능력 ② 리더십 ③ 문자로 소통하는 능력 ④ 문제해결능력 ⑤ 높은 직업윤리의식 ⑥ 분석 능력 ⑦ 구두 의사소통능력 ⑧ 주도성 ⑨ 기술활용 능력 ⑩ 치밀성	⑪ 유연성 · 적응 능력 ⑫ 컴퓨터 활용 능력 ⑬ 대인관계 능력 ⑭ 조직 능력 ⑮ 전략적 계획 수립 능력 ⑯ 외향적 · 친근한 성격 ⑰ 창의성 ⑱ 기업가적 능력 · 모험심 ⑲ 재치와 요령

출처: 이찬승(2015)

최근 몇 년 동안 급성장한 미국의 IT 회사인 넷플릭스(Netflix)는 조직운영의 원칙과 철학을 담은 문서에서 당시에는 다소 충격적인 수준의 새로운 철학들을 발표한다. 구글의 최고운영책임자(COO)인 쉐릴 샌버그는 이 문서가 실리콘밸리에서 역사상 가장 중요한 문서라고까지 했을 정도로 최근 몇 년 동안 많은 사람들의 관심을 끈 문서다. 이 문서에서 넷플릭스의 최고경영자(CEO)인 리드 해스팅스(Reed Hastings)는 회사에 필요한 아홉 가지 가치 있는 행동과 기술을 정의하는데 이는 판단력, 소통, 임팩트, 호기심, 혁신, 용기, 열정, 정직, 이타적 행동이다. 즉, 이 아홉 가지를 만족하는 사람을 고용하고 승진시키는 철학을 얘기한다. 이러한 기술과 행동들은 많은 부분에서 인성과 관련되어 있다. 2002년 주당 7.5불로 첫 상장된 넷플릭스는 최근 주가가 450불 수준으로 60배의 성장을 달성했다. 창업 첫해의 매출은 13억이었는데 2013년 매출은 4조 4천억 원이 되었다. 340배의 성장이다. 2013년 회사의 수익은 1천 1백억 원 수준이었다. 이는 이 회사가 추구하는 이러한 가치와 무관하지 않을 것이다.

〈표 1-5〉 넷플릭스의 9가지 가치 있는 행동과 기술

행동과 기술	내용
판단력	• 모호한 상황에서도 현명한 결정(사람, 기술, 사업, 창의적 결과물)을 내려야 한다. • 겉으로 드러난 현상 뒤에 있는, 근본 원인을 파악해야 한다. • 전략적으로 생각해서, 자신이 할 수 있는 일과 하지 않아야 할 일을 분간하려고 노력해야 한다. • 지금 잘해야 하는 일과 나중에 손봐도 되는 일을 영리하게 구분해야 한다.
소통	• 경거망동하기 전에, 잘 경청함으로써 상대방을 잘 이해한다. • 간명하게 글을 쓰고, 말한다. • 직위나 의견 차이에 관계없이 상대방을 존중한다. • 스트레스가 많은 상황에서도 침착함을 유지한다.
임팩트	• 엄청나게 많은, 중요한 일을 처리한다. • 동료들이 신뢰할 수 있을 만큼 높은 퍼포먼스를 꾸준히 유지한다. • 과정과 절차보다, 뛰어난 결과에 집중한다. • 행동주의자가 되어야 하며, 분석에만 몰두하느라 아무 일도 못하는 상황을 피한다.
호기심	• 빨리, 열정적으로 배운다. • 우리의 전략과 시장, 고객과 업체를 이해하려고 노력한다. • 사업과 기술, 엔터테인먼트에 대한 지식을 두루 파악한다. • 자신의 전문 분야를 넘어서도 효과적으로 기여한다.
혁신	• 어려운 문제를 해결할 실용적인 방안을 찾기 위해 이슈들을 재구성한다. • 타당하고 더 나은 가정을 세우기 위해 도전하며, 더 나은 방법을 제안한다. • 새로운 아이디어를 만들어서 유용함을 증명한다. • 복잡성을 최소화하고 간소화하는 데 시간을 들여, 회사의 민첩성에 도움을 준다.
용기	• 논란이 생길 일이라도 여러분이 생각한 것을 말한다. • 어려운 결정을 대범하게 내린다. • 리스크를 지혜롭게 다룬다. • 우리의 가치와 부합하지 않은 행동에 문제를 제기한다.
열정	• 탁월함을 추구함으로써 다른 사람들에게 영감을 준다. • 넷플릭스의 성공에 지대한 관심을 갖는다. • 성취를 축하한다. • 끈기를 갖는다.
정직	• 공정하고 단도직입적이라고 인정받는다. • 다른 사람에게 동의하지 않더라도 정치적으로 굴지 않는다. • 동료에 대해 이야기할 때, 동료 앞에서 이야기할 수 있는 것만 이야기한다. • 실수를 빨리 인정한다.
이타적 행동	• 여러분이나 여러분이 속한 그룹이 아닌, 넷플릭스에 최선인 것을 찾는다. • 가장 좋은 아이디어를 찾기 위해 이기심을 버린다. • 동료를 돕는 데 시간을 낸다. • 정보를 활발하게 공유한다.

훌륭한 전문 직업인

세계적인 석학들인 가드너, 칙센트미하이, 데이먼의 공동 저서인 『Good Work』(2002)를 보면, 훌륭한 전문 직업인이란 첫째, 일을 질적으로 매우 높은 수준으로 행하고, 둘째, 그 일에 대해 사회적으로 책임감(socially responsible)을 갖는 것을 의미한다. 이런 관점에서 볼 때 훌륭한 전문 직업인이 되기 위해서는 높은 수준의 직무수행 능력과 윤리성(개인의 정직성, 자기 직업분야에 대한 책임, 더 큰 사회적 책임)을 겸비해야 하는 것이다. 그러나 안타깝게도 우리는 오늘날 자신의 직무와 관련된 역할과 행위에 대해 책임을 지는 풍조가 점차 사라지고 남에게 책임을 전가시키려는 사태가 만연한 사회에 살고 있다. 우리는 이번 세월호 참사에서 선장의 무책임한 행위가 불러온 재앙에 대해 너무나 잘 알고 있다. 심각한 문제는 이와 같이 권리만 내세우고 책임을 방기하는 시대의 풍조가 사회의 축소판인 학교 교실에도 그대로 들어와 있다는 점이다(정창우, 2015: 43).

훌륭한 전문 직업인이란 높은 수준의 직무수행 능력과 직무에 대한 양심(직업윤리의식) 계발을 추구해야 한다. 우리는 기본적으로 전문인에게 요구되는 식견과 기량을 소유해야 할 뿐만 아니라, 자신이 하고 있는 일에 대한 애착과 사명감을 가져야 하고 자신이 하고 있는 일에 대한 남다른 표준과 윤리를 가지기 위해 노력해야 한다. 국방 · 정치 · 경제 · 학문 · 교육 · 기술 등 각 분야에서 제각기 생업으로 선택한 직분을 최대의 사명감과 최대의 역량으로 최대의 성취를 이루어내면 그 총계가 한 나라의 국력을 형성한다. 모든 직업은 대소간에 반드시 어떤 공익에 기여하기 때문이다(정범모, 2012).

이러한 직무에 대한 양심 계발 혹은 직업윤리의식을 고양시키기 위해 직장 단위의 직업윤리교육과 방송매체나 SNS 등을 통한 직업윤리교육이 보다 강화될 필요가 있다. 학생의 경우 학습 윤리(academic integrity), 교사의 경우 교직 윤리, 연구자의 경우 연구 윤리, 기업인의 경우 기업 윤리, 공직자의 경우 공직자 윤리, 군인의 경우 군대 윤리, 법조인의 경우 법조 윤리 등을 준수할 것을 강조해야 한다. 예를 들어, 학생에게는 학업적 진실성의 중요성을 인식시키고 정직한 학습활동을 독려해야 할 것이고(예: 적절한 출처 인용, 시험 부정행위 및 표절에 대한 가르침 등), 대학이나 연구소 차원에서는 어떤 결과물의 개발과 활용의 맥락에서 도덕적 정당성을 확보할 수 있도록 강조해야 할 것이다. 또한 기업 비즈니스 차원에서는 극단적 이기심이나 잇속 챙기기에 급급해서 기업윤리에 저촉되는 행위를 해서는 안 되고, 생산품을 통해 고객들과 공유할 수 있는 가치 혹은 고객들에게 전달할 수 있는 가치가 무엇인지 고민할 필요가 있다.

따라서 대학생들의 취업 역량은 인성교육과 밀접한 관계가 있다. 20~30년 후의 미래에는 현재에 존재하는 많은 직업들이 사라지고 상상조차 하기 어려운 수만 개의 새로운 직종들이 쏟아질 것으로 예상되고 있다. 로봇, 인공지능(AI), 빅데이터(Big Data), 사물인터넷(Internet of Things, IoT) 등 과학기술의 발전으로 사람이 하는 일을 기계가 대신하게 될 것이다. 앞으로 직업은 기계가 할 수 없는 인간의 감성, 인성 등이 활용되는 분야가 각광을 받을 것이다.

인성과 취업 역량

경제 전문가인 선대인 선대인경제연구소장은 『일의 미래, 무엇이 바뀌고 무엇이 오는가』(2017)에서 한국의 일자리 구조가 급변하고 있다고 얘기한다. 그에 따르면 한국은 이미 기계화·자동화로 인한 일자리 대체가 심각하고, 인구절벽과 소비절벽이 빠르게 진행되어 어느 나라보다도 일자리 변화가 급격하다. 저성장, 인구 마이너스, 기술 빅뱅, 로봇화와 인공지능. 이 네 가지가 맞물려 한국의 일자리 변화가 진행되고 있으므로 지금까지와는 차원이 다른 고민을 시작해야 한다고 얘기한다. 그는 한국형 일자리의 7가지 변화를 다음과 같이 간파한다.

1. 앞으로 일자리 개수가 줄어들 가능성이 높다.
2. 기업과 일자리의 수명이 짧아진다. 반면에 인간의 수명은 길어진다. 새로운 흐름을 따라가는 평생학습이 필요하다.
3. 정형화된 일자리가 줄어든다. 어정쩡한 중급기술 직업이 가장 위험하다.

나중에는 하급기술 일자리도 많이 줄어들 것으로 예상된다.

4. 사람들의 욕구가 세분화되고 이를 추적할 수 있는 빅데이터 분석이 가능해지면서 롱테일 법칙이 작동한다. 대량의 수요뿐만 아니라 조그만 수요를 충족해 주는 일자리도 얼마든지 생겨날 수 있다.
5. 기계가 대체하지 못하는, 창의성과 고차원의 사고능력이 필요한 일자리의 가치가 커진다.
6. 비효율적인 분야가 효율화된다. 예를 들어 '배달의 민족', '요기요' 같은 앱의 등장으로 배달시장이 효율화된 사례에 주목할 필요가 있다.
7. 라이선스 직업의 직무 하향 이동이 일어날 가능성이 높다. 의사, 변호사 등 전문직이 해오던 일을 훨씬 더 잘하는 서비스들이 생겨나고 있다.

취업을 준비하는 대학생들은 앞으로 필요하지 않을 수도 있는 스펙보다 책임감, 대인관계, 실천력, 협업능력, 리더십, 문자로 소통하는 능력, 문제해결능력, 높은 직업윤리의식 등 인성과 관련된 능력을 계발해야 한다. 본서는 대학생을 위한 성품 계발 및 리더십 관련 교양 교육서로서 이러한 인성교육의 필요성에 기초하여 인성교육을 위한 성품 교육 방법에 대해 저술하고자 한다. 인성과 성품이란 무엇인지, 어떻게 인성(성품)을 훈련하고 계발할 수 있는지, 또한 실질적인 리더십을 배우고 실천할 수 있는지에 대해 초점을 맞추고자 한다.

5. 인성과 리더십

우리는 일생을 살아가며 사람들에게 다양한 영향을 미치며 살아간다. 어떤 사람은 많은 사람들에게 또 어떤 사람은 더 적은 주변의 사람들에게 영향을 미치고 다른 사람을 이끌며(leading) 또한 다른 사람에게 이끎을(be led) 받으며 살아간다. 우리는 모두 어떤 면에서 리더인 것이다. 그 시작점은 아마도 우리 자신과 우리가 속한 가정이 될 것이다. 옛말에 "수신제가치국평천하(修身齊家治

國平天下)"라는 말이 있다. 우리의 심신을 닦고 가정을 잘 경영하고 나라를 평화롭게 한다는 의미이다. 이와 같이 우리는 알게 모르게 다양한 방식으로 리더십(leadership, 지도력)을 필요로 하고 또한 발휘하며 살아간다. 미국 기업에서 취업자에게 요구하는 역량 중 리더십이 2번째를 차지한다는 조사 결과를 살펴보았다.

미래 기술의 변화와 리더십

글로벌 컨설팅 그룹 매켄지의 2018년도 보고서, "기술 이동: 자동화와 노동의 미래(SKILL SHIFT: AUTOMATION AND THE FUTURE OF THE WORKFORCE)"에 따르면 미래에는 사회적 및 감정적 기술, 높은 인지 기술 및 테크놀로지 기술이 필요하고, 여기에 해당되는 것이 리더십, 고급 소통능력, 고급 IT 및 프로그래밍, 그리고 창의적 사고 기술 등이다. 보고서에 따르면 자동화와 인공지능(AI)은 일의 본질을 바꾸고 있다. 2016년 현재 노동 현장에서 많은 시간이 사용되는 영역 중, 육체 및 수동 기술(physical & manual skills)과 기초 인지 기술(basic cognitive skills)은 2030년경에는 15% 정도의 감소가 예상되고, 고급 인지기술(higher cognitive skills), 사회 및 감정적 기술(social & emotional skills)과 테크놀로지 기술(technology skills) 영역은 각각 8%, 24%, 55%까지 노동 시간이 늘어날 것으로 예상되고 있다. 자동화와 인공지능 등의 발전에 따라 중요성이 점점 증대되는 사회 및 감정적 기술에는 기업가 정신, 주도성, 리더십 그리고 관리 능력 등이 포함된다.

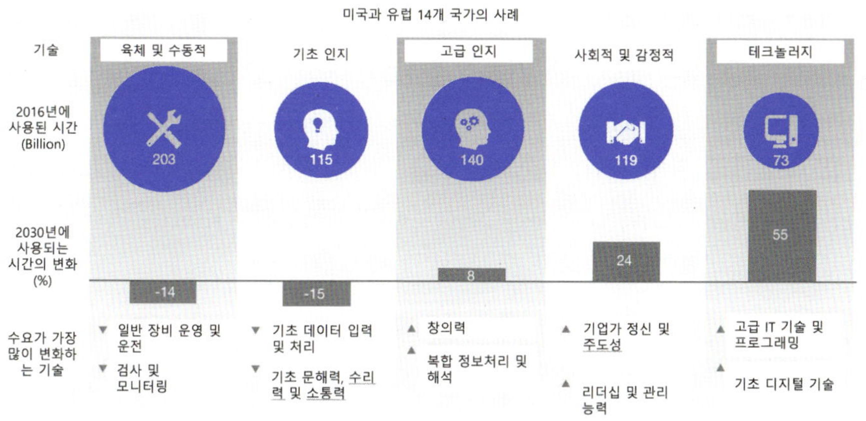

[그림 1-8] 미래의 노동력 기술 변화(2016년도와 2030년도 비교)

출처: Mckinsey Global Institute 2018 보고서

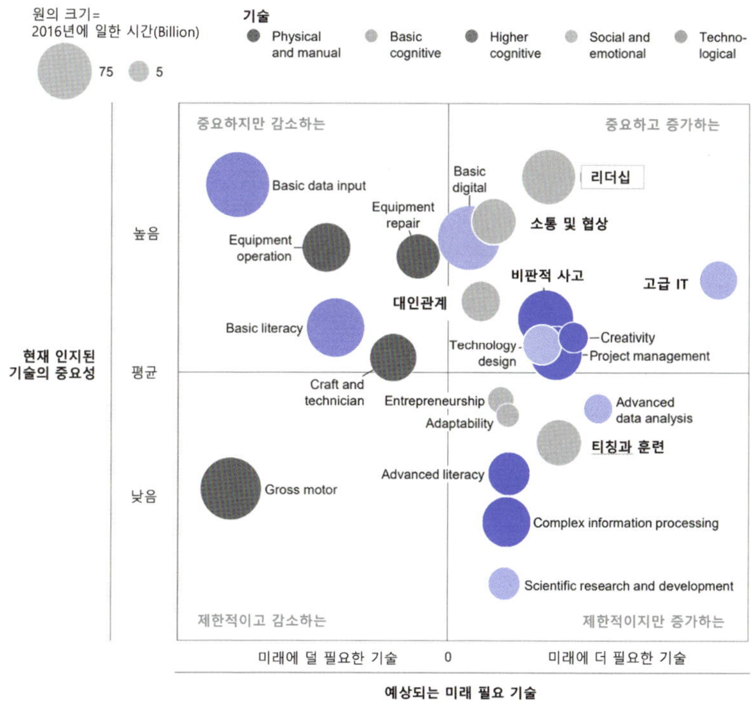

[그림 1-9] 현재와 미래에서 요구되는 기술

출처: Mckinsey Global Institute 2018 보고서

리더십이란?

그러면 리더십은 무엇이며 어떻게 발휘될 수 있는가? 그리고 인성과 리더십은 어떤 관계가 있는가? 존 딕슨(John Dickson)은 그의 저서 『후밀타리스-위대한 리더십의 완성』(2011)에서 리더십을 "팀 안에서 '사람들'이 목표를 향해 최선의 기여를 하도록 고취하는 '예술' "이라고 묘사한다. 그는 리더십의 세 가지 주요 측면을 '예술', '사람들', '목표'로 나눈다.

| 예술 | 리더십은 과학보다 예술에 가깝다. 리더십 스타일과 리더십에 대한 책과 강좌가 예술의 형식만큼이나 많은 이유가 여기에 있다. … 전반적으로 리더십은 그 조직의 목표에 따른 유연성과, 관련된 사람들의 직관이 작용한다. 다시 말해 그것은 일종의 예술이다.

| 사람들 | 리더십은 근본적으로 다른 사람들에 대한 것이다. 리더는 그저 강한 주도형의 성취자가 아니라는 사실은 말할 필요도 없다. 리더는 스타 이상으로 팀의 구성원들이 조직의 목표를 향해 움직이도록 만들 수 있다. 훌륭한 축구 선수가 반드시 훌륭한 코치가 되지는 않는다. … 리더십은 '사람들에게 같은 길을 가게 하는 것'이기 때문이다.

| 목표 | 리더십의 세 번째 측면은 분명한 목표를 지향한다는 점이다. 리더십에는 근본적으로 야심적이고 이상주의적인 측면이 있다. 조직을 이끄는 사람은 재정적인 수익이든, 군사적인 승리이든, 사회개혁이든, 학문적인 우수성이든 간에, 합의된 목표를 더 훌륭하게 실현하고자 계속해서 애를 쓴다(존 딕슨, 2011).

베스트셀러 작가인 스탠포드 대학의 경영 분석가 짐 콜린스(Jim Collins)는 그의 책 『좋은 기업을 넘어 위대한 기업으로』(2001)에서 '5단계의 리더십'을 주장한다. 그는 좋은(good) 기업을 넘어 위대한(great) 기업으로 발전하는 요인이 무엇인지 5년 동안 탐구 조사를 했다. 그가 정의한 '위대한' 기업이란, 15년 동안 재정적으로 시장 평균보다 3배 이상의 실적을 올린 기업이다. 그의 조사에 따르면 경영능력의 계층 구조에서 가장 높은 '단계5의 리더십'은 강철 같은 결단력과 겸손한 자세라는 두 가지 특성을 지닌 리더십이다.

〈표 1-6〉 5단계의 계층 구조

단계	리더십
5단계	**단계5의 경영자** 개인적 겸양과 직업적 의지를 역설적으로 융합하여 지속적인 큰 성과를 일구어 낸다.
4단계	**유능한 리더** 저항할 수 없는 분명한 비전에 대한 책임 의식을 촉구하고 그것을 정력적으로 추구하게 하며, 보다 높은 성취를 이루도록 자극한다.
3단계	**역량 있는 관리자** 이미 결정된 목표를 효율적으로 추구할 수 있는 방향으로 사람과 자원을 조직한다.
2단계	**합심하는 팀원** 집단의 목표 달성을 위해 개인의 능력을 바치며, 구성된 집단에서 다른 사람들과 효율적으로 일한다.
1단계	**능력이 뛰어난 개인** 재능과 지식, 기술, 좋은 작업 습관으로 생산적인 기여를 한다.

인성과 리더십의 관계[8]

그러면 리더십에서 인성은 어떤 위치를 차지하는가? 먼저 우리가 발휘하는 리더십이나 우리의 지위(position)가 우리가 가지는 인성이나 성품과 일치한다면 가장 좋을 것이다. 우리는 일반적으로 리더십의 위치에 있는 사람들에게 그에 맞는 인성을 기대한다. 그러나 우리는 종종 인성과 리더십의 불일치를 목격한다. 최근에 한 검사는 상사인 부장검사의 모욕적인 말과 괴롭힘에 스스로 목숨을 끊고 말았다. 아마 그 상사는 자신도 그러한 과정을 거쳤고 그렇게 하는 것이 올바른 리더십이라 생각했을 것이다. 그러나 그 결과는 참담하다. 인성이 제대로 갖춰지지 않은 사람이 지도자의 위치에 있는 것은 그 자신과 주변사람에게 모두 불행을 가져올 수 있다.

존 딕슨은 리더십에서 인성은 가장 중요한 요소라고 단언한다. 그는 리더가 마음껏 사용할 수 있는 리더십의 도구로 '능력', '권위', '설득력' 그리고 '본보

8 인성과 성품의 관계는 Chapter 2의 1절 '인성이란?'에서 다룬다.

기'를 제시한다. 그중에서 리더십의 핵심은 성품 혹은 본보기라고 말한다.

> **| 능력 |** 리더들은 조직의 중요한 업무에서 탁월한 능력을 보인 사람인 경우가 많다. '탁월한 일꾼'이 반드시 좋은 리더가 되는 것은 아니지만, 좋은 리더들은 회사 업무의 주요 영역에서 꽤 괜찮은 실적을 올리는 것이 사실이다. … 좋은 리더는 항상 그 팀의 존경을 받는, 눈에 보이는 능력을 가지고 있다.
>
> **| 권위 |** 여기서 권위라는 말은 조직이 리더에게 부여한 구조적인 권한을 말한다. 고용하고 해고할 권한, 방향을 잡고, 예산을 승인하고, 의견 충돌이 있을 때 동료들의 의견을 꺾을 권한이다. … 그러므로 권위는 리더십에 이차적인 도구가 된다.
>
> **| 설득력 |** 좋은 리더들은 구조적인 권한에 의존하는 대신, 사람들로 하여금 그들과 같은 비전을 갖도록 하는 요령이 있다. … 회사가 가진 비전의 '기준', '기본 원칙', '목표'에 대해 사람들을 설득하는 것이 리더십의 핵심이다. …
>
> **| 본보기 |** 이것은 리더의 경청하는 귀에서부터, 그의 노동윤리, 자기 책임 아래 있는 사람들을 향한 공손한 어조에 이르는 모든 것을 망라하는 폭넓은 범주이다(존 딕슨, 2011).

그는 리더의 효율성을 높이는 잠재력을 겸손의 성품이라 주장한다. 가장 영향력 있고 감화력 있는 이들은 보통 겸손하다는 것이다. 스티븐 코비는 『성공하는 사람들의 7가지 습관』(1994)에서 설득력에 있어 성품의 중요성을 얘기한다.

> "가장 설득력 있게 의사전달을 하는 것이 바로 성품"이다. 메머슨은 이것을 다음과 같이 표현했다.
>
> "당신의 인격과 성품이 아주 큰 소리로 당신에 관해 설명해 주기 때문에 말로 하는 소개는 잘 들리지 않습니다."
>
> 물론 사람들이 성품상으로는 강점을 가지고 있지만, 커뮤니케이션 기술이 부족하기 때문에 원활한 대인관계에 영향을 미치는 경우도 있다. 그러나 후자가 미치는 영향은 여전히 이차적일 따름이다.
>
> 결국 인품이 우리가 말하거나 행동하는 것보다 훨씬 더 설득력 있게 우리 자신을 소개해 준다. 우리는 이 같은 사실을 모두 알고 있다. 예컨대 그 사람의 성품을 잘 알고 있기 때문에 절대적으로 신뢰할 수 있는 사람이 있다. 이 같은 경우 그 사람이 달변이든 아니든, 대인관계 기술이 훌륭하든 그렇지 않든, 우리는 그 사람을 믿고 함께 성공적

으로 일한다.

짐 콜린스는 좋은 기업에서 위대한 기업으로 성장한 11개 기업의 핵심 성장 요인 중 하나인 '단계5의 리더십'에서 리더의 겸양과 의지가 중요하다는 것을 깨닫고 놀랐다.

> 좋은 회사를 위대한 회사로 전환시키는 데 필요한 리더십의 유형을 발견하고 우리는 놀랐다. 정말 충격을 받았다. 헤드라인을 장식하며 명사가 되는 대단한 개성을 가진 도도한 리더들과 비교하면, 좋은 기업을 위대한 기업으로 도약시킨 리더들은 마치 화성에서 온 사람들 같았다. 나서지 않고 조용하며 조심스럽고 심지어 부끄럼까지 타는 이 리더들은 개인적 겸양과 직업적 의지의 역설적인 융합을 보여 주었다. 그들은 패튼이나 시저보다는 링컨이나 소크라테스에 더 가까웠다.
>
> …
>
> 단계5의 리더는 이중성에 대한 연구이다. 겸손하면서도 의지가 굳고, 변변찮아 보이면서도 두려움이 없는 이중성이다. 이 개념을 재빨리 파악하려면 미국 대통령 에이브러햄 링컨을 생각해 보라. 그는 자신의 자아가, 영속하는 위대한 나라라는 보다 큰 대의를 향한 자신의 일차적인 야망에 걸림돌이 되게 한 적이 없었다(짐 콜린스, 2001).

우리는 지금 당장은 리더십을 발휘하는 지도자의 위치에 있지 않을 수도 있다. 그러나 지금 우리에게 주어진 주변의 몇몇 사람들에게 소홀하지 않고 위대한 리더들이 가졌던 겸손과 소통하는 능력, 의지력, 대인관계능력 등의 성품을 계발하는 것이 중요하다. 때가 되면 그러한 위치로 갈 수 있고, 그 때 올바른 리더십을 발휘할 수 있다.

리더십의 두 기둥

리더십을 가진 인재를 이루는 두 기둥은 성품(Character)과 역량(Competence)으로 정의될 수 있다. 우리는 역량 있는 유능한 리더가 되기 위해 자신이 일하는 전문 분야에서 지식과 기술을 습득하고 연마하며 이를 위해 노력해야 한다. 그러한 리더는 짐 콜린스의 5단계의 리더십에서 능력이 뛰어난 개인, 합심하는 팀원, 역량 있는 관리자 그리고 유능한 리더가 되는 것이다(표 1-6 참조). 그러나 여기에서 성품이 그 리더십을 가진 인재를 지탱하는 또 하나의 기둥이 되어야 한다.

스티븐 코비는 이를 "내면으로부터 시작하라"고 표현한다. 그것은 우리가 가지는 내면의 지각(패러다임)을 바꾸는 것이며, 두 개의 인식(패러다임), 즉 성격 윤리(Personality Ethics)와 성품 윤리(Character Ethics)에서 성품 윤리를 내면화하는 것이다.

"성품 윤리에 따르면 성공적인 삶을 살기 위해 기본 원칙이 반드시 있어야 한다. 따라서 우리가 이 원칙을 배우고 또 이것을 자신의 기본적인 성품에다 통합시킨다면, 진정한 성공과 행복한 삶을 성취할 수 있다고 가르쳐 주고 있다.

그러나 제1차 세계대전 직후부터 성공을 보는 기본적 시각은 성품 윤리에서부터 소위 성격 윤리로 바꾸어지기 시작하였다. 여기에서는 대인관계를 원활하게 해주는 성격, 대중적 이미지, 태도와 행동, 나아가 기법과 기술이야말로 성공에 더 크게 작용한다고 본다."[9]

[그림 1-10] 인재를 이루는 두 기둥

출처: J건축 리더십 프로그램

9 성공하는 사람들의 7가지 습관, 스티븐 코비, 김영사, 1994.

성품과 역량을 갖춘 리더가 되기 위한 단계별 성장 과정은 건강한 철학과 핵심 가치관에서 시작해서 셀프리더십(Self-Leadership), 팀워크(Teamwork), 팀리더십(Team-Leadership), 레거시 리더십(Legacy-Leadership)으로 이어진다. 본서에서는 단계별 성장 과정에서 건강한 철학과 가치의 바탕이 되는 성품과 대학생의 셀프리더십 개발에 중점을 두고 내용을 기술한다.

〈표 1-7〉 단계별 리더십

단계	유형	역할
레거시 리더십	유산을 남기는 리더	조직의 유산을 계승하고 자기 사명을 실행하여 다음 세대에 기여함
팀리더십	팀을 잘 이끄는 능력	조직을 구성하는 팀의 리더로서 솔선수범하여 최선의 팀과 결과를 이끌어 냄
팀워크	함께 팀을 이루어 일하는 자질	팀워크의 본질과 효과를 이해하고, 팀워크의 탁월성을 발휘함
셀프리더십	자기 자신을 발전시키는 습관	자신을 이해하고 좋은 습관을 발전시켜 균형 잡힌 조직인으로 지속 성장함
건강한 철학과 핵심 가치관	철학과 가치관의 토대	조직의 철학(사명, 비전, 핵심가치)을 살아내고 실현하는 기초

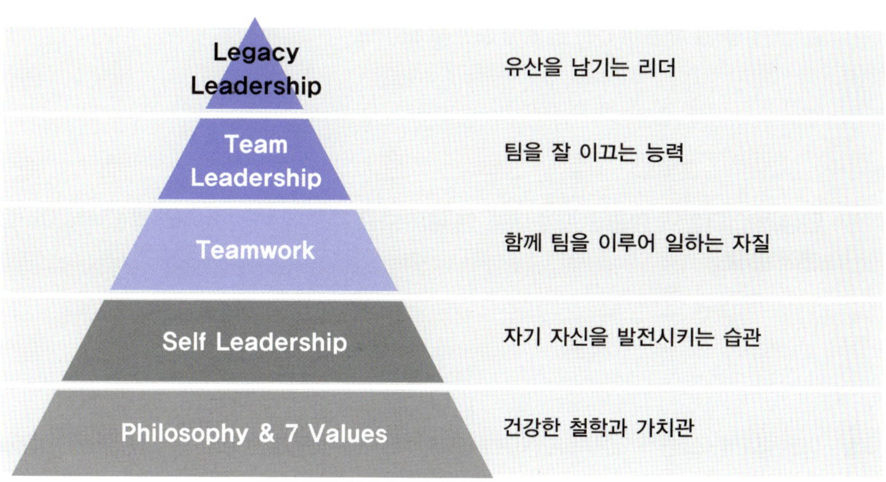

[그림 1-11] 단계별 리더십 개발

출처: J건축 리더십 프로그램

생각해 볼 문제

1 현대 세계의 현상과 위기에 대해 살펴보고 그 원인이 어디에 있는지 토론해 보시오.

2 '무엇이 성공일까'에 대해 자신이 생각하는 정의를 내려보고, 어떻게 하면 성공을 이룰 수 있을지 토론해 보시오.

3 '인성이 실력이다', '스펙이 아니라 스토리다', '인간관계와 도덕성이 성공요인이다'에 대해 생각해 보고 토론해 보시오.

4 인성과 취업의 상관관계에 대해 생각해 보고 어떤 인성의 소유자(예를 들어, 정직, 책임감, 신실함 등)를 채용하기를 원할지 토론해 보시오.

5 인성과 리더십의 상관관계에 대해 생각해 보고 주변에서 관련 사례를 조사하여 토론해 보시오.

6 단계별 리더십 5가지에서 자신이 속한 단계를 생각해 보고 리더십 개발의 필요성에 대해 나누어 보시오.

CHAPTER 2

인성 및 인성교육의 개념

1. 인성이란?

"인성은 그 사람의 운명이다."는 그리스의 철학자 헤라클레이토스(Heraclitus)의 말이다. 이 말에는 사람의 인성(성품)을 보면 그가 앞으로 어떤 인생을 살아갈 것인지 예측할 수 있다는 의미가 있다. 즉, 좋은 인생을 살기 위해서는 혹은 자신의 운명을 좋은 방향으로 개척해 나가기 위해서는 반드시 올바른 성품을 가져야 한다는 말이다. 인성은 이와 같이 개개인의 운명을 바꿀 수 있는 힘을 지니며, 나아가 개개인의 집합체로서의 사회 전체의 운명을 결정지을 수 있다.

인성이란 여러 문화에서 종교, 철학, 심리학 등에 의해 다양하게 정의되어 왔으며, 인성 개념은 성품 혹은 품성, 기질, 개성, 성격, 사람됨, 전인성, 인격, 도덕성 등 매우 다양한 의미로 사용되어 왔다(정창우, 2015; 천세영, 2012; 현주, 2014). 정창우는『도덕과 교육의 이론과 쟁점』(2013)에서 이제까지의 인성 및 인성교육에 대한 논의를 철학적 관점과 심리학적 관점을 중심으로 전개하였다. 강선보 외(2008)는 동서양의 종교적 관점은 물론이고, 고대로부터 현대에 이르기까지 인성교육에 대한 다양한 철학적 관점을 탐구함으로써 인성에 대한 종합적인 이해와 인성교육에 대한 시사점을 제시하였다. 종교, 철학적 관점에서의 인성의 개념은 크게 동양과 서양으로 나뉘고, 동양은 유교, 도교, 불교 등으로 서양은 서양 전통철학과 기독교 등으로 크게 나눌 수 있다.

인성의 관점

"유가(儒家)적 관점에서 인성이란 심(心), 성(性), 정(情), 의(意)를 모두 포함하는 개념으로서, 지적 능력과 정의적 능력, 도덕성을 아우르는 개념이다. 유교 교육의 주류를 형성해 온 맹자의 입장에 따라 인간됨의 바탕을 이루는 품성을 인의예지의 천리(天理)에 합당하도록 형성해 나가는 것이 곧 인성교육이다. 도가(道家)적 관점에서 인성이란 정(精), 기(氣), 신(神)을 포함하는 개념으로서, 인위(人爲)를 가하지 않은 인간의 본원적 자연성을 말한다. 따라서 도가적 관점의 인성교육은 무위자연의 삶을 살 수 있도록 이끌어 주는 것이다. 불교적 관점에서 인성은 모든 생명의 근원으로서 텅 비고 고요(空寂)하되, 또렷또렷하여 일체를 밝게 아는 능력(靈知), 즉 불성(佛性)을 포함하는 개념이며, 불교적 관점의 인성교육이란 인간 존재의 본원적 바탕인 불성을 발현하여 아집(我執)과 법집(法執: 대상에 대한 집착)에서 벗어남으로써 대자유인이 되도록 이끌어 주는 교육이다. 유·불·도 모두 인간의 본성을 외부에서 주어지는 것이 아니라 인간의 타고난 본성, 인간의 내재된 본성이라고 보는 점에서 공통된다. 동양의 철학적 관점에서 인성은 인간의 본성에 대한 매우 긍정적인 시각을 갖고 출발한다고 할 수 있다.

다음으로 서양 철학적 관점에서 볼 때, 플라톤은 인간의 본질을 비물질적이며 불멸하는 영혼으로 보았으며, 따라서 인성교육은 감각과 육체적인 것으로부터 영혼의 해방, 순수화를 의미한다. 순수한 영혼은 특히 참된 인식, 즉 진리 또는 이데아와 상응하며, 이데아에 따라 인간과 세계를 형성시키고자 하는 것이 파이데이아(paideia)의 요체이다. 아리스토텔레스는 플라톤의 영향을 받아 영혼의 불멸을 인정하지만, 육체와 결합된 '현세적 인간'에 관심의 초점을 둔다. 인성교육은 인간의 정신적 본성과 인간 삶의 사실적 조건을 함께 고려해야 한다. 그에 따르면, 인간은 식물적 영혼, 감각적 영혼, 정신적 영혼을 동시에 지닌 존재이며, (타고난) 자연, (교육적 노력에 의한) 습관, (인간의 고유한 기능으로서) 이성의 3자가 조화를 이룰 때 인성교육이 성공할 수 있다. 칸트는 인간을 예지적 차원이 깃들어 있는 존재로 보고, 인성교육이란 성장세대로 하여금 감성에 의한 속박에서 벗어나 이성의 자발성을 실현하도록 하는 것, 즉 인격을 실현하도록 하는 것이다. 이러한 플라톤, 아리스토텔레스, 칸트 등의 인성 이해는 상이한 시각과 강조점에도 불구하고, 인간의 심원한 내면성(그것을 영혼 또는 인격이라고 부든 간에)을 계발 및 형성해 나가려는 입장으로 수렴된다."(정창우, 2015)

기독교 관점에서 인간의 삶의 목표는 인간을 구원하기 위해 이 세상에 오신 하나님의 아들인 예수의 사랑을 체험하고 다른 사람들에게 동일한 사랑을 베풀며 예수를 닮아가는 것이다. 사실 나머지 모든 인성(성품)은 사랑의 실제

적 표현일 뿐이다. 그러므로 사랑을 제일 먼저 이해하는 것이 중요하다.[1]

기독교 관점에서 왜 성품을 배워야 하는가? 첫째, 성품은 주 예수 그리스도를 나타낸다. 예수는 모든 좋은 성품을 자신의 인격으로 온전히 나타내신 분이기 때문이다. 둘째, 성품을 이해하면 어떤 일이 우리에게 일어나는지가 밝히 드러난다. 모든 일이 서로 협력하여 우리가 그리스도의 온전한 성품을 닮게 하기 때문이다. 셋째, 정확한 품성[2]을 알면 우리는 하나님의 성품을 찬양하고 다른 사람들의 성품을 칭찬할 근거를 갖게 된다.

세상의 가치기준들은 사람들이나 단체가 무엇을 중요하게 느끼느냐에 따라 바뀌는 의견들에 기초한다. 그러나 성품은 오랜 세월 동안 옳다고 확인되고 인정된 보편적 기준에 기초한다. 그러나 기독교 입장에서 성품은 종교가 아니다. 성품은 그리스어로 'charakter'이다. '깎아내다, 자르다, 새기다'라는 뜻이다. 성경에서는 '그 본체의 형상', '본체대로의 모습'으로 번역되었다.

심리학적 관점에서는 인성이 성격(personality)과 같은 의미로 사용되는 경우가 많다는 점과 성격 이론(personality theories) 혹은 성격 심리학(personality psychology)이 인성교육의 학문적 배경이라는 점을 특히 강조하고 있다.[3] 즉, 인성을 심리학적 '성격' 개념으로 접근할 경우, 이에 대한 논의는 실제로 인간 행위와 경험에서 개인차에 초점을 맞추는 심리학의 한 영역인 '성격 심리학'에서 주로 논의해 왔다는 것이다(McAdams, 2001; 2009). 여기서 인성은 성격과 성품(character)으로 구분하는데 일반적으로 성격은 지속성을 갖는 개인적 특징으로 정의된다. 성격은 다양한 상황에서 개인의 인지, 동기(motivation), 행위에 영향을 미치며, 개인이 가진 고유하거나 독특한 특성들의 역동적이고 조직화된 체계라고 정의될 수 있다. 성격이라는 용어는 가면을 의미하는 라틴어 페르소나(persona)에서 온 것이다. 성격은 도덕성이나 윤리성과 상관없이 남의 눈에 보이는 독특한 외형적인 모습이라 할 수 있다.

---

1 출처: IBLP-Korea 편집부(2015). 진정한 성공을 위한 능력. 경기: IBLP-Korea.

2 여기서 성품은 전반적인 인성(character)을 가리키고, 품성은 성품의 다양한 세부 자질(character quality)을 가리킨다.

3 출처: 한국교육학회(1998). 인성교육. 서울: 문음사. 15-25.

성품과 성격

사람은 저마다 독특한 성격과 기질을 가지고 태어난다. 어머니 배 속에 함께 있었던 쌍둥이도 서로 다르다. 사람의 성격적 특성은 성장 과정에서 교정되거나 강화될 수는 있지만, 주된 성격은 평생 동안 거의 변하지 않는다. 하지만 성품은 후천적으로 계발되는 것이다. 용기가 없는 사람도 노력해서 용기를 얻게 되고, 교만한 사람이 성품을 훈련하여 겸손한 사람으로 변화될 수 있다.

성품(character)은 성격(personality)과 쉽게 혼동되는데, 전자에는 후자에 비해 상대적으로 많은 도덕적 함축이 담겨 있다. 성격에는 다른 사람들과 차별성을 갖게 하는 '특수성'이 강조되는 데 비해, 성품에도 이러한 의미가 내포되어 있지만 성격에 비해 상대적으로 약하다. 정창우는 『인성교육의 이해와 실천』(2015)에서 성품에는 도덕성(morality)보다 인간관계와 자신의 행복에 영향을 미치는 것들이 보다 폭넓게 반영되어 있다고 쓰고 있다. 또한, 성격(personality), 성품(character), 도덕성(morality)의 순으로 도덕적 어조(moral tone)가 강해진다고 말한다. 도덕성은 작은 의미에서는 하나의 품성(character quality)으로 성품에 포함될 수 있다.

다시 말하면 성품은 후천적인 것으로 자라면서 얻은 문화적 유산이다. 즉, 타고난 성격, 본능적인 양심의 판단과 가정, 학교, 사회 교육으로 양성된 후천적 덕성과 윤리적 가치관이 종합적인 행위로 나타나는 것이 성품이다. 특히, 남이 보이지 않을 때 나타나는 행위로서 대인관계에서 도덕적 원리, 가치관, 청렴, 자제력, 책임, 자비와 양선, 사랑 등이 나타나므로 사회를 변화시켜 나가는 영향력을 갖게 된다. 다시 말하면, 훈련된 삶의 태도라고 할 수 있다.

성품의 의미

사람들은 자주 성품의 의미에 대해 혼란을 겪는다. 가장 좋은 출발점은 성품이 무엇이 아닌가를 이야기하는 것이다. 성품과 혼동하지 말아야 할 것들에 대해 알아봤다.

성품은 평판이 아니다

미국 건국의 아버지 중 한 사람인 토마스 페인은 그것에 대해 가장 잘 표현했다. "평판은 다른 사람들이 우리에 대해 어떻게 생각하느냐이지만, 성품은 하나님과 천사들이 우리에 대해 알고 있는 것이다." 어떤 사람에 대해 잘 모를수록 평판에 의존하게 된다. 그에 대한 글을 읽거나, 텔레비전에서 보거나, 그 사람이 말하는 것을 듣거나, 다른 사람이 보고하는 것을 들으며 대외적인 이미지를 인식한다. 어떤 사람에 대해 알아갈수록 그 사람의 성품과 평판이 밀접하게 관련되어 간다.

"직업상 나는 많은 사람을 만나는 축복을 누리고 있다. 나를 만나기 전에 나에 대해 듣거나 관련 기사를 읽었다면, 나에 대해 알게 되는 것은 평판이겠지만, 성품을 실제로 알지는 못할 것이다. 단지 나에 대해 듣는 것에만 의존하는 것이다. 킴레이의 직원들은 나의 성품을 자세히 알 수 있다. 나를 정기적으로 보면서 각각 다른 상황에 대응하는 내 모습을 계속 지켜보아 왔다. 직원들이 가진 나에 대한 평판은 다른 사람들이 가진 평판보다 나의 실제 성품에 더 가까울 것이다.

우리 아이들에게는 나의 평판과 성품이 잘 결합되어 있을 것이다. 하지만 아내에게는 나의 성품이 나의 평판과 완전히 맞물려 있을 것이다. 우리는 50년의 결혼생활을 누리는 축복을 받았다. 나를 너무나 소상히 알고 있으므로 나의 평판과 성품이 그녀에게는 같은 말이다(Tom Hill, 2010)."

성품은 성격이 아니다

성격은 선천적인 행동상의 특성이다. 아내와 나는 이것이 우리 20명의 손주에게서 생생하게 나타나는 것을 본다. 각자가 다르고 독특한 성격이다. 그 어떤 아이도 같지가 않다. 어떤 아이들은 놀면서 노래 부르기를 좋아하지만, 다른 아이들은 조용하다. 어떤 아이들은 외향적이고 낯가림이 없는 반면, 다른 아이들은 내성적이다.

모든 성격 유형은 좋은 성품을 드러낼 수 있다. 한 예로, 수줍음을 타는 손녀라도 남을 환대하는 친절함과 대담함을 가질 수 있다. 일부 성격적 특성이 그녀의 전반적 성격과 다르더라도 좋은 성품을 가질 수 있다.

성품은 종교가 아니다

많은 사람이 성품을 종교적인 용어로 정의하지만, 사람은 종교가 없을 수는 있어도 성품은 모두 가지고 있다. 나는 수십 개의 국가에서 불교도, 기독교인, 유대교도 그리고 이슬람교도와 같은 다른 종교를 가진 사람들과 이야기를 나눌 수 있는 특권을 누릴 수 있었다. 내 경험상, 모든 종교는 성품을 매우 존중한다. 몇몇 종교가 다른 종교보다 성품을 좀 더 강조하긴 하지만, 모두가 성품을 중요하게 여기고 그들이 생각하는 '도덕적인', '올바른' 것으로 성품을 규정한다(Tom Hill, 2010).

"코치님, 우리 애는 성격이 왜 그 모양인지 모르겠어요. 무엇이든 부모한테 의지하려고 하고요. 형제들을 전혀 배려하지 않아요. 난 우리 아이 성격이 정말 마음에 안 들어요." 이런 하소연을 하는 부모를 종종 본다. 그런데 이 말에는 문제가 있다. 성격과 성품을 제대로 이해하지 못하는 것이다. 지금 이 부모가 아이에 대해 걱정하고 있는 것은 '성격'이 아니라 '성품'이다. 아이의 태도는 책임감이나 배려와 같은 성품이 잘 계발되지 않았을 때 드러나는 행동이다. 하지만 부모는 그것을 잘 모르기 때문에 그저 성격이 이상하다고 단정 지은 채 한숨만 쉬고 있는 것이다. 성격과 성품은 큰 차이가 있다. 성격은 태어날 때부터 나타나는 독특한 특성을 말한다. 성격의 특성은 노력에 의해 교정되거나 강화될 수 있지만 주된 성격은 거의 변하지 않은 채 평생 동안 지속된다. 타고난 성질, 본성, 또는 기질이 바로 성격이며 성격은 그 사람의 행위에 무의식적으로 영향을 준다. 이것은 자신이 마음대로 선택할 수 있는 것이 아니다(우수명, 2012).

앞에서 살펴본 것과 같이 인성 계발과 관련하여 동양의 경우 일찍이 유교적인 교육적 전통에서 인성론(人性論) 혹은 심성론(心性論)이 수양론(修養論), 공부론(工夫論)과 연결되어 활발하게 논의되었고, 서양의 경우에는 아리스토텔레스의 덕윤리학을 토대로 품성 계발로서의 덕교육에 대한 논의가 있었다. 또한 불교나 기독교와 같은 종교적 측면에서의 인성과 최근에는 심리학의 발달로 인한 심리학적 접근이 이어져 왔다. 이러한 다양한 관점과 전통을 바탕으로 오늘날의 인성교육이 어떻게 실천되어야 하는가에 대한 시사점을 논의해 보자.

2. 인성교육의 개념 및 주요 접근

인성은 성품, 기질, 개성, 인격, 도덕성 등으로 다양하게 규정되고 있다(김명진, 2007). 이에 따라 인성교육의 개념 역시 학자들에 따라 다양하게 정의되어 왔다. 인성교육을 정의한 다양한 개념들에 대해 살펴보자.

첫째로 인간으로서의 성품을 길러 주는 것을 강조한 정의가 있다. 이러한 정의에는 "인간성을 기르는 교육, 인격을 함양하는 교육, 사람을 사람답게 하는 교육(김명진, 2007)", "사회적으로 바람직한 행위 규범을 내면화함으로써 인간으로서 갖추어야 할 최소한도의 품성을 형성하는 교육(신차균, 2000)"이 포함된다. 이러한 정의는 인성을 인간이 지향하고 성취해야 하는 인간다운 면모, 성질, 자질로서의 의미를 포함한다(강선보 외, 2008: 11).

둘째는 인지, 정서, 행동의 균형적인 발달을 강조하는 정의로, 이와 관련하여 남궁달화(1999)는 "학생들이 지 · 정 · 의를 조화롭게 발달시켜 마음을 통합할 수 있도록 도와주는 마음의 교육"으로 인성교육을 정의한다. 이러한 정의에서는 인성을 아는 것뿐만 아니라 느끼고 행동하는 차원을 모두 포함하는 것으로 바라본다.

셋째로 개인과 사회의 조화를 강조한 정의들이 있다. 이와 관련하여 현주 외(2009)의 연구에서는 "사람들로 하여금 가족, 친구, 이웃, 지역사회, 국가의 일원으로 함께 살고 일하도록 하는 데 도움을 주는 사고와 행동의 습관을 가르치는 것"으로 정의하였다.[4]

이러한 인성교육은 최근에 등장한 새로운 개념이 아니며, '인간교육', '전인교육', '창의 · 인성교육' 등 표현은 조금씩 달랐지만, 학생들의 바람직한 인성

4 출처: 김수진(2015). 인성교육의 주요 접근. 교육과정연구, 33(2), 207-229.

함양은 학교교육의 핵심 목표로 꾸준히 추구되었다(차성현, 2013: 5). 그러나 정규 교육과정을 통한 인성교육의 미흡, 도덕적이지 않은 학교 시스템 등이 문제로 지적되면서 학교에서 가르치는 내용이나 방법이 실제로 학생들에게 인성을 발달시킬 수 있는 기회를 제공하는가, 인간다운 인간을 제대로 길러내고 있는가에 대해서는 계속해서 부정적인 평가가 이루어져 왔다(강선보 외, 2008; 김명진, 2007; 신차균, 2000; 장사형, 2011).

특히 대학생들은 중·고등학교부터 이어진 입시와 성적 위주의 교육이 취업이라는 현실로 이어져 대학에서 인성교육이 제대로 이루어지지 못하고 있다. 다행히 최근에 인문학적 소양의 중요성이 강조되어 많은 대학에서 교양과정을 통해 이러한 교육을 수행하고 있지만 미흡한 실정이며 따라서 생애단계별 인성교육이라는 장기적인 관점에서 체계적이며 전문적인 방식으로 계획 및 운영될 필요가 있다. 이를 위해 인성교육의 주요 접근 방법을 알아보자.

인성교육의 주요 접근

미국 인성교육협회(CEP)에서는 1999년 국가인성교육위원회 보고서를 발간하였다.[5] 이 보고서는 인성교육이 잘 이루어지기 위한 교사교육의 방향을 제시하고 교사교육자들이 인성교육의 주요 개념, 접근, 이슈들을 알게 함으로써 교사교육에 인성교육을 통합시키고자 하는 목적으로 발간되었다(Williams & Schaps, 1999: 7). 이를 위해 인성교육의 주요 접근을 전통적 관점(Traditional perspective), 아동 발달적 관점(Child development perspective), 배려 공동체 접근(Community of care), 구성주의적 접근(Constructivist approach to socio-moral development), 절충적 관점(Eclectic perspective)의 다섯 가지로 제시하였다(Williams, 2000).

최근에는 인성교육의 최신 경향으로 배려윤리(Ethics of care)와 사회정서학습

5 출처: Mary, M. W., & Eric, S.(1999). Character education: the foundation for teacher education: report of the National Commission on Character Education. Washington, D. C.: Character Education Partnership.

(Social and emotional learning)의 두 가지 접근이 대두되고 있다. 이들은 공통적으로 기존의 인성교육이 덕목에 대한 습득, 도덕적 상황에 대한 판단 등과 같이 지나치게 인지적 측면에 초점을 두고 정의적인 측면은 소홀했다는 비판에서 등장하였다. 기존에 이루어진 인성교육이 인지적인 측면과 정의적인 측면을 고루 발달시키지 못한 채 학생들의 지적 능력을 계발하려는 노력에만 초점을 두면서 합리적인 도덕적 판단을 할 수 있는 인재를 양성하는 데에는 어느 정도 기여했지만, 타인에 대한 사랑과 배려를 보이거나 원만한 인간관계를 유지할 수 있는 인간을 양성하는 데에는 등한시했다는 것이다(박병춘, 2005; 이인재, 2009).

김수진은 그의 논문[6]에서 인성교육의 주요 접근 방법을 인지, 정서, 행동의 측면과의 관계를 바탕으로 재분류하였다. 즉, 인성교육의 주요 접근을 덕목 중심 접근, 인지 능력 발달 접근, 배려 중심 접근, 통합적 접근, 사회·정서적 접근의 다섯 가지로 구분하였다.

첫째로, 덕목 중심 접근은 행동적 측면에 초점을 둔 것으로 전통적인 접근이 여기에 속하며 바람직한 덕목의 실천과 습관을 강조하는 접근이다.

둘째로, 인지적 측면을 강조한 인지 능력 발달 접근으로 여기에는 아동 발달적 관점과 구성주의적 접근이 포함된다. 이는 옳은 것이 무엇인지를 판단하고 결정하는 것을 중시하며, 이에 따라 토의, 협력적인 또래와의 상호작용, 문제해결, 자치 등이 강조된다.

셋째로, 배려 중심 접근은 정서적 측면에 초점을 둔 배려 공동체 접근과 배려윤리 접근을 포함하는 것으로 인성교육을 하는 데 있어서 배려 관계의 형성과 유지를 강조한다.

넷째로, 통합적 접근은 인지, 정서, 행동을 포함하는 인성의 통합적 발달을 강조하는 접근으로 절충적 접근과 관련된다.

마지막으로, 사회·정서적 접근은 인성을 도덕성을 넘어서서 사회성, 정서와 같은 다양한 특성들과 관계되는 것으로 바라보는 접근으로 사회 정서학습 접근과 관련된다.

---

6 출처: 김수진(2015). 인성교육의 주요 접근. 교육과정연구, 33(2), 207-229.

〈표 2-1〉 인성교육의 주요 접근 방법

구분	인성의 정의	인성교육의 정의
전통적 관점	일련의 사건이나 상황에서 어떻게 행동할지를 결정하는 습관양식의 모음.	잘못된 것에서 옳은 것을 식별해 낼 수 있도록 좋은 습관을 형성하게 하는 것이며, 그러한 덕을 일상에서 실천하도록 하는 것.
아동 발달적 관점	개인의 능력과 도덕적으로 기능하는 성향에 영향을 미치는 일련의 심리적인 특징들로 정의. 즉, 인성은 옳은 것을 하거나 하지 못하게 하도록 사람을 이끄는 특징들로 구성된다고 봄.	인성교육의 핵심이 아동의 발달에 있으며 인성교육의 목적은 좋은 사람(good person)을 만드는 것으로 봄. 좋은 인성을 갖춘 사람이 될 수 있도록 도덕적인 특성들을 발달시키는 데 있어서 다른 사람들과의 관계, 학교의 문화와 같이 아이들의 인성 발달에 미치는 사회적 영향을 강조.
배려 공동체 관점	배려 공동체가 학생들로 하여금 좋은 인성과 관련된 가치들을 느끼고 형성할 수 있도록 이끌어 준다고 봄.	학생들에게 특정한 행동이나 이해를 직접적으로 일러주거나 강요하기보다는 배려 공동체를 통해 학생들이 교실에서 지속적으로 좋은 인성의 습관을 형성하고 실천할 기회를 제공받을 수 있기 때문.
구성주의적 접근	옳은 것이 무엇인지를 자율적으로 판단할 줄 아는 것으로 인성이 사회적 맥락 내에서 구성된다는 입장. 윤리적인 결정이나 행위가 절대적인 것이 아니라 맥락에 따른 것이라고 봄.	사회적 관계를 통해 좋은 인성에 내재된 가치들을 구성해 나가는 것을 강조. 좋은 인성은 교사를 포함한 성인들의 권위에 의해 이상적인 덕목들을 수동적으로 따르는 것이 아니라 교사와 학생 간, 학생들 상호 간에 서로 상호작용하고 의사결정에 능동적으로 참여하면서 형성된다고 봄.
절충적 관점	상호 관련된 세 가지 부분-도덕적 인지(moral knowing), 도덕적 감정(moral feeling), 도덕적 행동(moral behavior)-으로 구성되어 있다고 주장.	인지적, 감정적, 행동적인 측면을 아우르는 인성을 발달시키기 위하여 학교에 종합적 접근이 필요함을 강조. 즉, 학급, 학교, 가정, 지역사회의 여러 교육 주체들이 함께 협력하는 전체적인 과정으로 봄.
배려윤리 접근	정의와 권리, 자율성과 같은 합리성을 중시한 인지 발달적 접근과 달리 배려와 관계성, 상호성과 같은 감정적인 측면을 강조.	도덕적 삶을 관계적인 것으로 보고 배려를 배려하는 사람과 배려 받는 사람 사이의 관계적 개념으로 이해. 4가지 구성요소는 모델링, 대화, 실천, 확증.
사회정서학습 접근	도덕성 차원의 논의에서 벗어나 사회성과 정서를 포함한 다차원적인 측면에서 인성을 이해.	인지적 측면뿐만 아니라 지식을 행동으로 옮기는 데 있어 가교 역할을 할 수 있는 사회정서 능력의 발달을 함께 강조.

이러한 분류를 바탕으로 인성교육에 대한 방향을 설정하여 그에 맞는 접근을 토대로 목표, 내용, 방법, 평가가 체계적으로 연결될 수 있도록 인성교육을 실행해야 한다. 앞에서도 언급했듯이 대학에서의 인성교육은 제대로 이루어지지 못해 왔다. 교육의 궁극적 목적인 인성의 발달과 자아의 실현이 평생의 과업임에도 불구하고 인성교육은 대학 이전의 학교교육에서만 강조되었던 셈이다. 이러한 생각의 배후에는 초·중등학교에서 지식교육과 인성교육의 기초를 쌓고, 대학에서 전문교육과 직업준비교육을 해야 한다는 논리가 강하게 깔려 있다. 또한 최근의 청년층의 취업난과 88만 원 세대로 대변되는 현실이 이러한 현상을 더욱 심화시키고 있다.

대학에서의 인성교육

대학에서의 인성교육에 있어서 대학 인성교육의 궁극적인 목적, 내용 또는 프로그램, 방법 그리고 평가와 피드백(feedback)이 어떻게 이루어져야 하는가에 대해 손승남은 교수학적 관점에서 검토하였다. 대학의 인성교육은 개인적 관점에서는 각 개인마다 타고난 내적 고유성과 능력을 최대한 발휘하도록 도와야 하며, 사회적 관점에서는 자신을 둘러싼 이웃과 더불어 사는 공동체에 기여할 수 있는 그런 인간을 형성하는 데 일조해야 할 것이다. 요컨대, 대학 인성교육의 궁극적 목적은 자기 자신과 타인(공동체)에 대한 '배려'와 한 걸음 더 나아가 사회적 불의와 불평등에 당당히 맞서는 '정의'의 역량을 길러 주는 데 두어야 한다. 인성교육에서 추구해야 할 가치덕목 혹은 인성역량으로 '배려'와 '정의'를 설정하였을 때 그 안에 인성의 하위요소로서 포함될 수 있는 내용은 배려의 요소로는 자기존중, 타인존중, 관용, 책임, 협력, 공감, 수용 등을, 정의의 요소로는 대화와 소통능력, 문제와 갈등해결능력, 헌신, 준법, 공정 등을 고려해 볼 수 있다.

대학 인성교육의 내용은 교육학 전통에서 오래전부터 강조되었던 세 가지 요소, 즉 지·덕·체를 중심으로 그 순서에서 인간의 몸을 보존하고 육성하는 근본으로서 체육을 최우선으로 삼고, 마음과 덕성의 계발을 담고 있는 덕육을 지향한 다음, 몸과 마음의 수양이 이루어진 연후에 지적 훈련과 지성의 개발이 이루어져야 한다는 입장이 있다. 학교에서와 같이 지성의 전당이라는 대학의 장에서도 몸의 단련과 마음의 수양이 이루어질 수 있는 시간과 공간은 여전히 부족하며, 대학입시에서 벗어난 대학생의 경우 직업훈련이나 취업준비로 인해 제대로 지성을 연마할 기회를 갖지 못한 채 사회로 진출하는 안타까운 일들이 반복되고 있다. 대학 인성교육의 내용에는 우선 자신의 삶을 사랑하며, 타인을 이해하고 배려하며, 소외 받은 자의 삶에 적극 참여·연대할 수 있는 능력을 길러 줌과 동시에 민주사회의 건전한 구성원으로서 소양을 갖추기 위한 민주시민교육, 다문화 시대에 필요한 소양과 자질을 갖게 하는 상호문화교육 등이 총체적으로 고려되어야 한다(손승남, 1999).

대학 인성교육의 방법을 위해 가속화되어 가는 사회에서 날로 축소되어 가는 피교육자의 역량을 어떻게 강화하느냐에 달려 있다. 이를 위해선 먼저 자기 몸과 영혼을 돌보고, 자기 내면의 힘을 강화하는 방법을 찾아야 한다. 나아가 자기를 둘러싼 세계의 변화에 능동적으로 대처하고, 글로벌(global) 사회에서 주인으로 당당히 설 수 있는 시민역량을 길러 주어야 한다. 대학입시에 이어 대학입학 후에도 취업준비로 바쁜 대학생에게 자신의 몸과 마음을 돌아볼 여유가 부족하다. 이에 주체역량을 강화하기 위한 방편으로 신체단련, 영양, 건강, 섭생, 수면과 같은 기본 생활 습관의 개선과 향상을 목적으로 하는 몸교육, 건강교육, 영양교육, 보건교육, 성교육 등의 프로그램을 대학에서 구체적으로 개발하여 인성 위주의 교양교육이나 비교과 활동 영역에 포함하는 방안을 생각해 볼 수 있다.

또한 현대인의 건강을 해치는 주범이 스트레스임을 감안하여 상담과 심리검사를 활용하여 각종 스트레스에 대처하는 힘을 길러 주고, 과로나 일중독에 빠지지 않도록 일과 휴식, 수면간의 적절한 조화를 이루도록 도움을 주어야 할 것이다. 시민역량 강화를 위한 시민성 교육에서는 학습의 주체가 학습자 자신임을 철저히 인식하고, '행함으로써 배워 나가는(learning by doing)' 학습자 중심의 참여교육이 되어야 한다.

대학 인성교육의 평가에서 가장 주안점을 두어야 할 부분은 인성교육 내용을 가정, 학교, 사회에서 얼마나 '실천'했느냐 여부를 가늠하는 일이다. 바람직한 덕목이나 핵심 역량이 일시적 훈련에 머물고 만다면 그 또한 무의미한 일이다. 지식과 실천으로 다듬어진 다양한 인성적 요소와 역량이 자신의 인격으로 재통합되어 지속적인 효력을 발휘할 때 그 교육은 소기의 목적을 달성할 수 있기 때문이다. 인성교육의 평가에서 이러한 '지속성'을 고려하는 일도 중요하다. 하지만 실제로 인성교육의 내용과 방법에서 제시한 다양한 방안이나 프로그램 요소를 평가하는 일은 쉽지가 않다. 인성 자체를 잴 수 있는가 하는 근본적 문제에서부터 인성교육 평가는 딜레마 상황에 봉착하게 된다. 대학생들의 인성교육 실천에 대한 평가에서도 좀 더 새로운 방식으로 접근해 나갈 필요가 있다. 우선 기존의 평가방식이 결과 및 산출 위주였다면 대학 인성평가에서는 과정 자체의 평가에 더 많은 비중을 두어야 한다.

인성교육 수업이나 프로그램에서 실제로 일어나는 교수자와 학습자 사이의 대화나 질의응답 과정, 비판능력의 형성, 문제해결 과정 자체에 초점을 두는 것이다. 과정평가를 뒷받침하려면 교육진행 과정에서의 서술과 대화, 교육적 맥락을 연결한 포트폴리오 작성이 도움을 줄 것이다. 즉, 대학 인성교육에서 평가는 가르치는 사람의 일방적인 성적과 석차 매기기로서가 아니라 가르치고 배우는 과정에서 학생에게 주는 진정한 '도움'과 '피드백'으로 파악되어야 한다. 인성교육이 학습자의 자발성과 자율성 그리고 민주적 시민의식을 함양하는 중차대한 과업이라고 할 때 그 평가도 자발성을 신장시키고, 그리하여 결국 학습자 스스로 자기를 평가할 수 있는 성숙된 역량을 고양하는 방향으로 전개되어야 한다.

본 서에서는 대학에서의 인성교육에 있어서 이러한 목적, 내용 또는 프로그램, 방법 그리고 평가와 피드백(feedback)이 만족될 수 있는 하나의 실용적 방법론을 제시하고 기술한다.

생각해 볼 문제

1 자신이 생각하는 '인성이란' 무엇인지 정의를 내려 보고 각 종교와 심리학적 관점에의 인성의 정의와 비교해 보시오.

2 인성과 성품의 의미를 살펴보고 같은 점과 다른 점을 비교해 보시오.

3 인성교육의 다양한 접근 방법을 살펴보고 특징과 장단점을 비교해 보시오.

4 대학에서의 인성교육이 어떻게 이루어져야 할지 생각하고 토론해 보시오.

CHAPTER

3

49가지 품성 및 성품 계발 방법론

1. 성품 계발을 위한 핵심덕목

인성교육으로서의 좋은 품성교육은 어떤 품성을 덕목(virtues)으로 가르칠 것인가가 시작점이고 매우 중요하고 요소이다.

“인성교육은 사람다운 사람 혹은 훌륭한 인성의 기반을 이루고 있는 것으로서 모두가 공감할 수 있고 객관적으로 중요한 행위의 표준, 특질(traits) 혹은 덕목, 가치, 역량 등이 존재한다는 확신에서부터 시작되어야 한다. 인성교육을 실행하고자 하는 학교에서는 여러 가지 덕목과 인성역량 가운데 어떤 것에 초점을 맞출 것인지를 먼저 결정해야만 한다. 즉, 단위 학교에서는 인성교육 실천을 위한 체계적인 계획 혹은 설계도를 만들기 전에 핵심덕목 및 인성역량을 우선적으로 선정해야만 한다. 용어가 어떻든지 간에, 양질의 인성교육을 통해 함양되는 핵심덕목 및 인성역량은 인간의 존엄성을 강화하고, 각 개인의 행복과 복지를 개선하며, 공동선에 기여하고, 민주 사회에서의 권리와 책임을 강조하며, 고전적인 보편성(예: 동일 상황에서 모든 사람들이 이러한 방향으로 행동하기를 원하는가?) 및 가역성(예: 너도 이러한 방식으로 대우받기를 원하는가?) 테스트를 통과한다. 핵심덕목의 예로는 성실, 절제, 배려, 협동, 책임, 정의 등이 있다. 핵심 인성역량의 예로는 도덕적 자기관리 능력, 도덕적 문제해결 능력, 긍정적 태도, 도덕적 대인관계 및 의사소통 능력, 다문화 · 세계시민의식 등이 있다. 가능하면 교육 공동체(교사, 학부모, 학생, 지역사회 포함)의 적극적이고 광범위한 참여를 통해 핵심덕목 및 인성역량을 선정해야만 보다 높은 수준의 책임감과 참여의지를 유발할 수 있다.”(정창우, 2015)

핵심덕목 12가지 사례

정창우는 『인성교육의 이해와 실천』(2015)에서 인성교육을 위한 핵심덕목 12개를 이론적 · 경험적 근거에 입각하여 추출하였다. 이론적으로는 동서양의 덕 윤리학적 전통, 최근 덕 윤리학에서의 ‘덕과 인성 특질(character traits)’, 긍정심리학에서의 ‘인성 강점(character strengths)과 덕’, 미국 인성교육(character education)

에서의 인성과 핵심덕목에 대한 연구 결과들을 폭넓게 활용하였고, 인성교육이나 도덕교육 목적으로 주요 덕목들을 설정한 국내외 사례(한국, 미국, 일본, 싱가포르)를 종합적으로 분석하여 경험적 자료로 활용하였다.

〈표 3-1〉 학교 인성교육을 위한 핵심덕목과 정의

핵심덕목	정의	의미 및 도덕적 기능
지혜 (wisdom)	어떤 상황에서 취해야 할 것이 무엇이고, 버려야 할 것이 무엇인지를 분별하는 것.	• 훌륭한 판단으로서 모든 덕을 지도함. • 어떤 상황에서 취해야 할 것이 무엇이고, 버려야 할 것이 무엇인지를 분별하는 것. • 서로 다른 덕들 간에 어떻게 균형을 취해야 하는지를 말해줌. • 올바른 사려분별을 하게 해주어 삶에서 중요한 것의 우선순위를 깨닫게 해줌.
용기 (courage)	자신이 옳다고 믿는 것을 지지하고 옹호할 수 있는 능력과 의지.	• 자신이 옳다고 믿는 것을 옹호하고 실천하려는 의지와 능력. • 난관에 직면했을 때에도 자신이 설정한 목표를 성취하기 위해 강한 의지력을 발휘하는 정서적인 힘.
성실 (integrity)	거짓됨이 없이 자기가 하는 일에 정성을 다하는 자세.	• 도덕원리(moral principles)를 준수하고 도덕적 양심에 충실하여 자기가 한 말을 실행하고 자기가 믿는 것을 지켜 나가는 것임. • 성실성을 가진다는 것은 '전일성(wholeness)', 즉 전체적으로 일관성을 지니는 것임. • 자기 자신과 다른 사람에게 진실을 말하는 것임.
절제 (temperance)	스스로의 욕구, 감정 등을 잘 통제하고 다스리는 것.	• 우리 스스로를 다스릴 수 있는 능력, 과도(excess)에 맞설 수 있는 힘. • 유혹에 저항할 수 있는 힘이자 만족을 지연시킬 수 있는 능력. • 기분을 조절하고 육체적 욕구와 결정을 규율하며 정당한 쾌락도 적절하게 추구하게 해줌.
효도 (filial piety)	인(仁)을 행하는 근본이 되는 것으로서 부모의 은혜에 감사하고 이에 보답하고자 하는 것.	• 모든 행위의 근원이며 동시에 인을 행하는 근본. • 부모님을 정신적으로 편안하고 기쁘게 해 드리는 것(養志)과 부모님을 육체적 · 물질적으로 봉양하는 것을 말함(養口體).
예절 (etiquette)	사람이 만든 질서에 따라 나와 남을 구분하고 그 구분에 따라 알맞게 표현하는 것.	• 예의에 관한 모든 절차나 질서를 준수하려는 마음가짐과 태도. • 일정한 격식을 갖춘 행동으로 나타남.

핵심덕목	정의	의미 및 도덕적 기능
존중 (respect)	정중하고 사려 깊은 방식으로 다른 사람들을 대함으로써 그들이 존엄성을 가진 가치 있는 존재라는 것을 보여 주는 것.	• 사람이나 사물을 기본적으로 그들의 존재만으로 존중할 가치가 있음을 인식하고, 그 가치에 대하여 소중히 여기는 것. • 인간이 스스로를 존중하는 것으로부터 시작해서 나아가 모든 사람과 생명체, 사물은 그들만의 가치가 있으며 그 가치를 인정하고 소중히 하고자 하는 기본 윤리에 해당함.
배려 (caring)	다른 사람의 행복이나 복지 등에 관심을 가지면서 그들의 필요나 요구에 민감하게 반응을 보이는 것.	• 정의를 넘어서는 것으로서 공정함에 머무르기보다는 그 이상의 필요한 것을 주는 것임. • 공감, 연민, 관대, 봉사, 용서 등으로 구성됨. • 필요를 헤아리고 요구에 반응하는 덕. • "네 이웃을 네 몸과 같이 사랑하라"를 진지하게 고려해야 함.
책임 (responsibility)	공동선의 실현을 위해 각 구성원들에게 부여된 역할과 의무를 충실히 이행 하는 것.	• 맡아서 해야 할 역할과 의무에 대한 의식과 헌신. • 자기 자신, 가족, 지역공동체, 국가, 지구공동체에 대한 역할과 의무를 인식하면서 사랑과 헌신으로 이러한 역할과 의무를 수행하려는 것. • 자신의 행위 혹은 행위결과에 대한 책임과 자기 존재의 미래에 대한 미래지향적인 책임.
협동 (cooperation)	사회의 공동선(common good)을 창출하고 증진하기 위해 구성원들이 힘과 뜻을 모아 노력하는 것.	• 사회의 공동선을 창출하고 증진하기 위해 구성원들이 힘과 뜻을 모아 노력하는 것. • 공동의 목표를 성취하기 위해 구성원들의 힘과 능력을 집약시키는 것. • 공동체가 발전하고 번영하기 위한 필요조건.
준법 (law-abiding)	기본 생활규칙과 공중도덕, 법 그리고 기타의 사회적 약속과 의무 등을 준수하고 실천하는 성향.	• 법률이나 규칙 등을 바르게 잘 지키는 것. • 국가 공동체 존립의 기본.
정의 (justice)	각자에게 그의 정당한 몫을 주고자 하는 항상적이고 영속적인 의지.	• 모든 사람의 권리를 존중하는 것. • 자기존중과 자신의 권리 및 존엄에 대한 합당한 고려를 포함함. • 정의로운 사회 건설을 위해 정의에 대한 관심과 부정의에 대한 도덕적 분노의 능력이 요구됨. • 건강한 공동체 생활을 가능하게 하는 시민적 힘(civic strength).

출처: 정창우(2015)

KEDI 인성검사 핵심덕목

교육과학기술부에서 한국교육개발원(KEDI)에 위탁하여 개발한 초·중등 학생들의 인성수준 표준화 인성검사 도구에서는 핵심 인성 덕목을 10개로 하였다.[1] 인성교육진흥법 제정 등으로 최근 학생들 및 사회의 인성 및 인성교육에 대한 관심과 중요성이 강조되면서 정부차원에서의 다양한 인성교육 정책을 활발히 추진하고 인성교육이 중요하다는 인식은 함께 하고 있으나 인성이 구체적으로 무엇인지, 인성교육에서 강조해야 할 덕목이나 역량이 무엇이어야 하는가에 대한 사회적 협의가 아직 없는 상태로 학교에서 인성교육 목표를 설정함에 있어 현재 학생들의 인성적 강점과 약점, 인성교육을 통해 어떤 덕목과 능력을 길러 주어야 할지를 계획하거나, 인성 프로그램의 실시 전과 후의 인성변화를 살펴보고자 할 때 특정 학교나 학급 학생들의 인성수준이 전국 학생들을 기준으로 어느 정도의 수준에 있는지를 살펴보고자 할 때 이 도구를 사용하도록 핵심덕목을 개발하였다.

〈표 3-2〉 10개의 핵심덕목

인성 덕목(하위요인)		구성 내용
1	자기존중	자기존중, 자기효능
2	성실	인내(끈기), 근면성
3	배려 · 소통	타인 이해 및 공감, 친절성, 대인관계 및 의사소통 능력
4	(사회적) 책임	책임성, 협동심, 규칙이행
5	예의	효도, 공경
6	자기조절	자기통제(감정, 충동, 행동), 신중성
7	정직 · 용기	정직성, 솔직성, 용감성
8	지혜	개방성, 판단 및 의사결정 능력, 안목

1 출처: 한국교육개발원(2014). KEDI 인성검사 실시요강. 서울: 한국교육개발원.

인성 덕목(하위요인)		구성 내용
9	정의	공정, 공평, 인권존중
10	시민성	애국심, 타문화 이해, 세계시민의식

10개의 핵심덕목은 인성의 개념을 통합적이고 포괄적인 관점에서 보고 다양한 연구방법을 통해 추출하였다. 인성의 개념을 덕과 역량을 포괄하는 통합적 관점에서 인성을 개인 및 사회적으로 요구되는 바람직한 성격 특질뿐만 아니라 인성역량을 모두 포괄하는 개념으로 간주하였고, 인성을 구성하는 하위요인 선정의 객관성 및 타당성을 확보하기 위해 문헌고찰 이외에 전문가 델파이조사, 교사 서면면담조사, 전문가 협의회 등 다양한 연구방법을 사용하였다. 또한 인성교육 학자들이 보편적으로 중요하다고 주장하는 덕과 역량, 학교교육을 통해 기르고자 하는 덕과 역량 그리고 학교 구성원들이 현재 시급하게 요구된다고 생각하는 덕과 역량 등을 모두 고려하여 선정하였다.

10가지 핵심덕목의 수준 측정을 통해서 학교급별 발달 단계에 따른 체험과 실천 중심의 인성교육을 지원하고자 한다. 이를 위해 학교급별 인성교육의 목표는 아래 표와 같다.

〈표 3-3〉 학교급별 인성교육 목표

학교급	목표
초등	자신의 생명과 건강을 지키는 생명존중과 안전교육을 중점으로 기초 · 기본 생활습관 형성.
중등	자아정체성 확립, 나의 행복과 남을 배려하는 인성교육으로 자기조절 능력과 시민의식 함양.
고등	사회에 기여 · 봉사, 자신의 역할을 찾는 진로교육으로 사명의식과 세계시민적 자질 함양.

군 인성교육 핵심덕목

최근 육군에서는 국민 인성교육의 장으로서 군의 공공적 역할에 대한 시대적 요구에 부응하고 가정과 학교의 인성교육에 더해 범사회적 노력이 필요함을 인식하고 군 인성의 개념을 새로이 정립하여 군 인성교육을 추진하고 있다. 군 인성은 "자기 자신을 바르게 세우고, 타인과 협력적 관계를 구축하며, 국가와 군 그리고 보다 나은 미래건설에 이바지하는 데 필요한 성품과 역량"을 키우는 것으로 정의된다. 이에 따라 군 인성교육의 7대 핵심덕목을 선정하고 인성교육 체계를 정립하고 있다. 7대 핵심덕목은 육군 5대 가치관, 명예해군, 공군 핵심가치 등 기존 육·해·공군에서 사용하고 있는 핵심가치로부터 도출된 것이다.

〈표 3-4〉 군 인성교육 7대 핵심덕목

개인 차원		대인관계 차원		공동체 차원
창의(지혜), 용기, 책임	+	존중, 협력	+	충성, 정의

육군의 모 군단에서는 이러한 7대 핵심덕목을 확장하여 총 14개의 핵심덕목을 도출하고 이를 활용하여 간부 및 사병의 인성교육에 활용하고 있다.[2]

〈표 3-5〉 품성교육 핵심덕목

구분		관련 품성
공통 (10가지)	육군 5대 가치관	충성, 책임, 용기, 존중, 창의
	병영생활 간 관계형성에 필요한 품성	감사, 경청, 용서, 솔선, 인내
간부에게 필요한 품성(12가지)		공통과제+분별력, 온화함
사병에게 필요한 품성(12가지)		공통과제+순종, 정돈

2 광개토 전사 육성 프로젝트.

49가지 품성의 핵심덕목

본서에서는 인성교육을 위한 성품 계발의 핵심덕목으로 미국 IBLP(Institute in Basic Life Principles)와 LPPT(Life Purpose Power Teams)에서 개발한 49가지 품성을 사용한다. IBLP와 LPPT는 빌 가써드(Bill Gothard) 박사에 의해 설립된 단체다. 빌 가써드는 기독교 복음에 기초하여 청소년 관련 선교활동을 하던 중, 러시아를 방문한 적이 있다. 이때 옐친 러시아 대통령의 요청에 의해 청소년 인성교육의 도구로 49가지 품성을 개발하였다. 이후 49가지 품성을 바탕으로 인성교육 단체인 캐릭터 퍼스트(Character First!)를 설립하고 비기독교인의 인성교육에도 힘쓰고 있다.

본서에서 사용하는 49가지 품성은 앞에서 제시된 핵심덕목들을 모두 포함하고 있으며 구체적 실행 항목인 나의 결심(I will)과 자연에서 각 품성에 해당되는 특성을 보여주는 동물의 예와 가정에서의 실천 수칙, 각 품성을 실행했을 때 가질 수 있는 보상까지 제공하고 있어 인성교육과 연계된 성품 계발의 실제적인 실행의 측면에서 매우 유용한 핵심덕목 및 품성 훈련 도구로 사용될 수 있다.

〈표 3-6〉 49가지 품성 일람표

• **감사** / 감사하지 않음 다른 사람이 내 삶에 어떻게 혜택을 주었는지 말과 행동으로 알려주는 것. • **검약** / 사치 나 자신은 물론 다른 사람도 꼭 필요한 것만 쓰도록 하는 것. • **겸손** / 거만 내가 성취한 것은 다른 사람 덕분임을 인정하는 것. • **경각심** / 부주의 바르게 대처할 수 있도록 주변 상황을 의식하는 것. • **경청** / 산만 상대방이나 맡은 일에 모든 주의를 집중하여 그 가치를 보여 주는 것. • **공경** / 경시 다른 사람을 더 높은 사람의 대리인으로 여겨 받드는 것.	• **만족** / 탐심 참된 행복은 물질적 조건에 달려 있지 않음을 깨닫는 것. • **민감성** / 무감각 주위 사람의 실제 태도와 감정을 그대로 감지하는 것. • **믿음** / 추측 좋은 성품에 근거하여 행동하면 비록 과정이 보이지 않아도 최상의 결실이 있음을 확신하는 것. • **베풂** / 이기심 대가를 생각하지 않고 다른 사람의 기본 필요를 채워 주는 것. • **분별력** / 근시안 사태가 발생하는 근본 원인을 이해하는 것. • **설득력** / 다툼 상대방이 사고의 한계로 보지 못하는 결정적인 사실로 인도하는 것.

- **과단성 /** 우유부단
  중심 요소를 파악하여 어려운 결정을 과감하게 내리는 능력.
- **근면 /** 나태함
  맡겨진 일을 완수하려고 시간과 힘을 쏟는 것.
- **긍휼 /** 냉담
  다른 사람의 상처를 낫게 하는 데 필요하면 무엇이든 내주는 것.
- **기쁨 /** 자기연민
  불쾌한 상황에 부딪혀도 좋은 태도를 유지하는 것.
- **끈기 /** 낙담
  정신적, 육체적 중압을 견디며 최선을 다하는 내면의 힘.
- **담대함 /** 두려움
  해야 할 말이나 행동이 참되고 옳고 바른 것임을 확신하는 것.
- **안정 / 걱정**
  사라지거나 무너지지 않는 것에 삶의 중심을 두는 것.
- **열성 / 무관심**
  주어진 일에 최선을 다하여 기쁨을 표현하는 것.
- **온유 / 화**
  섬길 마음으로 권리와 기대를 양보하는 것.
- **온화함/ 거침**
  다른 사람을 깊이 생각하고 따뜻한 관심을 보이는 것.
- **용서 / 거절**
  다른 사람의 잘못을 깨끗이 잊고 악의를 품지 않는 것.
- **유연성 / 저항**
  불쾌하게 여기지 않고 계획이나 생각을 바꿀 자세가 되어 있는 것.
- **유용성 / 자기중심**
  내가 섬기는 사람의 뜻에 따라 일정과 우선순위를 양보하는 것.
- **의지력 / 소심함**
  반대에도 부딪히더라도 올바른 목표를 제때 이루기로 작정하는 것.
- **인내 / 안절부절못함**
  기한을 정하지 않고 어려운 상황을 받아들이는 것.
- **자원선용 / 낭비**
  다른 사람은 그냥 지나치거나 버릴 것에서도 쓸모를 찾는 것.
- **절제 / 탐닉**
  그릇된 욕구는 물리치고 옳은 일을 행하는 것.
- **정돈 / 무질서**
  능률을 한결 높이려고 자신과 주변 환경을 정리하는 것.
- **덕성 / 불결함**
  옳은 일을 꾸준히 행한 증거로 삶에 나타나는 탁월한 도덕성.
- **솔선 /** 빈둥거림
  누군가 처리해야 할 일을 요청 받기 전에 먼저 알아서 하는 것.
- **순종 /** 고집
  나를 책임지고 있는 사람의 지시를 즉시 기쁘게 수행하는 것.
- **시간엄수/** 지체
  다른 사람들과 그들의 시간에 대한 존중심을 보이는 것.
- **신뢰성 /** 변덕
  하기로 한 일은 예기치 못한 희생이 따르더라도 끝까지 완수하는 것.
- **신실 /** 위선
  투명한 동기로 옳은 일을 하려는 열망.
- **신중 /** 경솔함
  바람직하지 않은 결과를 초래할 말과 행동과 태도를 알고 삼가는 것.
- **정의 / 부패**
  깨끗하고 바르며 진실된 것을 지키기 위해 개인의 책임을 다하는 것.
- **조심성 / 성급함**
  옳은 행동이라도 적절한 시기가 매우 중요함을 아는 것.
- **존중 / 무례함**
  주위 사람의 기호를 거스르지 않기 위해 내 자유를 제한하는 것.
- **지혜 / 어리석음**
  날마다 내리는 결정에 진리를 구체적으로 적용하는 것.
- **진실성 / 속임**
  과거 사실을 정확히 보고하여 미래의 신뢰를 얻는 것.
- **창의성 / 지지부진**
  새로운 관점에서 필요나 일이나 생각에 접근하는 것.
- **책임감/ 무책임**
  내게 기대하는 바를 알고 마땅히 하는 것.
- **철저함 / 적당주의**
  일이나 말에서 무시하고 넘어가면 효력을 떨어뜨릴 요소를 아는 것.
- **충실함 /** 불충실
  어려울 때일수록 내가 섬기는 사람에게 헌신을 다하는 것.
- **포용 /** 편견
  사람마다 다른 수준에서 성품이 계발되고 있음을 깨닫고 받아들이는 것.
- **환대 /** 홀로 지냄
  기꺼이 음식이나 숙소나 대화를 나누어 다른 사람에게 혜택을 주는 것.
- **후함 /** 인색함
  자원을 신중하게 관리하여 필요한 사람에게 아낌없이 주는 것.

2. 49가지 품성 소개

본서에서 사용하는 49가지 성품 자질(character quality)은 빌 가써드 박사에 의해 처음 제안되었다. 가써드 박사는 예수님의 말씀과 모습에서 이러한 성품을 추출하고 각 품성의 정의와 다양한 행동 수칙 등을 고안하였다.[3]

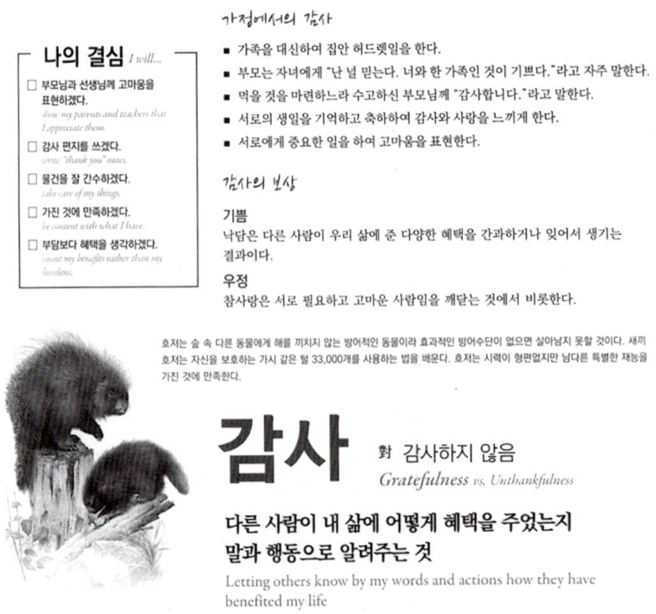

나의 결심 *I will...*

- ☐ 부모님과 선생님께 고마움을 표현하겠다. *show my parents and teachers that I appreciate them.*
- ☐ 감사 편지를 쓰겠다. *write "thank you" notes.*
- ☐ 물건을 잘 간수하겠다. *take care of my things.*
- ☐ 가진 것에 만족하겠다. *be content with what I have.*
- ☐ 부담보다 혜택을 생각하겠다. *count my benefits rather than my burdens.*

가정에서의 감사

- 가족을 대신하여 집안 허드렛일을 한다.
- 부모는 자녀에게 "난 널 믿는다. 너와 한 가족인 것이 기쁘다."라고 자주 말한다.
- 먹을 것을 마련하느라 수고하신 부모님께 "감사합니다."라고 말한다.
- 서로의 생일을 기억하고 축하하여 감사와 사랑을 느끼게 한다.
- 서로에게 중요한 일을 하여 고마움을 표현한다.

감사의 보상

기쁨
낙담은 다른 사람이 우리 삶에 준 다양한 혜택을 간과하거나 잊어서 생기는 결과이다.

우정
참사랑은 서로 필요하고 고마운 사람임을 깨닫는 것에서 비롯한다.

호저는 숲 속 다른 동물에게 해를 끼치지 않는 방어적인 동물이라 효과적인 방어수단이 없으면 살아남지 못할 것이다. 새끼 호저는 자신을 보호하는 가시 같은 털 33,000개를 사용하는 법을 배운다. 호저는 시력이 형편없지만 남다른 특별한 재능을 가진 것에 만족한다.

감사 對 감사하지 않음
Gratefulness vs. Unthankfulness

다른 사람이 내 삶에 어떻게 혜택을 주었는지 말과 행동으로 알려주는 것
Letting others know by my words and actions how they have benefited my life

[그림 3-1] 품성 정의 예

가써드 박사는 기독교 입장에서 왜 우리가 성품을 배워야 하는지에 대해 다음과 같이 말했다.

첫째, 성품은 주 예수 그리스도를 나타낸다. 예수님께서는 모든 좋은 성품을 당신의 인격으로 온전히 나타내신 분이시기 때문이다.

둘째, 성품을 이해하면 어떤 일이 왜 우리에게 일어나는지가 드러난다. 모

---

3 출처: IBLP-Korea 편집부(2015). 진정한 성공을 위한 능력. 경기: IBLP-Korea.

든 일이 서로 합력하여 우리가 그리스도의 온전한 성품을 닮게 하기 때문이다.

셋째, 정확한 품성을 알면 우리는 하나님의 성품을 찬양하고 다른 사람들의 성품을 칭찬할 근거를 갖게 된다.

품성의 정의와 실천

그는 성품의 근원을 성경에서 찾고 "하나님께서는 우리를 당신의 형상대로 만드시면서 우리 속에 하나님의 성품을 인식하고 그 필요를 느낄 수 있는 잠재력을 넣어주셨다. 그러나 성품은 종교가 아니며 이는 모든 종교를 초월하여 모든 사람의 마음과 양심에 새겨진 보편적 기준이다"라고 주장한다. 성품은 문화, 언어, 집단, 나이, 사회적 지위, 종교, 성별, 국적을 초월한다. 이는 매일 매일 일어나는 인간 본성의 갈등을 다루기 때문이다.

또한 모든 품성 중에서 가장 기본이 되고 중요한 품성은 사랑이다. 즉, 모든 품성이 서로 연관되어 있고 완전한 사랑의 표현이기 때문이다. 사실 나머지 모든 품성들은 사랑의 실제적 표현일 뿐이다. 그러므로 사랑을 제일 먼저 이해하는 것이 필요하다. 어떤 사람은 시간엄수의 품성을 가져서 어디서나 약속시간을 잘 지키지만 이런 사람은 자기를 기다리게 하는 사람들을 포용하기가 매우 힘들지도 모른다. 아니면 그가 시간을 잘 지키는 동기가 남들에게 잘 보이려는데 있을지 모른다. 만약 그렇다면 겸손의 품성을 거스른 셈이다. 각각의 모든 성품은 본질적으로 서로 연관되어 완전한 사랑을 보여 준다. 이런 사랑을 하는 것은 우리의 자연적 성향과 거리가 멀다. 누가 시키지 않아도 이기심, 냉담, 인색함, 저항, 교만, 분노와 같은 반대 성질을 드러내는 것이 우리의 자연적 성향이다.

그는 품성의 '실천적 정의'가 필요한 이유에 대해 "각 품성의 정확하고 정밀한 정의는 모든 사람의 마음에 새겨진 하나님의 율법(양심)에 기초하기 때문에 세상 어디서나 똑같이 인식되고 이해된다. 그러므로 사람은 거짓말하거나 도둑질하거나 부도덕한 행동을 하면 양심의 가책을 받아 자기 자신도 잘못한

줄을 안다.

사람들은 각 품성의 기본 내용을 알긴 알지만 매일의 상황에서 어떻게 적용할지를 좀 더 명확하게 이해할 필요가 있다. 그러므로 한 가지 품성에 대한 정의가 다양하면 그 품성을 어떻게 적용할지가 훨씬 더 명료해진다. 한 가지 품성에 여러 '실천적 정의'가 필요한 또 다른 이유는 진리란 서로 다른 말로 같은 진리를 증언하는 두세 증인에 의해 확인되어야 하기 때문이다."라고 주장한다.

각 품성의 정의가 다양하다 보면 언제든지 부정확한 정의가 있을 수 있다. 어떤 품성의 정의가 올바른지 품성 정의를 검사하는 방법은 첫째, 그 정의가 어떤 영을 전달하는지를 분별하는 것이다. 둘째, 그 정의가 참된 사람과 나머지 모든 품성들에 부합하는지 살피는 일이다. 한 정의가 다른 품성들의 정의와 모순되어서는 안 된다. 예를 들어 포용의 정의가 신중이나 절제, 공경, 덕의 품성과 모순될 순 없다. 셋째, 그 정의를 적용하는 사람들의 삶에 나타나는 결과를 확인하는 일이다. 만약 어떤 사람이 스스로 온화하며 긍휼을 베풀고 인내심이 있다고 자부하면서 자신의 원망과 거침과 증오를 정당화한다면 그 사람은 참된 품성을 이해하지 못하는 사람이다.[4]

균형 잡힌 품성

또한 각 품성은 균형이 필요하다.[5] 각 품성은 전체의 부분이고, 49가지 품성이 서로 조화를 이뤄야 건강한 인격을 형성한다. 품성 훈련의 목적은 몇 가지 품성을 단련하여 개별 점수를 높이는 것이 아니라 상호 보완적인 각 품성을 시의 적절하게 발휘하여 관계를 세우는 데 있다.

4 출처: IBLP–Korea 편집부(2015). 진정한 성공을 위한 능력. 경기: IBLP–Korea.

5 출처: IBLP–Korea 편집부(2013). 진정한 성공의 길. 경기: IBLP–Korea.

예를 들어, 순종[6]은 나를 책임지고 있는 사람의 지시를 즉시 기쁘게 수행하는 것인데 이 순종에는 몇 가지 균형이 필요하다. 첫째, 순종은 즉시 해야 하지만 그렇다고 성급하게 해서도 안 된다. 시간이 걸리더라도 차근차근 제대로 하는 인내가 필요하다. 빨리만 하려다가는 처음부터 다시 해야 하는 경우가 자주 있기 때문이다. 둘째, 순종을 할 때 지시를 문자적으로만 해석해서 빠져나갈 구멍을 찾는 경우가 있을 수 있으므로 지시 받은 내용의 참뜻과 지시자의 기대를 살펴서 마땅히 해야 할 일을 완수하는 책임감이 필요하다. 셋째, 권위자가 중압감이나 정보 부족 때문에 잘못된 지시를 내릴 경우가 있을 수 있으므로 창의성을 갖고 적절하게 대안을 호소하며 권위자가 궁극적 목적을 달성하도록 돕는 것이 필요하다. 이렇게 순종은 인내, 책임감, 창의성과의 균형을 통해 관계를 바르게 세우게 된다.

〈표 3-7〉 품성 균형표

품성	균형 품성	품성	균형 품성	품성	균형 품성	품성	균형 품성
감사	용서 신실 정의	**검약**	담대함 열성 후함	**겸손**	열성 책임감 담대함	**경각심**	조심성 신중 책임감
경청	솔선 담대함 경각심	**공경**	창의성 겸손 덕성	**과단성**	책임감 민감성 신중	**근면**	지혜 포용 유용성
긍휼	신실 책임감 겸손	**기쁨**	신중 믿음 민감성	**끈기**	솔선 기쁨 지혜	**담대함**	창의성 긍휼 설득력
덕성	온화함 인내 겸손	**만족**	후함 덕성 솔선	**민감성**	기쁨 분별력 담대함	**믿음**	끈기 분별력 겸손

6 여기서 순종은 무조건적인 순종이 아니라 직장인의 경우 합당한 상하 관계의 직무범위 내에서 합법적인 지시에 대한 순종을 의미하고, 가정에서는 사랑하는 부모의 정당한 지시에 대한 합당한 반응을 의미한다(저자 주).

품성	균형 품성	품성	균형 품성	품성	균형 품성	품성	균형 품성
분별력	진실성 겸손 신중	**사랑**	열성 신중 책임감	**설득력**	솔선 겸손 존중	**솔선**	의지력 순종 조심성
순종	창의성 책임감 인내	**시간엄수**	온화함 철저함 인내	**신뢰성**	창의성 포용 덕성	**신실**	기쁨 존중 신중
신중	기쁨 과단성 담대함	**안정**	기쁨 창의성 경각심	**열성**	진실성 정돈 온화함	**온유**	기쁨 감사 정의
온화함	설득력 의지력 정의	**용서**	지혜 포용 정의	**유연성**	신뢰성 진실성 덕성	**유용성**	책임감 지혜 조심성
의지력	지혜 겸손 유연성	**인내**	경각심 창의성 분별력	**자원선용**	후함 정돈 지혜	**절제**	기쁨 설득력 포용
정돈	근면 유연성 인내	**정의**	정돈 겸손 지혜	**조심성**	사랑 창의성 과단성	**존중**	과단성 신실 정의
지혜	사랑 신중 겸손	**진실성**	신중 철저함 사랑	**창의성**	정의 신뢰성 조심성	**책임감**	온화함 겸손 덕성
철저함	책임감 포용 과단성	**충성**	경각심 안정 정의	**포용**	분별력 덕성 담대함	**환대**	검약 책임감 과단성
후함	신중 시간엄수 신실						

3. 성품 계발 방법론

성품 계발을 위한 핵심덕목이 정해졌다면 이 덕목들을 가지고 어떻게 품성을 훈련하고 체화하는 것이 중요한 관건이 될 것이다. 이는 단순히 지식을 가지는 것만으로는 안 되고 핵심덕목을 실천하고 체험 기회를 확대함으로써 가능하다. 아리스토텔레스에 의하면, 인간은 정의로운 행동을 해 봄으로써 정의로운 사람이 되고, 용기 있는 행동을 해 봄으로써 용기 있는 사람이 될 수 있다고 한다. 이는 덕의 형성은 어떤 도덕적인 행동을 통해 그 상황을 민감하게 느끼고, 그에 반응하여 그 느낌을 자신의 것으로 가치화하는 단계를 거쳐서 형성됨을 의미한다. 즉, 구체적인 행동 및 연습의 기회, 행동 수칙을 세워서 직접 실천해 볼 기회를 가지고, 실천 후 자기 성찰 과정을 거쳐 형성됨을 의미한다.

"이와 더불어, 인성교육에서 체화(embodiment)적 접근은 일상생활에서 앎과 행위의 불일치로 인해 발생하는 도덕적 실패를 최소화하기 위해서도 필요하다. 즉, 오늘날 우리 사회에 만연된 도덕적 실패의 현실을 개선하기 위해서 반드시 요청된다. 이는 체화 없이 일관성 있는 행동을 기대할 수 없다는 벤자민 프랭클린의 주장과도 긴밀하게 연결될 수 있다.

'어떤 잘못을 범하지 않으려 경계하고 있으면 흔히 무의식중에 다른 잘못을 범하곤 한다. 방심하고 있으면 습관이 그 틈을 비집고 들어오기도 했다. 타고난 성향이 너무 강해 이성은 그 힘에 맥을 못 출 때도 있었다. 드디어 나는 완벽히 덕스럽게 사는 것이 유익하다는 단순한 추상적인 믿음만으로는 일탈을 막는 데 충분하지 못하다는 것과, 나쁜 습관을 버리고 좋은 습관을 내 몸의 일부로 체화(體化)시키지 않으면 확고하고 일관성 있는 행동을 기대할 수 없다는 결론을 내렸다.'"[7]

성품 계발 실천 전략

성품 계발을 위한 구체적인 실천 전략을 수립할 때 고려해야 할 중요한 네 가지 사항은 다음과 같다.

첫째, 좋은 성품은 무엇인가?

둘째, 좋은 성품을 갖게 하거나 방해하는 요소는 무엇인가?

셋째, 좋은 성품을 측정하는 방법은?

---

7 정창우(2016). 인성교육의 체화적 접근과 실천 방안. 2016 교보교육 심포지엄.

넷째, 좋은 성품이 가장 잘 계발될 수 있는 방법은?

1) 좋은 성품은 무엇인가?

성품은 "개인의 삶에 세워진 고정적인 특성으로서, 상황에 관계없이 그 개인의 반응을 결정짓는다"로 설명된다. 성품 계발을 위해 고려해야 할 사항 중 첫 번째인 '무엇이 좋은 성품인가'는 이러한 설명을 바탕으로 좋은 성품을 다음과 같이 설명할 수 있다.[8]

- 좋은 성품은 어떤 환경 가운데서도 높은 행동기준에 따라 옳은 것을 하고자 하는 내적 동기이다.
- 좋은 성품은 연령, 직위, 재정상태, 인종, 종교, 교육 정도, 성별과 개성의 차이를 초월한다.
- 좋은 성품은 마음에서부터 나온다.

성품은 전 인류적인 것으로 시간과 문화를 초월하여 모든 문화, 종교, 시대에서 추구되어 왔다. 따라서 좋은 성품은 다양한 문화와 사회에 따라 정의될 수 있지만 동시에 받아들여질 수 있다.

〈표 3-8〉 좋은 성품의 예

영역	관련 품성
결정	조심성, 과단성, 분별, 신중함, 믿음, 진실성, 지혜
기회	경계심, 유용성, 믿음직함, 근면, 융통성, 솔선, 순종
관계	경청, 자선, 자비, 존중, 열심, 용서, 부드러움

2) 좋은 성품을 갖게 하거나 방해하는 요소는 무엇인가?

성품 계발을 위해 고려해야 할 두 번째 사항으로 '좋은 성품을 갖게 하거나

8 출처: IBLP-Korea 편집부(2015). 진정한 성공을 위한 능력. 경기: IBLP-Korea.

방해하는 요소'로는 유전(heredity), 유년기 경험(early childhood experience), 중요한 어른과 선배를 본받음(modeling by important adults & older youth), 또래 영향(peers influence), 일반적인 물리적 · 사회적 환경(general physical and social environment), 통신 매체(communications media), 학교에서 배운 내용(content taught in the schools), 특정 상황과 역할(specific situations and roles) 등 다양한 요소들을 생각할 수 있다.

이러한 요소들이 성품의 형성에 많은 영향을 미치지만 성품은 성격과 다르게 언제든지 교정되거나 훈련으로 올바른 성품으로 바뀔 수 있다. 이 중에서 특히, 어릴 때 부모와의 관계는 매우 중요한 역할을 하게 된다.

"문제 행동의 가장 큰 원인은 가정환경이다. 입에 담기 어려운 상스러운 욕을 밥 먹듯이 하고, 집단 성폭행에 심지어 후배에게 성매매까지 시키는 아이들을 보면 정말 악마가 존재하는 것 같습니다. 태어날 때는 모두 선한 아이들이 어쩌다가 이렇게 흉측하게 변했을까요?

사람은 스트레스를 과도하게 받게 되면 도피적이거나 공격적이 됩니다. 폭력뿐만 아니라 학습 부진, 학업 중단도 이 때문입니다. 사실 수많은 연구에 의해 원인은 이미 밝혀졌습니다. 그렇게 밝혀진 원인 가운데 가장 중요한 것이 환경적 요인입니다.

억압적이거나 미성숙하거나 무책임한 어른이 있는 환경에서 아이는 큰 스트레스를 받습니다. 자유를 박탈당한 그 답답함과 절망감과 무기력감은 짜증으로 나타납니다. 요즘 아이들이 하루 종일 입에 달고 사는 말이 "짜증 나"입니다.

…중략…

그래서 아이의 잘못된 인성은 어른 탓이라고 하는 것입니다. 아이는 미성숙한 존재이니까요. 그래서 성숙한 어른이 돌봐야 하는 것이지요.

아이가 어른에게 받아야 하는 것이 다섯 가지 있습니다. 심리상담의 대가 알 페소 박사에 의하면 아이는 어른으로부터 보금자리, 보호, 양육(돌봄), 지지(사랑), 지도(바람직한 행동에 대한 안내)를 받아야 성숙하게 자랍니다. 이 중 어느 하나라도 부족하면 몸에 허함이 생기고 균형이 깨지는 것입니다. 몸이 균형을 잡지 못하면 몸이 비틀거리게 되듯이 정신적 불균형에서 바람직하지 않는 행

동이 나오게 됩니다."(조벽, 2015: 107)

실제적으로 교육과학기술부가 2012년 실시한 「인성교육 실태조사」의 결과를 보면 인격형성에 가장 부정적인 영향을 끼치는 요소로 전체 집단의 29.4%가 '성적 위주의 학교교육'을 꼽았고, 20.8%가 '부모님의 잘못된 교육관'이라고 응답하였다. 그 다음으로는 '폭력적인 또래 문화'가 19.1%, '유해한 매체' 11.7%, '경쟁적 사회풍토' 10.5%, '잘못된 어른들의 모습'이 8.5%로 나타났다. 한편 학생과 학부모 집단에서는 33.4%와 27.5%가 '성취 위주의 학교교육'을 인성형성에 가장 부정적인 요소로 꼽은 반면, 교사들은 45.6%가 '부모님의 잘못된 교육관'이라고 응답해 인성교육의 원인 및 부정적 요소에 대한 집단 간의 인식 차이가 크다는 것을 확인할 수 있다.

〈표 3-9〉 인성형성에 부정적인 요소 (1순위)

(단위: 명(%))

구분	부모님의 잘못된 교육관	폭력적인 또래문화	성적 위주의 학교교육	경쟁적 사회풍토	유해한 매체	잘못된 어른들의 모습	전체
학생	4,089 (13.0)	7,889 (25.2)	10,461 (33.4)	2,283 (7.3)	3,037 (9.7)	3,605 (11..5)	31,364 (100.0)
학부모	2,824 (18.5)	2,825 (18.5)	4,214 (27.6)	1,831 (12.0)	2,567 (16.8)	997 (6.5)	15,258 (100.0)
교사	5,140 (45.6)	360 (3.2)	2,373 (21.0)	1,950 (17.3)	1,143 (10.1)	314 (2.8)	11,280 (100.0)
전체	12,053 (20.8)	11,074 (19.1)	17,048 (29.4)	6,064 (10.5)	6,747 (11.7)	4,916 (8.5)	57,902 (100.0)

3) 좋은 성품을 측정하는 방법

성품 계발을 위해 고려해야 할 세 번째 사항으로 '좋은 성품은 어떻게 측정될 수 있나?'에서 좋은 성품은 그 성품이 가지는 핵심덕목의 도덕/윤리(morals / ethics), 가치(values), 개인적 그리고 사회적으로 드러난 행동(Personal and social overt behavior), 양심(conscience), 다른 품성과의 조화 그리고 사람들의 삶에 나타난 결과 등으로 측정될 수 있다.

예를 들어, 다른 품성과의 조화의 측면에서 포용이라는 덕목을 생각할 때, 이것은 다른 품성인 신중, 절제 등과 모순이 되지 않음을 알 수 있다. 또한 성품을 계발하고 있는 사람들의 모습이 예전에는 조급함이나 혼란에서 인내나 정돈의 모습으로 바뀌었다면 이는 매우 긍정적인 것으로 이와 같이 사람들의 삶에 나타난 결과가 그 품성이 좋은지 그렇지 않은지를 알 수 있게 해 준다.

또한 좋은 품성은 인간의 내면에 새겨진 기본적인 양심을 거스르지 않고 인간의 존엄성을 강화하며, 각 개인의 행복과 복지를 개선하고, 공동선에 기여하며, 민주 사회에서의 권리와 책임을 강조하게 된다.

4) 좋은 성품이 가장 잘 계발될 수 있는 방법

그러면 고려해야 할 네 번째 사항으로 이러한 좋은 성품을 어떻게 잘 계발할 수 있느냐 하는 문제가 중요하다. 여기에는 몇 가지 우리가 알아야 할 내용이 있는데 이것을 기술하고 이후에 구체적인 계발 방법에 대해 기술한다. 좋은 성품을 계발하기 위해서는

첫째, 우리가 살아가면서 일어나는 갈등의 원인을 성품 결핍에서 찾아라. 삶의 모든 갈등은 적어도 하나 이상의 품성을 소홀히 하거나 거스르거나 잘못 적용하는 데서 그 원인을 찾을 수 있다.

둘째, 성품 계발이 어려움을 깨달아라. 성품의 참된 본질을 이해하면 할수록 사람이 성품을 이루기가 얼마나 어려운 일인지를 더 확실히 알게 된다.

셋째, 품성은 우리가 매 순간 내리는 결정에 따라서 삶 속에 세워진다. 성품은 우리가 이론적으로 배운다고 이루어지는 것이 아니고 실제 생활에서 어떤 문제나 관계의 어려움에 직면할 때 내리는 결정에 의해 우리 내면에 이루어진다.

넷째, 올바른 태도와 말과 행동을 강조하고, 요구하고, 표창해 줌으로써 품성을 촉진할 수 있다. 특히 칭찬은 우리 삶 속에 품성을 이루는 가장 좋은 방법 중에 하나이다.

다섯째, 모든 구성원이 각자의 삶에서 품성을 스스로 개발해야 할 책임을

져야 한다. 품성은 누가 해 줄 수 있는 것이 아니다. 자기 스스로 필요를 느끼고 훈련함으로써 자기 자신의 삶에서 좋은 품성을 계발할 수 있다.

여섯째, 품성이 주는 혜택을 깨달아라. 우리의 삶에서 품성을 세우는 것만이 우리의 역량(potential)을 전부 발휘할 수 있다. 품성을 세우면 우리 삶의 모든 면을 개선시킬 수 있다.

여러 개의 나무 조각으로 만들어진 물통에서 이 물통을 이루고 있는 나무 조각 중, 하나라도 일부분이 부러져 버리면 아무리 많은 물을 부어도 부러진 나무 조각까지만 채워질 수 있다. 다시 말하면 물은 물통을 이루고 있는 나무 조각의 최소 높이까지만 채워지는 것이다.

[그림 3-2] 리비히의 최소량의 법칙

모든 품성을 갖출 수는 없지만 필요한 품성을 계발하고 균형을 맞추는 것이 필요하다. 만약 어떤 품성은 충분히 계발하였지만 다른 품성이 결핍되어 있다면 그 결핍된 품성으로 인해 내가 발휘하고자 하는 역량을 충분히 발휘하지 못하는 경우가 생기게 된다.

이를 잘 설명하는 것에 리비히의 최소량의 법칙(Liebig's law of the minimum)이 있다. 이는 독일의 과학자 리비히가 말한 것으로 식물이 성장하는 데 있어서 아무리 많은 원소가 있더라도 어떤 하나가 최소량 이하일 적에는 결코 정상적인 성장을 할 수 없기 때문에, 결론적으로 어떤 양분 중에서 최소한으로 존재하는 원소가 식물의 성장을 결정짓게 된다는 이론이다.

일곱째, 좋은 품성은 시험을 통해 강화된다. 품성은 삶의 어려운 상황의 압력을 통해 시험 받는다. 그 압력 하나하나에 대해 우리가 어떻게 반응하느냐에 따라 우리의 진짜 품성이 밝혀진다. 좋은 품성은 역경 속에서도 태도와 말과 행동을 올바르게 주도한다.

여덟째, 품성의 조화를 이루라. 모든 품성은 서로 균형을 잡아준다. 예를 들어 유연성은 책임감과 과단성으로 균형을 이뤄야 하고, 경청은 경각심과 신중함과 함께 발휘해야 한다. 책임감과 과단성으로 균형 잡히지 않은 유연성은 우유부단함으로 치우칠 수 있고, 경청은 위험에 빠질 수 있다.

아홉째, 기술과 품성과 기술연마의 차이를 이해하라. 기술(skill)은 한번 배우면, 그대로 유지되며 연습을 통해 개선된다. 우리는 목표를 설정하고, 장려금을 주고, 상을 줌으로써 기술을 개발하도록 장려할 수 있다. 기술을 배우려다가 실패하면 대개 좀 더 공부하거나 좀 더 연습이 필요하다고 받아들인다.

품성은 반대로, 우리가 매 순간 내리는 결정을 통해 계발된다. 인정해 주고 칭찬함으로써 품성을 장려할 수 있다. 품성이 잘못되면 큰 결과를 야기할 수 있으며 수년 또는 평생에 걸쳐 고쳐야 한다.[9]

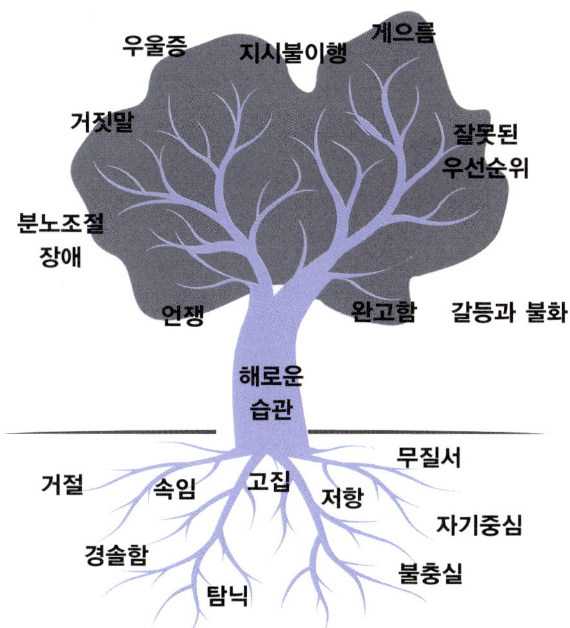

[그림 3-3] 보이는 문제들과 근본 원인들

9 출처: IBLP-Korea 편집부(2007). Family seminar workbook. 경기: IBLP-Korea.

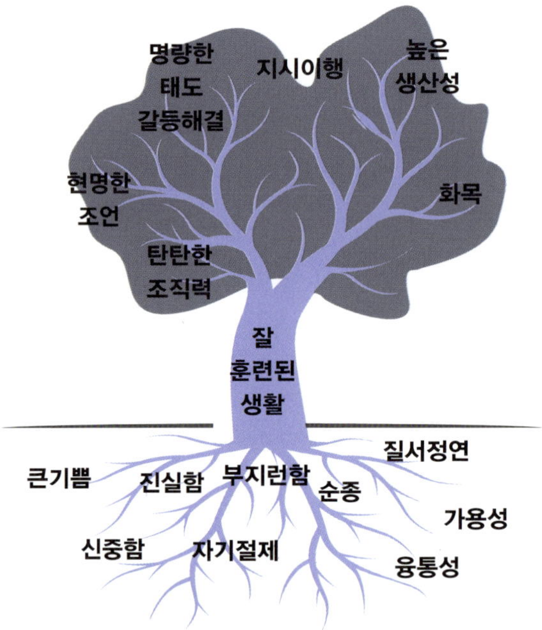

[그림 3-4] 좋은 성품과 좋은 열매들

〈표 3-10〉 성품나무 만들기 실습

조이름과 조원명을 아래 칸에 작성하라. 조이름: ______________ 조원명: ______________ 1. 성품이 필요한 각 분야를 생각해 본다. (예: 가정, 학교, 직장 등) 2. 선택한 각 분야별로 문제점과 이를 야기하는 근본 원인(품성)을 생각하고 적어 본다.

3. 주어진 종이에 성품나무를 그리고 문제점을 나무 가지에 원인을 뿌리에 원인을 적고 의견을 나눈다.

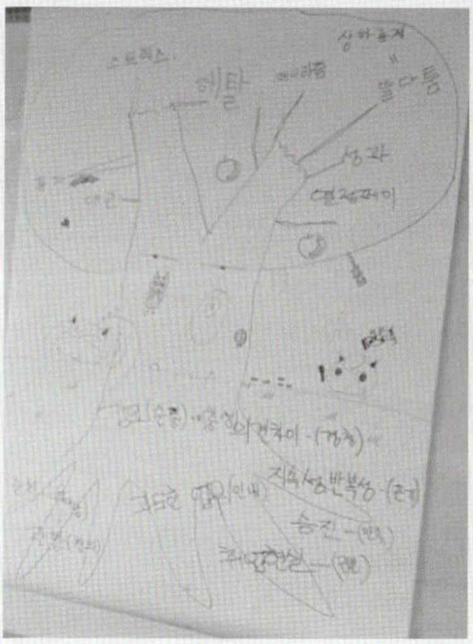

사례 1

사례 2

칭찬과 성품 계발

이러한 9가지 사항을 고려하면서 품성을 잘 계발하는 방법은 좋은 행동을 찾아내어 알아주고 그것을 칭찬해 주는 것이다.

"만약 보상이 좋은 성품을 개발하도록 고무시키지 않는다면, 무엇이 그렇게 할까? 좋은 성품을 고무시킬 수 있는 최고의 방법은 좋은 행동을 찾아내어 알아주고 그것을 칭찬해 주는 것이다.

모든 사람에게는 권위자를 기쁘게 하려는 본질적인 욕구가 있는데, 특히 자신이 존경하는 대상에 대해서 그렇다. 직원은 상사를 기쁘게 하기를 원한다. 아이는 부모를 기쁘게 해 드리고 싶어 한다. 학생은 선생님들을 기쁘게 해 드리기를 바란다. 비록 깨닫지 못하더라도, 사람들은 윗사람을 행복하게 해 드리는 것을 좋아한다.

기쁘게 해 주려는 마음은 또 다른 욕구를 만들어 낸다. 언제 우리가 지도자,

부모님 또는 선생님을 기쁘게 해 드렸는지 알 필요가 있다. 하지만 언제 그들의 인정을 받았는지 어떻게 알 수 있을까? 우리는 그분들이 언제 우리 행동을 알아주고 칭찬해 주었는지 안다. 의식적이든 잠재의식적이든, 모든 사람은 권위자로부터의 칭찬과 인정을 구하고 있다.

칭찬이란 무엇인가? 많은 사람은 칭찬을 "누군가가 나에 대해 좋은 점을 말해 주는 것"이라고 정의 내린다. 우리는 칭찬을 자주 아첨과 혼용한다. 유감스럽게도 사람들은 보통 성과에 대해 가식적으로 또는 조종의 수단으로서 칭찬받는다.

성품 개발의 맥락에서 칭찬은 훨씬 좁은 정의를 가진다. 칭찬은 성품 자질을 보여주는 말, 행동 및 태도를 언급하며 어떻게 그것이 당신과 당신 주변 사람들을 유익하게 하는지를 설명해 주는 것이다."(Tom Hill, 2011).

'훌륭한 아이는 부모의 칭찬으로 빚어진다. 성공하는 남자는 아내의 칭찬으로 빚어진다. 우수한 직원은 상사의 칭찬으로 빚어진다.'라는 말이 있다. 칭찬이 성품 계발을 위한 가장 좋은 방법 중 하나라면 어떻게 칭찬하는 것이 좋은가?

첫째, 계발하고자 하는 품성과 정의를 배운다. 각 개인의 품성을 칭찬하기 위해서는 먼저 품성이 무엇인지 알아야 한다. 49가지 품성 정의를 통해 품성을 더 잘 이해하고 깊이 알 수 있다. 품성과 정의를 알면 주변에서 일어나는 상황에 직접 품성을 관련시킬 수 있다.

둘째, 성취가 아닌 품성을 칭찬한다. 만약 자녀가 우수한 학교 성적을 받았을 때, "정말 잘했다! 국어에서 100점을 받았구나."라고 말한다면, 이것은 그 아이가 이룬 성취를 칭찬하는 것이다. 그러나 "정말 잘했다! 네가 수업 시간에 경청을 잘하고 공부하는 일에 부지런했구나. 그 덕분에 국어에서 100점을 받게 되었구나."라고 말한다면 이것은 자녀의 품성을 칭찬하는 것이 된다. 품성이 잘 계발되고 체화되면 우리의 행동을 결정하게 된다.

품성칭찬과 성취칭찬의 차이[10]

품성을 관찰하고 칭찬하기가 때로는 어렵다. 정답을 맞히거나 높은 점수와 같이 구체적인 성취를 칭찬하기가 훨씬 쉽다. 불행하게도 성취를 칭찬하는 것은 품성계발에 역효과를 가져올 수 있다. 성취칭찬은 수단보다는 결과가 더 중요하다는 생각을 가져오게 한다. 품성칭찬은 각 사람의 현재와 미래의 복지에 관심이 있다는 뜻을 전해 준다.
아이들에게 감사하고 있다는 것을 알려주는 가장 강력한 방법 중의 하나는 단순히 들어주고 품성을 칭찬하는 것이다. 다른 사람에게 경청하려면 의식적으로 결단해야 한다. 아이들이 장래 어떤 사람이 될지는 우리가 말하는 대로 된다. 아이들을 칭찬할 때 구체적으로 하는 것이 중요하다. 그들이 칭찬 받는 것이 어떤 품성의 자질인지를 알아야 한다.

• **칭찬의 실례:**

— "내가 지시한 그대로 네가 따라 준 것에 나는 아주 감탄이 된다. 너는 수업 중 아주 대단히 경청을 잘 했음에 틀림이 없어."
— "그렇게 잘 경청해 주니 고맙다. 너의 좋은 모범으로 인해 다른 아이들도 더 잘 경청하는데 격려가 된다."
— "방문한 선생님에게 너희 모두가 보여준 경청에 감사한다. 선생님들은 아주 감명을 받았다."

셋째, 칭찬할 행동이나 태도를 찾는다. 다른 사람을 칭찬하는 것은 저절로 되는 것이 아니라 우리가 반드시 배워야 하는 것이다. 그러기 위해 매일 나타나는 행동을 그 이면의 품성과 연관시킨다. 예를 들어, 숙제를 다 끝냈다면 이는 '책임감'의 품성과 관련된다. 집안일을 잘 돕는다면 '솔선', 형제들에게 장난감을 갖고 놀게 해 준다면 '후함'과 관련된다.

넷째, 더 개발해야 할 품성을 칭찬한다. 일을 평가하기 전에 그 일에서 보여준 노력과 태도를 칭찬한다. 인정받고 싶은 마음이 아이들에게는 자기를 칭찬하는 사람을 기쁘게 하고 싶은 동기부여가 된다. 또한 한참 더 많이 계발되어야 하는 품성이 나타날 때 즉시 칭찬한다.

다섯째, 꾸준히 일관성 있게 칭찬한다. 지속적으로 칭찬하면 품성도 지속적으로 성장한다. 품성을 칭찬하는 것을 하루 일과로 삼는다.

여섯째, 아첨과 칭찬을 구분한다. 아첨은 숨은 동기를 가지고 과장해서 치하하는 것이다. 또한, 아첨은 해당 일에 대해 거의 한 일이 없거나 통제권이

---

10 출처: 한국품성개발원(2006). 경청(Attentiveness). 충남: 한국품성개발원.

없는 사람을 치하하는 것이다.

탐 힐은『Making Character First』에서 아첨과 조종을 칭찬과 구분한다.

"어떤 이들은 모든 칭찬을 아첨이나 조종의 수단으로 느낀다. 아내와 나는 '가정과 자녀'에 대한 국제회의 참석차 말레이시아에 있었다. 우리는 각국에서 온 많은 청중 앞에서 "진정한 성공: 좋은 성품의 가족 되기"라는 주제에 대해 강연했다. 강연을 마쳤을 때, 한 아이의 어머니가 다가오더니 물었다. "아이를 칭찬하면 교만해지지 않을까요?" 그렇다, 아이들은 부정적인 자부심을 형성할 수도 있지만, 그런 일은 일반적으로 칭찬이 첫째, 성취한 것에 대해서이거나, 둘째, 진실하지 않고 과분한 것일 때 일어난다."(Tom Hill, 2011)

일곱째, 다른 사람의 칭찬을 전달한다. 누군가가 당신의 가족 한 사람을 칭찬하는 소리를 들으면 나중에 그 칭찬 내용을 당사자에게 중계해 준다.

여덟째, 칭찬의 말을 창의적으로 한다. 참된 칭찬의 말을 하고자 하는 갈망이 있으면 창의성이 유발된다. 식사 시간 또는 다른 일에서, 가족이나 친구가 보여 준 품성을 칭찬한다.[11]

칭찬의 여덟 가지 방법을 기반으로 칭찬을 하는 3가지 단계는 다음과 같다.

① 정의

품성의 정의를 가지고 칭찬의 기준을 설정한다. 품성을 정의하는 것은 공통의 언어를 만들고 커뮤니케이션을 향상하도록 돕는다. 주어진 49가지 품성 정의를 사용하라.

② 사례

사례를 가지고 해당 품성을 어떻게 보여 주었는지 구체적인 방식으로 표현한다. 이때 상세하고 말하고 품성을 강조한다. 다른 사람과 비교하지 않는다.

③ 유익

한 사람이 보여 준 품성이 나와 다른 사람에게 어떤 유익을 주었는지 설명한다.

---

11 출처: IBLP-Korea 편집부(2007). Family seminar workbook. 경기: IBLP-Korea.

〈표 3-11〉 칭찬 실습

칭찬할 한 사람을 선택하고 칭찬의 3단계를 따라 아래 칸에 작성하라.

이름: ____________________ 날짜: ____________________

① 정의
그 사람이 자주 보여 주는 품성을 찾아서 선택하고 그 정의를 적는다.
품성: ____________________
정의: ____________________

② 사례
그가 그 품성을 어떻게 보여 주었는지 구체적인 사례를 적는다.

③ 유익
그가 나타낸 품성 덕분에 당신과 다른 사람이 어떤 유익을 얻었는가?

이러한 단계를 거쳐 성품을 알아보고 칭찬하기를 배우는 것은 처음에는 어렵지는 않지만, 지속적인 헌신을 요구한다. 다른 사람에게 끼칠 수 있는 놀라운 효과를 깨달을 때, 헌신하기가 쉬워진다.

꿈을 이루어주는 칭찬[12]

칭찬의 힘을 보여주는 한 사례가 있습니다. 로저 롤스는 뉴욕 역사상 최초의 흑인 주지사가 되었습니다. 취임 첫날 열린 기자회견에서 기자가 물었습니다.

"당신을 주지사 자리까지 오르게 한 힘은 무엇입니까?"

롤스는 주저하지 않고 이렇게 대답했습니다.

"피어 폴 교장선생님이십니다."

롤스는 초등학교 시절 무단결석을 일삼고 폭력을 휘두르는 아이였습니다. 그는 학교의 문젯거리였는데 어느날 새로 부임해 온 교장선생님이 롤스를 불렀습니다.

"얘야, 손을 펴보렴."

교장선생님은 롤스의 손을 한참 들여다보았습니다.

"손가락이 가느다랗고 긴 걸 보니 너는 틀림없는 뉴욕 주지사 감이야."

순간 롤스는 깜짝 놀랐습니다. 문제아인 자기를 칭찬하다니. 더구나 주지사 감이라니, 그런 칭찬은 처음이었습니다.

그 순간 롤스에게 **꿈의 북극성**이 생겼습니다. 교장선생님의 말대로 '뉴욕 주지사'라는 꿈을 갖게 된 것입니다. 그때부터 모든 것이 달라졌습니다. 그는 미래의 뉴욕 주지사답게 단정한 차림을 하고, 거친 욕설 대신 점잖게 말하려고 노력했습니다. 공부도 열심히 하고 봉사 활동에도 앞장섰습니다.

교장선생님의 칭찬 한마디가 꿈을 갖게 하고 미래마저 긍정적으로 바꾸었습니다. 깡패가 되었을지도 모를 '문제 소년'을 뉴욕 주지사로 만든 것입니다.

---

12 위대한 시작, 고도원, 꿈꾸는 책방, 2013.

이처럼 칭찬에는 듣는 사람의 자존감을 높여주고, 잠재력을 자극하는 놀라운 힘이 있습니다. 그래서 꿈을 향해 가는 데 좋은 연료가 될 수 있습니다.

새로운 기술은 연습이 필요하다. 성품을 칭찬하는 것이 많은 이들에게 자연스럽거나 쉽지는 않을 것이다. 사실, 우리는 타인에게서 좋은 점을 찾기보다는 실수를 찾아서 고치도록 배웠다. 이로 인해 우리는 긍정적이거나 힘을 북돋워 주기보다 비판적이고 부정적이 되었다. 이 새로운 기술에 능숙해지려면, 성품을 칭찬하는 방법을 배워야 하고 그 후에는 연습해야 한다. 나는 당신이 즉시 이 새로운 기술을 개발할 것을 권장한다. 다른 사람을 자주 칭찬할수록 칭찬하기가 더 쉬워질 것이며, 그 효과 또한 더욱 커질 것이다. 성품 인정을 위한 두 가지 지침은 다음과 같다. 첫 번째는 예시이고, 두 번째는 사용이다. 두 가지 연습 과제를 건너뛰지 마라. 오늘부터 좋은 성품 격려하기를 시작할 수 있다(Tom Hill, 2011).

성품 훈련 계획

칭찬을 적용하여 각 품성을 계발하고 훈련하는 것은 한 달에 하나의 품성을 다루는 것이 적절하다. 한 달에 한 가지 품성을 강조하면, 49개 모두를 다루는 데는 4년이 걸린다. 성품 계발은 평생을 통해 이루어지는 것이다. 사람들에게 영향을 미치는 데 있어 가장 중요한 것은 성품을 지속적이고 일관되게 강조하는 것이다. 49개 품성의 모든 세부사항을 가르치는 일은 비교적 중요하지 않다. 성품 계발은 절대 완성되는 게 아니다. 49개의 품성을 모두 가르쳤다면, 그 과정을 반복한다.

이러한 원리에 따라 가정에서의 성품 훈련은 네 가지 필수 단계로 집약할 수 있다.[13] 이러한 단계에서 가정을 학교나 기업 등으로 바꿔 생각할 수 있다.

- 가정에 대한 관점을 평가한다.
- 함께 성품을 훈련할 계획을 세운다.
- 성품 훈련의 기본 원리를 실천한다.
- 실행 단계별 진행 절차를 마련한다.

제1단계: 관점

① 가정에 대한 책임을 집니다.
② 성공적 가정을 목표로 정합니다.
③ 성품과 성공을 연결시킵니다.
④ 성품 훈련에 헌신합니다.

제2단계: 계획

① 한발 물러서서 돌아봅니다.
② 가정의 목표들을 적습니다.
③ 계획을 세웁니다.

제3단계: 실천

① 좋은 성품의 본을 보입니다.
② 좋은 성품을 칭찬합니다.
③ 좋은 성품을 가르칩니다.
④ 좋은 성품을 인정합니다.
⑤ 좋은 성품을 목표로 바로잡습니다.

제4단계: 진행 절차

① 가족이 함께 모입니다.
② 중요성을 설명합니다.
③ 성품 가정 결의문을 가결합니다.
④ 계획을 알립니다.

---

13 출처: IBLP-Korea 편집부(2014). 진정한 성공의 길(개정 4판). 경기: IBLP-Korea.

대부분의 학교나 직장, 가정에서 한 달(4주)에 하나의 품성을 익히고 실행하는 것이 효과적이다. 가정에서 성품 훈련을 처음 시작할 때 활용할 수 있는 4주 교육 계획의 예는 다음과 같다.[14]

첫째 주:

- 이달의 품성 정의와 '나의 결심'을 읽는다.
- 온 가족이 이달의 품성을 훈련하여 보여 줄 목표를 논의한다.
- 동물과 위인 이야기를 읽는다.
- 한 사람씩 돌아가며 이달의 품성이 자기에게 무엇을 뜻하는지 설명한다.
- 이달의 품성을 잘 드러내거나 전혀 드러내지 못하는 실제 상황을 연출해 본다.
- 이달의 품성을 보여 준 가족이나 친구의 이름을 목록에 적는다.
- 아이들은 재미있게 동물을 그리거나 색칠한다.
- 잘 보이는 곳에 이달의 품성과 정의를 담은 포스터를 붙인다.

둘째 주:

- 가족이 함께 큰 소리로 정의를 말한다.
- 기억을 더듬어 동물과 위인에 대한 핵심내용을 말한다.
- 가정에서의 이달의 품성 적용하기와 보상을 읽는다.
- 품성 적용하기가 가정에 어떻게 연결되는지 의견을 나눈다.
- 다음 주에 가족이 함께 개선할 방법을 구체적으로 의논한다.
- 보상에 대해 이야기를 나누고 다음 주에 있을 혜택을 기대한다.
- 첫 번째와 두 번째 '나의 결심'을 외운다.
- 이달의 품성 정의를 외운다.

셋째 주:

- 한 사람씩 돌아가며 정의를 보지 않고 말한다.

---

14 출처: IBLP-Korea 편집부(2014). 진정한 성공의 길(개정 4판). 경기: IBLP-Korea.

- 세 번째와 네 번째 '나의 결심'을 읽는다.
- 한 사람씩 '나의 결심'을 어떻게 적용했는지 나눈다.
- 한 사람씩 지난주에 체험한 보상을 설명한다.
- 이달의 품성을 구체적으로 적용한 가족 모두에게 서로서로 감사의 편지를 쓴다.

넷째 주:

- 암기한 정의를 복습한다.
- 다섯 번째 '나의 결심'을 읽는다.
- 한 사람씩 이번 주에 어떻게 '나의 결심'을 적용했는지 이야기한다.
- '나의 결심' 전체와 정의를 암송하고 복습한다.
- 가족이 함께 이달의 품성을 잘 떠올릴 수 있는 '수달처럼 기쁘게' 또는 '비버처럼 부지런히'와 같은 문구를 고른다.
- 상과 보상으로 축하한다. 이달의 품성 보상에 맞게 특별상을 준다.

학교나 직장에서는 한 학기나 일정 기간에 다루어져야 하는 시간상 제약으로 인해 한 가지 품성을 2주나 3주에 다루는 경우도 필요하다.

생각해 볼 문제

1 성품 계발을 위한 핵심덕목으로 나에게 가장 필요한 핵심덕목을 49가지 품성에서 찾아 정의와 그 의미를 작성해 보시오.

필요한 성품	정의	이유
예) 책임감	내게 기대하는 바를 알고 마땅히 행하는 것	취업을 위해 필요, 가끔 무책임한 일을 함

2 성품 계발에서 각 품성은 균형을 이루어 계발되어야 한다. 그 이유를 알아보고 구체적인 예를 들어 설명해 보시오.

3 자신이 좋은 성품을 가지지 못하게 방해하는 원인이나 이유를 생각해보고 어떻게 하면 좋은 성품을 계발할 수 있을지 생각해 보시오.

4 자신에게 가장 부족한 품성들을 생각해보고 이로 인해 자신이 가진 역량을 충분히 발휘할 수 없게 만드는 경우를 작성해 보시오.

5 칭찬이 성품 계발을 하는 가장 좋은 방법 중 하나라는 것에 대해 생각해보고 칭찬하는 방법과 잘못 칭찬하는 것에 대해 조사하여 작성해 보시오.

CHAPTER

4

품성 훈련을 위한 개별 품성

IBLP의 산하 기관인 성품훈련원(Character Training Institute)과 캐릭터 퍼스트에서는 49가지 성품을 7가지 리더십 관점(7 Leadership perspectives)으로 분류하여 비전제시자(Visionary), 방향제시자(Teacher), 조력자(Server), 조직개발자(Organizer), 중재자(Mediator), 문제해결자(Idealist), 자원제공자(Provider)로 구분하였고 리더십 관점별로 필요하거나 강점이 있는 성품을 나누었다. 7가지 리더십 중 어떤 리더십에 해당하는지 측정할 수 있는 설문 항목은 부록에 제시하였다.[1]

〈표 4-1〉 7가지 리더십 관점 및 관련 성품

역할	특성	관련 성품
비전제시자 (Visionary)	성장을 위해 헌신되어 있고, 문제 너머에 있는 원인을 바라보고 성공을 위한 정확한 해결책을 개발한다.	지혜, 분별력, 창의성, 믿음, 신중, 베풂, 열성
방향제시자 (Teacher)	다른 사람들에게 지혜, 성숙함 그리고 기술(skill)을 나누어 주고, 방향을 확인해 주고 완전함을 확실하게(보장)한다.	철저함, 신뢰성, 인내, 절제, 공경, 근면, 안정
조력자 (Server)	다른 사람의 필요를 보고 채워 주며 그들이 목표를 달성하도록 자유롭게 하며 그들의 성공에 시간과 에너지를 투자한다.	경각심, 유용성, 끈기, 기쁨, 유연성, 환대, 후함
조직개발자 (Organizer)	최종 결과를 시각화하고(눈에 그리고) 목표를 성공적인 완성을 위해 자원을 조정하여 이끈다.	정돈, 과단성, 책임감, 겸손, 솔선, 의지력, 충성
중재자 (Mediator)	마음에 충성과 긍휼이 많으며 주어진 방향의 유익과 문제점을 분석한다.	경청, 민감성, 존중, 긍휼, 온화함, 정의, 온유
문제해결자 (Idealist)	인격적 무결함(integrity)을 지니고 교정에 열려 있고 문제를 알아내고자 하는 의지가 있으며 진실을 담대하게 말한다.	진실성, 담대함, 설득력, 덕성, 순종, 용서, 신실
자원제공자 (Provider)	자원이 풍부하고 신중하며 검소하다. 모든 사용가능한 자원을 가장 잘 사용할 수 있는 방법을 확보한다.	자원선용, 시간엄수, 감사, 검약, 포용, 조심성, 만족

대학생이나 성인의 성품 계발 훈련을 위한 한 학기 커리큘럼을 위해 7가지 리더십 관점에 포함된 관련 성품에서 개인 및 취업 역량과 관련된 8가지 성

1 Character Training Institute.

품, 창의성, 절제, 정돈, 책임감, 경청, 설득력, 감사와 끈기를 품성 훈련을 위한 핵심덕목으로 선택하여 자세한 내용을 기술한다. 또한 49가지 품성에 해당되지 않지만 교육부 선정 핵심인성 덕목 10가지, 군 인성교육 7대 핵심덕목 등에 포함된 용기(courage)를 핵심덕목으로 추가하여 설명한다.

1. 경청(Attentiveness)[2]

정의	상대방이나 맡은 일에 모든 주의를 집중하여 그 가치를 보여 주는 것
반대말	산만
나의 결심	• 내게 말하는 사람을 똑바로 쳐다보겠다. • 이해할 수 없으면 질문하겠다. • 똑바로 앉고 똑바로 서겠다. • 다른 사람의 주의를 끌지 않겠다. • 다른 사람의 방해에도 집중력을 잃지 않겠다.
자연의 예 (동물)	꽃사슴은 주변에 일어나는 일에 끊임없이 귀를 기울인다. 극도로 예민한 청각을 가지고 있어서 풀을 뜯는 동안에도 주변 소리에 계속 경청하며 위험을 경계한다. 
가정에서의 경청	• 가족이 아이디어를 내놓기가 무섭게 짜증을 내거나 결점을 찾아내기보다 세심하게 듣고 서로 지원한다. • 가족의 활동에 관심을 보여 사기를 북돋워준다. • 따로 시간을 내어 가족의 조언과 관심사를 귀담아 듣는다. • 가족을 한 사람씩 따로 만나 시간을 함께 보내고 관심사를 들어주어 자긍심을 일깨운다. • 가족들이 좋아하는 것을 알아두어 생일을 축하하거나 특별한 날을 기념할 때 감동을 더한다.
보상	• 존경: 경청하는 사람은 남의 의견을 존중해준 만큼 자기 의견도 존중 받으므로 다른 사람들의 존경을 받는다. • 지식의 열쇠: 가능한 한 많이 질문하고 그 답을 주의 깊게 듣는 것이 배움의 비결이다.

2 출처: IBLP–Korea 편집부(2014). 진정한 성공의 길(개정 4판). 경기: IBLP–Korea.

격언 (교훈)	"경청을 잘하는 사람은 어디서나 환영받을 뿐 아니라, 풍부한 지식을 얻게 된다." – 윌슨 미즈너

"사람들이 가장 듣고 싶은 소리는 자기 자신의 말이다"라는 말이 있다. 우리는 다른 사람의 말에 귀를 기울이기보다는 자기의 말을 하기 좋아한다. 그러나 듣는 것이 중요하다는 것은 귀가 태에서 기능을 하는 다섯 개의 감각 기관들 중에서 첫 번째 기관이요, 죽을 때에 기능이 정지되는 마지막 기관이라는 사실에서 드러난다.

아기의 경청력은 태에서부터 어떻게 시작될까? 태어나지 않은 아기가 부모의 소리에 대하여 반응을 보이는 능력은 이제 입증된 사실이다. 아기는 엄마의 뱃속에서 무엇을 듣든지 간에 태어난 후에는 더 큰 경청력을 가지게 된다. 한 아버지가 그의 아들이 태어난 직후에 이러한 사실을 발견하였다. 아기는 신체적인 문제로 인한 고통 때문에 소리를 질렀으나 그 울음을 그치게 할 수가 없었다. 그러자 아버지가 아기에게 간단한 말을 했더니 아기는 즉시 울음을 그치고, 아버지를 바라보면서 아버지에게 주의를 기울였다. 그제야 의사는 곧 아기에게 필요한 특별한 치료를 계속할 수 있었다.

태교를 실시한 부모들은 태속에 있는 아기의 위치를 바꿀 수 있었기 때문에 제왕절개 분만을 피할 수 있었다. 또 다른 경우에 한 아버지가 태 속에서 심한 스트레스를 받고 있던 아기에게 말하였다. 아버지가 태어나지 않은 아기에게 말하기 시작하자 태아를 비춰 주는 화면에 즉각적인 변화가 나타났는데 아기의 심장 고동은 두 시간 동안 정상 상태를 유지하여 자연분만으로 유도할 수 있었다.

귀의 구조에서 귓바퀴(바깥귀)는 소리의 진동을 잡은 후 그 진동이 귀 안쪽으로 전달되어 고막을 두드리게 한다. 망치뼈, 모루뼈 그리고 등자뼈는 소리의 진동을 공기가 차 있는 중이로 전달한다. 미세한 털 세포를 가지고 있는 나선형의 달팽이관은 소리의 진동을 신경 자극으로 바꾸는데, 이것은 청각 신경을 통하여 두뇌로 전달된다.

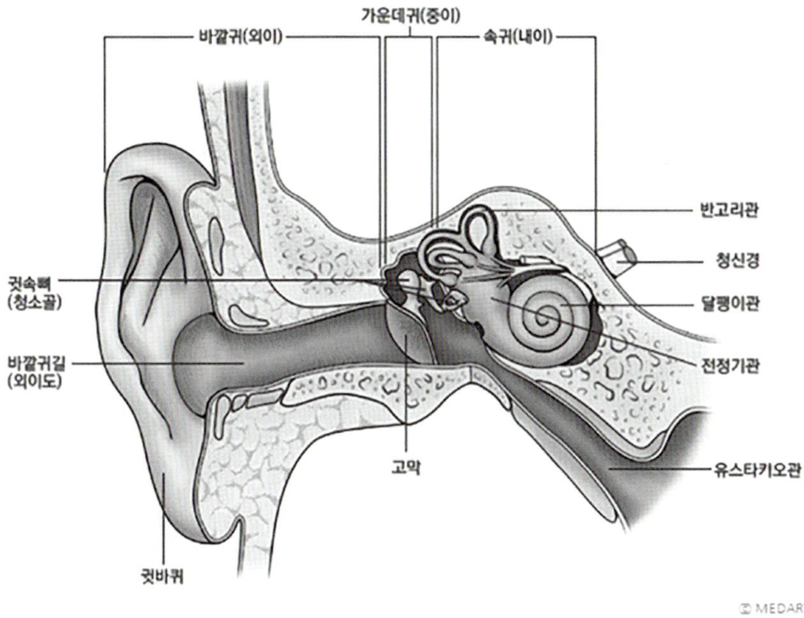

[그림 4-1] 귀의 구조와 명칭

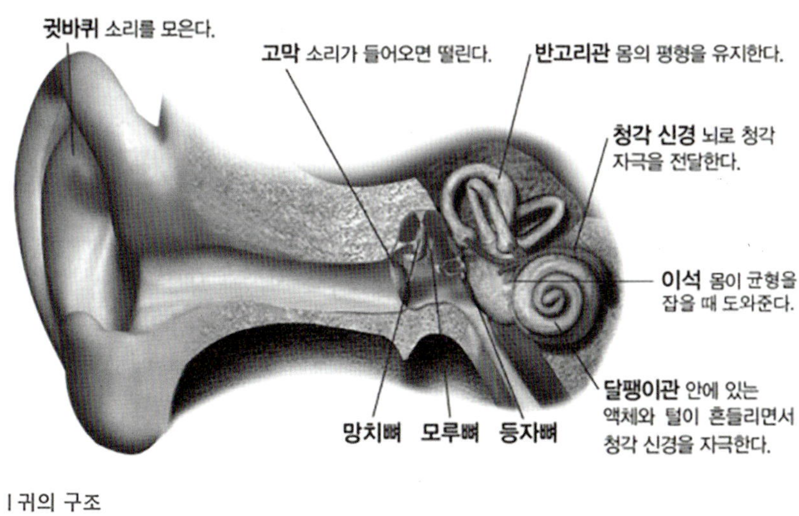

[그림 4-2] 귀의 구조와 기능

경청의 영어 단어 attentiveness의 라틴어 어원인 attendere은 말이 귀를 앞으로 향하듯이 '뻗다'는 뜻이다. 말은 귀의 위치로 얼마나 경청하는지 표현한다.

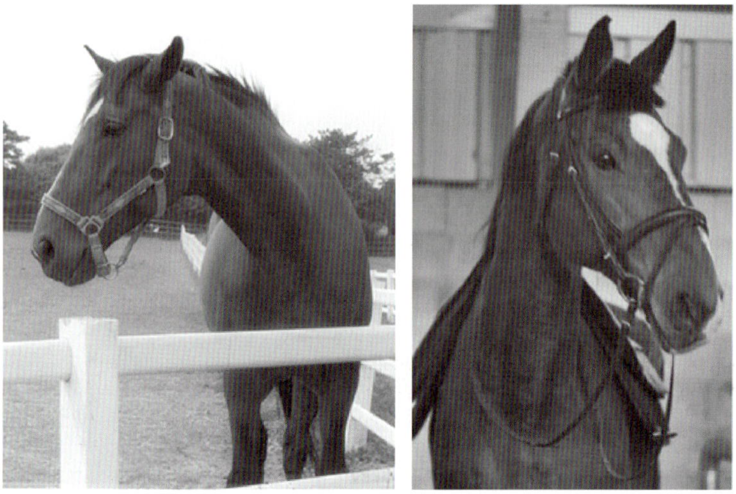

[그림 4-3] 말의 자세와 귀의 모양

경청력은 사전에서 "정신적으로 집중하는 능력이나 힘 세밀하고 주의 깊은 관찰 혹은 들음, 사려 깊고 정중하고 생각이 깊은 행위"로 정의된다.

경청은 단순히 말을 듣는 것 이상이다. 경청은 말하는 사람의 얼굴 표정과 어조와 몸짓 언어를 분별하고 우리가 똑바로 앉아서 자세를 앞으로 기울이며 상대방의 말에 집중하는 것이다.

우리가 경청해야 하는 대상은 부모님, 양심, 지혜로운 연장자, 배우자(아내), 고용주(상사), 시정당국자(법 집행자) 등이다. 우리가 일상생활에서 경청을 잘 실천하면 다음과 같은 여러 가지 혜택을 누리게 된다.

올바로 실행하게 된다.

경청이 베푸는 가장 일차적인 혜택은 처음부터 어떤 과제를 올바로 실행할 수 있는 정보와 기술을 얻는다는 것이다. 게다가, 사려 깊은 보충 질문을 던질 때에는 그 일을 나름대로 생각하고 있으며 제대로 감당할 수 있다는 확신을 상대방에게 심어 준다.

관계를 증진하게 된다.

상대방을 똑바로 쳐다봄으로써 존경심을 표시한다. 결과적으로, 그 사람은 우리에게 존중받는 동시에 인정받는다고 느낀다.

최대한 정보를 얻게 된다.

한 번에 하나의 주제에 초점을 맞추면 단순한 참가자에서 적극적인 학습자로 탈바꿈한다. 그러면 해당 정보를 정확히 기억하고 있을 가능성이 훨씬 높아진다.

다른 사람이 경청해 주는 특권을 누리게 된다.

다른 사람들에게 좋은 청취자가 됨으로써, 우리가 말할 게 있을 때 상대방이 경청하도록 하는 특권을 누리게 된다.

집중력을 키우게 된다.

좋은 자세는 피로를 줄이고 근육을 다치지 않게 막아 준다. 좋은 자세를 유지하면 집중력이 향상된다.

배려하고 귀를 기울여 경청하고, 베푸는 것이 인생에서 최고의 훈련이다. 잘 들으려면 어떻게 해야 할까?[3]

첫째, 잘 들으려면 그 사람에게 가까이 다가가야 합니다. 그리고 눈을 맞추고 시선을 떼지 말아야 합니다. 다른 곳으로 시선이 가더라도 의식적으로 집중합니다.

둘째, 내면이 고요해야 합니다. 아무리 상대에게 가까이 다가가도 자기 내면이 시끄러우면 들을 수가 없습니다. 다른 생각에 빠져 있으면 중요한 이야기도 귀에 들어오지 않습니다. 그러니까 마음을 고요하게 하고 자기 생각, 편견, 습관을 내려놓아야 들리기 시작합니다.

물론 처음에는 놓치는 게 많을 수밖에 없습니다. 청진기를 처음에 대면 심장 뛰는 소리만 들립니다. 그런데 계속 반복해서 들으면 심장이 안 좋은지 박

---

3 위대한 시작, 고도원, 꿈꾸는 책방, 2013.

동이 큰지 작은지, 건강 상태까지 알게 되는 단계에 이릅니다.

이렇듯 경청의 습관이 배면 상대의 말뿐만 아니라, 그 속에 숨은 마음까지도 읽어내고 상대의 마음을 치유하는 힘까지도 가지게 됩니다.

경청과 몰입

몰입(flow)은 주위의 모든 잡념, 방해물을 차단하고 원하는 어느 한 곳에 자신의 모든 정신을 집중하는 일이다. 몰입하는 사람의 심리 상태는 에너지가 쏠리고, 완전히 참가해서 활동을 즐기는 상태이다.

헝가리 심리학자 미하이 칙센트미하이 박사는 몰입했을 때의 느낌을 '물 흐르는 것처럼 편안한 느낌', '하늘을 날아가는 자유로운 느낌'이라고 하였다. 일단 몰입을 하면 몇 시간이 한 순간처럼 짧게 느껴지는 '시간개념의 왜곡' 현상이 일어나고 자신이 몰입하는 대상이 더 자세하고 뚜렷하게 보인다. 몰입대상과 하나가 된 듯한 일체감을 가지며 자아에 대한 의식이 사라진다. 몰입 현상은 학습과 노력을 통하여 도달할 수 있다. 자신이 몰입하고 있는 대상에 대해서는 단시간에 혹은 빠르게 흡수할 수 있지만 반대로 관심이 없거나 집중도가 떨어지는 대상에 대해서는 기억조차 못할 수도 있다.

칙센트미하이는 문제 난이도와 능력에 따른 정신 상태를 나타내는 몰입 모형을 고안했다. 경청은 사람이나 맡은 일에 모든 주의를 집중한다는 면에서 몰입과 유사한 부분이 있다. 몰입으로 가기 위해 경청은 필수적이다.

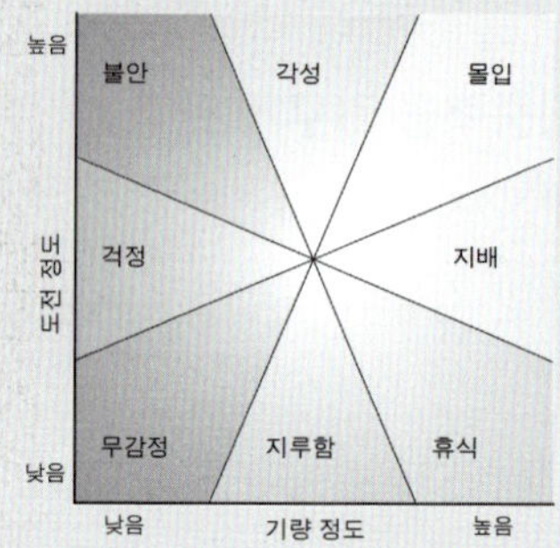

출처: 위키백과, 몰입

경청과 자연

흰꼬리 사슴 이야기

야생동물 세계에서 경청은 생사가 걸린 문제

꽃사슴은 주변에 일어나는 일에 끊임없이 귀를 기울인다. 극도로 예민한 청각을 가지고 있어서 풀을 뜯는 동안에도 주변 소리에 계속 경청하며 위험을 경계한다.

생존의 3요소

- 속도: 숲속을 가로질러 도망칠 때, 심지어 새끼 사슴도 어른 사슴과 마찬가지로 시속 50킬로미터의 속도로 내달릴 수 있다. 사슴은 아주 험악한 숲속을 굉장히 민첩하게 헤쳐 나갈 수 있다. 사슴의 앞다리 뼈와 중심골격 사이에 위치한 여러 겹의 질긴 연골조직은 심한 충격도 얼마든지 흡수하도록 설계되어 있다. 그런 까닭에 열심히 도망치던 사슴은 전혀 다리를 다치지 않고서도 갑자기 멈춘 다음 순간적으로 방향을 틀 수 있다.
- 위장: 어미 사슴은 갓 태어난 새끼 사슴을 말끔하게 핥아 줌으로써 침입자의 예민한 코를 자극할 만한 냄새를 모조리 없앤다. 갓 태어난 새끼의 털에는 250-350개의 흰 반점이 온 몸에 흩어져 있다. 이 반점은 새끼 사슴이 몸을 숨기고 있는 숲속의 무성한 나뭇잎 사이로 비치는 햇빛과 거의 분간할 수 없을 정도로 매우 잘 어우러진다. 비록 어른 사슴은 새끼처럼 몸을 보호해 주는 반점을 뽐낼 수 없지만, 흙 색깔과 비슷한 털 덕분에 어른 사슴도 역시 손쉽게 자기 몸을 숨길 수 있다.
- 경청: 흰꼬리 사슴은 코가 굉장히 예민하다. 사슴은 코를 광범위하게 사용한다. 위험 감지뿐만 아니라 다른 사슴들과 의사소통에도 코를 사용한다. 과학자들은 사슴에게 7가지 다른 피부 분비 기관이 있음을 확인했는데, 사슴은 해당 지역의 다른 사슴들에게 냄새로 "표시"를 남기려고 분비물을 사용한다. 또한 사슴은 시력이 매우 좋다. 흔히 사슴을 색맹이라고 알고 있지만, 그건 전혀 사실이 아니라는 증거가 있다. 그리고 어슴푸레한 곳에서 일어나는 사소한 움직임도 놓치지 않으려고 계속 뚫어지게 망을 본다. 일단 어떤 움직임이 감지되면, 최대한 귀를 쫑긋 세운다. 각종 연구 결과에 따르면, 사슴의 청각은 굉장히 예민해서 고개를 들지 않고서도 다른 사슴인지, 곰인지, 사람의 발자국 소리인지를 정확히 분간해 낼 수 있다. 비록 사슴이 계속 풀을 뜯고 있다고 해도 사람이 다가오는 것을 금방 알아챌 수 있다는 뜻이다. 사슴은 끊임없이 귀를 돌리면서 무리 가운데 있는 다른 사슴들의 위치와 움직임을 계속 감시한다. 그래서 다른 사슴이 뛰는 소리를 들으면 곧바로 자기도 달아난다. 사슴은 조심스럽고 불규칙한 걸음걸이로 걷는다. 다리를 엇갈리게 걷다가 멈추기를 반복하면서 계속 자기 발소리와 숲속에서 나는 다른 소리가 뒤섞이지 않도록 애쓴다.

역사에서의 경청

루이스 라티머(Lewis H. Latimer, 1848-1928) 이야기[4]

주의 깊게 경청하는 태도, 성공의 지름길

한 청년은 경청하는 태도 덕분에 혁신의 선구자가 되었다.

직장에서 다른 사람들을 유심히 관찰한 뒤, 루이스 라티머는 주의 깊은 연습을 통하여 배운 것을 그대로 적용하였다. 그래서 에디슨의 전구를 실용화하게 만든 필라멘트를 생산하는 비밀을 발견한 사람으로 가장 잘 알려져 있다.

보잘것없는 시작

1865년 여름, 17살짜리 루이스 라티머는 일자리를 찾아다니고 있었다. 이때는 노예였던 아버지의 아들로서 남북전쟁 동안 연합군 해병대에서 복무를 마치고 고향인 보스턴으로 돌아온 뒤였다. 마침내 크로스비와 굴드 회사에서 사환과 사무 보조로 주당 3달러를 받고 일하게 되었다. 이곳은 특허 출원을 돕는 전문회사였는데, 발명가들이 발명품의 설계 도면과 법적 서류를 준비하여 미국특허청에 정식으로 제출하도록 도와주었다. 라티머는 맡은 일을 부지런히 감당했다. 그 와중에도 제도 기술자들을 유심히 살펴보고 제도 기구와 사용법을 주의 깊게 관찰하였다. 나중에는 직접 제도 책과 중고 제도 기구를 구입해서 밤마다 혼자 제도 연습에 열중했다.

경청하는 삶

곧이어 라티머는 회사의 주임 제도 기술자를 찾아가 몇 가지 도면을 그려 보아도 되는지 물어보았다. 그 사람이 처음에는 라티머를 비웃었지만, 라티머에게 기회를 한 번 주고 난 뒤에는, 이 청년의 남다른 재능에 깜짝 놀랐다. 오래지 않아, 회사 사장이 라티머의 도면에 주목하게 되었다. 그러고는 청년 라티머의 탁월한 기술에 몹시 기뻐하면서 라티머를 정식 제도 기술자로 승진시키고 급료도 올려 주었다. 결국 라티머는 크로스비와 굴드 회사의 최고 제도 기술자가 되었다. 알렉산더 그레이엄 벨이 전화기를 발명했을 때, 벨은 라티머를 고용하여 새로운 발명품의 서류 작성과 특허 출원을 도와달라고 요청하였다. 라티머는 벨의 전화기 같은 발명품이 어떻게 작동하는지 이해하려고 주의 깊게 경청하고 부지런히 연구했다. 그런 까닭에 혼자서 여러 발명품들을 만지작거리느라 많은 시간을 보내기 시작하였다. 토마스 에디슨이 모든 시대를 통틀어 가장 혁신적인 발명품 가운데 하나인 전구의 특허를 얻은 이듬해인 1879년에, 라티머는 자신의 가장 유명한 발명품을 고안해 냈다. 실제로 에디슨의 전구에는 한 가지 중대한 결점이 있었다. 이 전구는 발광할 때까지 필라멘트를 가열해야 빛을 냈는데, 그 가느다란 선이 단 며칠밖에 버티지 못했다. 토마스 에디슨을 비롯한 전 세계의 발명가들은 조금이라도 더 오래 버티는 필라멘트를 개발하는 일에 모든 관심을 기울였다. 라티머는 이 새로운 일에도 평상시처

---

4 출처: CTI-Korea 편집부(2006). 품성시리즈 I 제1권 경청. 경기: CTI-Korea.

럼 모든 주의를 집중하였다. 수백 번의 실험을 거쳐 마침내 온 세상에서 찾고 있던 간단하고 저렴하면서도 오래 버티는 필라멘트를 생산하는 법을 발견하였다. 라티머의 발견으로 전구는 값비싼 발명품에서 실용적인 생활용품으로 탈바꿈하였다. 이로써 라티머는 에디슨의 주목을 받게 되었다.

경청의 보상

그 당시 에디슨은 전기제품 발명에 막 손대기 시작하던 참이었다. 그래서 여러 가지 문제에 초점을 맞추고 해결책을 찾아내기 위해 모든 주의를 집중할 수 있는 사람을 찾고 있었다. 단번에 라티머를 알아본 에디슨은, 1884년 라티머를 불러 함께 일하자고 요청하였다. 결국 에디슨과 함께 일하는 28명의 에디슨 개척자들 가운데 핵심 요원이 되었다. 에디슨의 발명에 크게 기여했을 뿐만 아니라, 독자적으로 다양한 형태의 대안적인 전등과 초기 형태의 냉방기를 비롯한 여러 가지 발명품을 개발하였다. 보스턴의 17살짜리 사환 루이스 라티머는 부지런한 연구, 창의적인 사고, 주의 깊은 경청으로 전기 영역에서 가장 중요한 개척자 가운데 하나가 되었다.

균형 잡힌 경청의 품성 키우기

균형 잡힌 경청의 품성은 솔선, 담대함, 경각심의 품성과 함께 키울 수 있다.

솔선하여 행동하라

성경의 잠언에서는 "모든 일에는 때가 있다"고 말한다. 질문할 때가 있고, 행동할 때가 있다. 호기심 어린 경청은 반드시 솔선의 품성, 곧 "누가 시키기 전에 해야 할 일을 먼저 알아서 하는 것"과 균형을 맞추어야 한다. 다른 사람들과 대화를 나눌 때마다 모든 내용을 명확하게 이해할 수 있다고 기대하지 말라. 때로는 중요한 세부사항을 좀 더 정확하게 이해하기 위하여 추가적인 질문을 던질 필요도 있다. 그 다음에는 우리가 얻은 정보에 따라 그에 합당한 솔선을 보여라.

담대하게 진리를 말하라

듣기는 빨리 하고 말하기는 더디 하라. 그러나 옳은 것을 말해야 할 때가 찾아왔을 경우에는 그 기회를 단단히 붙잡아라! 입에 재갈을 물리고 다른 사람이 먼저 말하게 함으로써 경청의 기술을 길러라. 주변 사람들을 알아가면서 넉넉히 대화 시간을 가져라. 주의와 관심을 자신에게 돌리기보다 다른 사람들에게 초점을 맞추어라. 어떤 필요를 발견할 때마다, 그 필요를 통해 나에게 제시되는 진리에 주의를 기울이고, 그 진리를 담대하게 말할 수 있도록 준비하라. 이게 바로 담대함의 품성, 곧 "내가 해야 할 말이나 행동이 참되고 옳고 바르다고 확신"하는 것이다.

주변 상황에 경각심을 갖고 대처하라

경청은 우리 앞에 당면한 일이나 사람에게 초점을 맞추는 것이며, 경각심은 우리 주변에서 무슨 일이 일어나고 있는지를 알아채는 것이다. 이 두 가지 품성은 모두 아주 중요하다. 물론 코앞에 닥친 일에 모든 주의를 집중할 수도 있지만, 그렇다고 전화벨 소리를 놓치거나 고객이 들어오는 것을 보지 못한다면, 매우 중요한 주문을 놓칠 수도 있다. 경청과 경각심의 균형을 맞추어 "주변에서 일어나는 일을 주의 깊게 살펴서 올바로 대처하도록 하라."

점검 질문

	질문	
	나보다 상대방에게 집중하는가?	☐
	올바른 자세를 유지하는가?	☐
	필요할 때 질문을 하는가?	☐
	부모님이 지시하는 말씀을 정확하게 이해하려고 하는가?	☐
	결정을 내릴 때 부모님이 뭐라고 하실지를 자문하는가?	☐
	몸짓이나 말 또는 옷 등으로 상대방을 산만하게 만들지 않는가?	☐
	지혜로운 사람들에게 그들이 터득한 교훈에 대한 통찰과 조언을 구하는가?	☐
	어떤 결정을 내리기 전에 문제를 주의 깊게 살피는가?	☐
	어떤 지시를 받을 때 제대로 이해했는지 확실히 알아보려고 하는가?	☐

활동과제

1 조별로 또는 짝을 이루어 경청을 실천해 본다. 필요하다면 사슴이나 토끼 귀 모양을 만들어 귀에 붙이고 상대방의 말을 들어 보시오.

2 가족(특히 부모님)에게 경청을 실천하고 보고서로 작성하시오.

3 우리나라 역사에서 경청의 품성을 통해 모범을 보인 사례를 찾아보고 서로 얘기를 나누어 보시오.

4 강의에 경청하는 경우와 그렇지 않은 경우의 몰입도 및 이해도를 비교해 보시오.

5 경청이나 몰입하지 못하게 하는 걱정이나 불안, 지루함이 있는지 생각해보시오.

2. 책임감(Responsibility)[5]

정의	내게 기대하는 바를 알고 마땅히 행하는 것
반대말	무책임
나의 결심	• 약속을 지키겠다. • 변명하지 않겠다. • 내 모든 일에 능력을 다하겠다. • 잘못한 일은 바로잡겠다. • 내 의무를 알고 완수하겠다.
자연의 예 (동물)	흰머리독수리는 새끼들의 보금자리로 거대한 둥지를 짓고 평생 자기 짝에게 충실하여 책임감을 드러낸다. 흰머리독수리는 높은 둥지에 당당히 앉아 자기 영토 전체를 날카롭게 바라본다. 예리한 눈을 지닌 이 독수리는 하늘 높이 솟아올라서도 1킬로미터가 넘게 멀리 떨어진 곳에서 움직이는 물체를 포착할 수 있다. 
가정에서의 책임감	• 부모는 부지런히 일하여 가족의 필요를 채운다. • 집안을 효율적이고 원활하게 꾸려야 할 책임을 받아들인다. • 부모는 자녀에게 격려와 조언을 아끼지 않는다. • 자녀는 행동, 말, 몸짓에서 부모님께 순종하고 부모님을 공경한다. • 각자 자기 능력껏 기술을 개발한다.
보상	• 신뢰: 주어진 일을 끝낼 때 사람들에게 신뢰를 얻는다. 좋은 평판은 더 큰 책임을 맡을 기회의 문을 열어 준다. • 이익: 사람은 심은 대로 거두기 마련이다. 자기 일에 소홀한 사람은 그 대가로 아무것도 거두지 못한다. 그러나 남이 기대하는 것을 완수하는 사람은 일에 쏟은 수고보다 더 큰 이익을 거둔다.
격언(교훈)	"모든 권리에는 책임이 따른다." – 루이스 슈벨렌바흐

책임감의 사전적 의미는 ① 사람, 의무, 직위 혹은 빚에 대해 책임을 지는 상태, ② 합리적이고 도덕적인 결정을 할 수 있는 능력, ③ 신뢰를 받는 능력이다.

영어 단어 'responsible(책임감이 있는)'이라는 단어는 라틴어 두 개에 뿌리를 두고 있다. 라틴어 responsum은 '대답, 답변'을 의미하고, spondere는 '약속하다'를 의미한다. 그래서 책임감이라고 하는 단어 뒤에는 약속된 대답을 한다는

5 출처: IBLP-Korea 편집부(2014). 진정한 성공의 길(개정 4판). 경기: IBLP-Korea.

개념이 뒤에 숨어 있다. 책임감 있는 사람은 신뢰를 얻고, 약속을 지킬 때에 더 큰 책임을 맡게 된다. 책임감 있는 사람이라고 평판을 얻는 것은 재정적인 성공이나 학문적인 성취를 얻는 것만큼이나 사업가, 학생 혹은 교사에게 유익하다.

책임감을 실천하는 것은 세 가지를 포함한다.

기대하는 것. 모든 직업에는 역할 및 책임 목록이 있다. 각 직원에 대한 기대가 있다. 가족도 마찬가지다. 쓰레기를 버리는 것은 누군가의 책임이다. 저녁 식사 후에 누군가는 설거지하기를 기대한다. 책임을 할당하지 않으면, 아무것도 달성되지 않는다.

앎. 다른 사람들이 기대하는 것을 할 수 있으려면, 먼저 그 기대가 무엇인지 알아야 한다. 직무의 책임에 대해 명확하지 않은 경우, 질문하라. 상사나 관리자는 잘못된 것을 재작업하거나 낭비된 시간을 보충하는 것보다 질문에 대답하는 데 시간을 할애하려 할 것이다.

행하기. 해야 할 일을 아는 것은 방정식의 절반에 불과하다. 책임을 지는 것은 실제로 작업을 수행하기 위해 노력하는 것을 포함한다.

100%를 쏟아부어 당신 능력의 최선을 다해 작업을 하라. 그렇게 하면 뒤를 돌아볼 때 자신의 업적을 자랑스럽게 생각할 수 있다.

책임감은 단지 내가 하겠다고 한 일을 하는 것이 아니라 마땅히 해야 할 일을 알아서 하는 것이다. 책임감은 기대와 요구만큼 일하는 것이다. 또한 책임감은 하고 싶지 않을 때일수록 해야 할 일을 하는 것이다. 유익함은 기대하지 않은 부분까지 보충하여 더 일함으로써 얻을 수 있다. 책임감이 크면 클수록 더 많은 자유를 얻고 자유가 많아질수록 더 큰 책임을 져야 한다. 책임감의 중요한 면은 우리의 모든 생각과 말과 태도와 행동 그리고 동기에 책임을 지는 것이다. 책임감이 투철한 사람은 낙심이나 우울 같은 사치를 포기한다.

자신의 역할 알기

개인은 여러 가지 역할에 따라서 일생 동안 많은 책임을 떠맡는다. 인생에서 각자 역할이 무엇인지 알아보는 것은 그 역할과 관련된 책임감이 무엇인지를 이해하는 데 도움을 준다.

① 국민은 국가와 국법을 존중하고 지킬 책임이 있다.
② 학생은 학교에서 보내는 대부분의 시간에 공부에 주의를 집중하고, 선생님께 순종하며, 모든 일에 최선을 다해야 할 책임이 있다.
③ 자녀들은 부모님이 가르치는 교훈에 잘 순종할 뿐 아니라, 부모님이 암시적으로 원하는 일에 대해서도 순종해야 할 책임이 있다.
④ 부모는 자녀가 화를 내지 않도록 하면서 자녀를 훈련하고 보호하고 그들의 필요를 공급할 책임이 있다.
⑤ 피고용인은 고용주와 회사가 성공하도록 일할 책임이 있다.
⑥ 고용주는 피고용인에게 월급을 제대로 지불해야 하며 안전한 일터를 제공할 책임이 있다.

책임감 가르치기

① 대칭저울처럼 행동

책임감은 권리와 함께한다. 균형을 잃으면 재난을 가져올 수 있는 것에 경계를 가져야 한다. 운전면허증을 생각해 보라. 유효기간이 충분한 면허증을 갖고 있으면 권리와 책임 둘 다 수행한다. 운전자가 파란불일 때에 교차로를 지나려고 할 때에, 운전자는 교차로를 지나가기 전에 교차로 주변이 안전한지 살필 책임도 있다. 이것은 아주 단순한 일이지만, 사람들이 자신의 책임보다 권리를 너무 앞세움으로 말미암아 해마다 자동차 사고로 수많은 사람들이 생명을 잃는다. 권리와 책임감은 손을 맞잡고 간다. 개인이 아주 작은 일에 책임을 다하면, 그들은 더 많은 권리를 부여 받는다. 그리고 더 많은 권리를 부여

받을 때, 그들은 더 많은 책임도 떠맡는다. 책임감은 없이 권리만 많이 가지려고 하지 마라. 책임감을 강조하면 부흥이 일어나고, 권리를 강조하면 혁명이 일어난다.

② 알지 못하는 기대로부터 보호

책임감은 한계가 있다. 개인은 다른 사람들이 나에 대해서 갖고 있을지도 모를 알지 못하는 책임이나 부적당한 책임을 다하라고 강요할 때 받는 감정적인 어려움으로부터 자신을 보호해야 한다. 예를 들면, 당신이 방에 페인트를 칠하는데, 무슨 색을 칠해야 할지 당신이 선택할 필요가 없는 일에 동의하는 것이다.

③ 책임감

책임감은 숙제 이야기를 할 때 사용하는 그런 특별한 단어에만 한정되는 것은 아니다. 책임감이라고 하는 개념은 사람들이 말하는 그런 문자적인 의미를 훨씬 뛰어넘는다. 이것은 또한 표면적으로 말하지 않은 이면적인 기대도 포함하고 있다. 예를 들면, 어떤 사람이 페인트를 칠하라고 들었을 때, 이 사람이 책임감이 있다면, 직접 말하지 않았지만 추가적으로 해야 할 일, 즉 바닥에 천을 깔고, "페인트 주의"라는 글자 표시를 해 놓고, 벽 가장자리에 붙였던 종이를 떼어내고, 마무리 청소를 하는 등 페인트를 칠하는 일과 관련된 모든 역할을 다 이해하고 그대로 할 것이다.

책임감은 말로 표현하지 않은 많은 기대에 대한 지식을 필요로 하기 때문에, 지혜로운 교사는 책임감을 가르칠 때 두 가지, 즉 동기와 지식이 필요함을 알고 있다. 여기서 동기는 약속을 지키기 위한 동기이다. 또 지식은 어떤 사람이 "내가 방에 페인트를 칠하겠습니다."라고 말할 때에 내가 무엇을 약속하고 있는지는 이해하는 지식이다.

어떻게 책임을 져야 할지 알지 못하면서 책임을 지려고 하는 것은, 무엇을 행해야 할지 알고 있으면서 그것을 행하기를 거부하는 것만큼 소용없는 일이다.

④ 지도자의 역할

지도자는 다른 사람에게 위임한 일과 자신이 맡은 일에 대해 책임을 져야 하기 때문에, 부하 직원보다 더 많은 책임을 안고 있다. 모든 지도자는 자신이 다른 사람에게 어떤 일을 위임하였다는 것이 책임이 없어지는 것이 아니라 오히려 책임이 더 많아진다는 것을 반드시 깨달아야 한다. 위임은 다른 사람을 가르치고 감독하고 평가하고 그 사람이 책임을 지도록 지켜주어야 하는 책임이 더해지게 된다.

책임감은 고용주가 강도 높게 추구하는 품성이다. 왜냐하면 책임감을 가진 사원은 의지할 만하고, 이 사원에게 맡겨진 책무는 어떤 일이든 완수할 것이라고 믿을 만하기 때문이다.

나의 삶 가운데 책임감의 특징을 발전시키려고 갈망할 때, 우리가 어떻게 책임감 있는 사람이 되는지 알아보자.

① 내 역할을 안다.

책임감은 우리를 의지하는 사람들의 필요와 기대를 충족시켜 주는 것을 포함한다. 때로는 우리가 생활 속에서 만나는 사람들에 의해서 우리에게 맡겨진 기대가 분명하게 표현되기도 한다. 하지만 기대라는 것은 우리가 다른 사람과의 관계 속에서 행하는 "역할"에 의해 결정된다. 예를 들면, 어떤 사람은 부모의 역할을 하고 있고, 또 다른 사람은 가게 주인이고, 또 어떤 사람은 학생 역할을 하고 있을 수 있다. 사람은 많은 다른 역할을 할 것인데, 이런 역할도 우리가 삶의 다른 단계에 들어가게 되면 또 변하게 된다. 우리가 삶의 어떤 단계에 있든지 우리는 여러 역할을 동시에 수행할 것이다. 여자는 엄마, 아내, 자매, 교사 혹은 친구로서의 역할을 하고 있다는 것을 발견할 수 있을 것이다. 각각의 역할은 말로 혹은 우리 주변의 사람들에 의해서 표현된 기대에 더하여 그 역할 속에 내재되어 있는 기대도 포함하고 있다. 우리는 다른 사람의 기대에 기초하여 의무를 온전히 행하기 위해 각각의 역할이 품고 있는 기대를 반드시 잘 이해해야 한다.

그 역할 위에 있는 권위자는 보통 아래 사람에게 주어진 역할에 대한 기대를 명시한다. 우리는 여러 가지 역할을 감당하기 때문에 우리의 최우선 역할은 우리에게 주어진 상황 가운데 있다는 것을 반드시 알아야 하고, 그 역할이 기대하는 것에 기초하여 일을 수행해야 한다.

② 내 본분을 알고 지킨다.

만약에 내가 어떤 상황 속에서 우선적으로 행해야 할 역할을 알게 되었다면, 나는 반드시 다른 사람이 내가 그 역할을 통하여 무엇을 기대하고 있는지에 따라 행동해야 한다. 그래서 나는 각각의 역할이 가지고 있는 기대가 무엇인지를 꼭 알아야 한다. 각각의 역할에 대한 기대는 내 자신 안에서 발견되는 환경에 기초하여 반드시 행해야 할 의무 목록이 된다. 어떤 의무는 역할과 내재적으로 연결되어 있고, 어떤 의무는 그 역할을 관할하는 권위자로부터 오는 지도에 근거하여 더해지기도 한다. 예를 들면, 피고용인은 그가 일하는 작업 내용에 근거하여 어떤 책임을 맡게 된다. 이에 더하여, 그의 상사가 때로는 그에게 어떤 다른 일을 맡길 수도 있다.

우리는 우리의 의무를 아는 것만으로는 충분하지 않고, 책임을 완수하기 위해 그 의무를 실제적으로 행해야 한다.

③ 맡은 일을 완수한다.

어떤 사람은 다른 사람들이 자신에게 기대하는 것이 무엇인지 모른다고 불평을 하는 경우가 있는데, 대부분 이것은 핑계에 불과하다. 대부분의 사람들은 그들의 본분이 무엇이고 이행해야 할 일이 무엇인지 알고 있다. 게으름 혹은 자신의 쾌락을 찾거나 혹은 다른 이유 때문에 그들은 자기의 본분을 뒤로 미루고 그것을 잊어버리는 것이다. 어떤 일은 우리가 신경을 쓰지 않는 것도 있고, 어떤 일은 차라리 뭔가 다른 일에 시간을 사용하는 것이 더 좋겠다고 생각하는 것도 있어서 그런 일은 하지 않는다. 어떤 사람은 처음에는 아주 열정적으로 일을 시작하지만, 불행하게도 그 일을 하는 데 좀 어려움이 생긴다든지 혹은 좀 지겹다든지, 아니면 시작이 너무 미약하여 포기하기도 한다. 그러니 모든 장애물을 용감하게 뛰어넘고 임무를 완수하는 사람은 그리 많지 않다. 책임을 다하는 사람은 오직 소수의 사람뿐이다.

④ 작은 일에 충실히 임한다.

많은 사람들이 자기 본분 가운데 일부분이지만 하찮은 일을 소홀히 한다. 대신에 사람들은 자신의 시간, 힘 그리고 자원을 더 큰 책임에 쏟아붓는다. 우리는 아주 비싼 물건을 살 때에 지혜롭게 결정하기 위해서 아주 조심한다. 하지만 우리가 막대사탕을 사든지 영화를 보든지 잡지나 사소한 물건을 살 때 우리가 소비하는 모습을 보면 너무 느슨해지는 것을 본다.

우리는 다른 사람이 더 많이 요구하는 일을 할 수 있으면 얼마나 좋을까 하고 생각하는 경향이 짙다. 이것은 우리가 더 단순한 일을 잘한다는 뜻이 내포되어 있는 것이다. 이것은 단지 능력과 관련하여서는 사실일 수 있다. 하지만 책임감은 단순히 능력만을 말하는 것은 아니고, 실제 행동을 포함하는 것이다. 우리가 작은 일을 정확하고 변함없이 충실하게 이행할 수 있다는 것을 보여줄 때, 더 도전적인 일에 나설 수 있다.

⑤ 내게 맡겨진 것들을 잘 관리한다.

당신은 친구나 이웃한테 물건을 빌려서 잃어버렸거나 손상을 입힌 경우가 있는가? 책임감이라고 하는 것은 우리에게 할당된 일에 대해서 책임을 다하는 것뿐 아니라, 우리가 돌보도록 맡겨진 사람과 사물도 포함된다. 당신은 당신의 고급 카메라를 잘 조작하거나 자가용을 잘 운전하지 못할 것 같은 사람에게 그것들을 관리하도록 허락하겠는가?

⑥ 지시받은 대로 따른다.

모든 일과 의무는 일련의 지시와 함께 주어진다. 대부분 일상적인 일에는 모든 사람이 다 알고 있다고 생각하기 때문에 이런 지시사항을 일일이 말할 필요가 없다. 가끔씩 어떤 일이나 의무가 할당될 때에 특별한 지시사항도 함께 주어질 때가 있다. 어떤 경우에는 지시사항이 근무자 안내 책자 혹은 유사한 자료에 들어 있기도 한다. 우리가 지시사항을 받았다 하더라도, 우리에게 주어진 지시사항과 목록으로 주어진 절차대로 잘 따르도록 반드시 주의해야 한다. 심지어 우리가 매 지시사항의 배경에 있는 이유를 다 이해하지 못하고, 어떤 지시사항은 동의하지 않는다 하더라도, 맡은 책임을 완수하기 위해 우리는 그 지시사항을 따라야 한다.

자주 우리는 부주의 혹은 중요하지 않다고 생각하기 때문에, 지시사항 가운데 하나를 간과하고 지나갈 수도 있다. 우리는 수술을 받은 환자 몸 안에 수술 도구가 남아 있어서 그 환자가 고통을 당하고 불편을 겪는 이야기를 읽는다. 이런 일은 어떤 지시사항을 간과했기 때문에 일어나는 것이다. 우리의 일상 업무 가운데는 이런 심각한 결과를 초래하는 일은 직면하지 않는다. 그래서 우리는 대수롭지 않은 지시사항을 무시하거나 간과하는 나쁜 버릇을 키우게 된다. 대부분의 경우 이런 나쁜 버릇 때문에 물, 종이, 전기 혹은 시간 같은 자원을 낭비하는 결과를 초래한다.

⑦ 변명하지 않는다.

당신이 실수를 범한다든지, 지시사항을 간과한다든지, 아니면 무엇인가 잘못을 했을 때 어떻게 합니까? 당신은 이것이 당신의 잘못이라고 받아들이는가 아니면 핑계를 대는가? 핑계는 자신의 실수나 잘못에 대해 책임을 받아들이기 보다는 다른 사람이나 무엇인가를 비난하는 일이다. 핑계는 종종 우리가 잘못한 일에 대한 결과를 회피하려고 악용될 뿐 아니라, 자신이 잘못한 것이 없다고 주장하기 위해 사용된다. 우리가 핑계를 대면서 갈망하였던 결과를 얻을 수 있겠지만, 사람들은 종종 우리 마음속에 있는 동기와 목적을 알고 있다. 우리는 잘못된 행동을 꾀하면서 동시에 핑곗거리에 대해서도 생각한다. 우리가 핑계 대는 것을 거부할 때, 우리가 행하는 모든 행위 가운데 책임감 있는 태도로 행하도록 동기부여를 받게 될 것이다.

폭풍우 치는 날에도 편히 잠자는 사나이[6]

한 사내가 농장에서
일자리를 찾고 있었습니다.
그는 농장에 찾아가 새로운 주인에게 추천장을
건넸어요. 거기에는 이렇게만 쓰여 있었습니다.
"이 사람은 폭풍우가 치는 날에도 잠을 잡니다."
농장 주인은 마음에 들지 않았지만 일손 구하는 일이 급했기 때문에
사내를 그 자리에서 고용했습니다. 그런데 어느 날 밤,
갑자기 사나운 폭풍우가 마을에 몰아쳤습니다.
거센 비바람 소리에 깜짝 놀란 농장 주인은
침대에서 일어나 밖으로 뛰어나갔습니다.
그는 사내를 불렀지만, 사내는 깊이 잠들어 있어서
주인은 급히 외양간으로 달려갔습니다. 놀랍게도
가축들은 넉넉한 여물 옆에서 안전하게 자고
있었습니다. 그는 밀밭으로 뛰어나갔습니다.
밀 짚단들은 단단히 묶인 채 방수 천에 덮여
있었습니다. 이번에는 곡물 창고로 달려갔습니다.
문들에는 빗장이 걸려 있었고, 곡물들은 비 한 방울
맞지 않고 있었습니다. 그제야 주인은 "이 사람은
폭풍우가 치는 날에도 잠을 잡니다."라는
말의 의미를 깨달았습니다.

- 미치 앨봄의 《8년의 동행》 중에서 -

* 그렇습니다. 평소 만반의 준비를 한 사람에게는
폭풍우가 두렵지 않습니다. 그 폭풍우가 오히려
자신의 존재감을 드러내는 기회가 됩니다.
날씨가 좋을 때 열심히 하십시오!

6 출처: 고도원의 아침편지.

책임감과 자연

흰머리독수리 이야기

흰머리독수리는 책임감이 투철하다.

미국의 나라 새이자 상징인 흰머리독수리는 주로 북아메리카에서 멕시코 서쪽 해안에 걸쳐 서식한다. 신체적으로 몸무게는 약 5kg 정도이고, 양 눈이 마치 쌍안경처럼 시력이 뛰어나다. 날개를 펴면 크기가 2m 이상 된다. 독수리는 사냥영역과 둥지영역 등 두 가지 영역을 가진다. 사냥영역은 서로 공유하기도 하지만, 둥지영역을 침범하면 사활을 걸고 침입자를 물리친다.

흰머리독수리는 한번 짝짓기를 하면 평생을 함께하는 것으로 알려져 있다. 또한 수컷 독수리와 암컷 독수리의 역할이 분명하다. 암 독수리는 둥지에 알을 낳고 새끼를 지키며 돌보고, 수컷 독수리는 사냥을 해 온다. 새끼가 커 갈수록 사냥하는 횟수도 증가한다. 새끼 세 마리 정도가 먹어치우는 먹이는 커 갈수록 많아진다. 새끼들은 약 3개월 정도의 성장을 해야 날기를 배우고 점점 사냥을 하게 된다. 어미 독수리는 먹이를 잘게 잘라서 먹이고 또 뜨거운 햇빛이 내리쬐면 2미터가 넘는 날개를 펼쳐 그늘막을 만들어 준다. 폭풍우가 내리치면 온몸으로 그것을 막아 새끼들을 보호한다. 이렇게 책임감 있는 부모의 돌봄 속에서 독수리들은 자신들의 책임을 온몸으로 유·무의식으로 익히게 된다.

책임감을 나타내는 특징

아빠 독수리는 가족을 위해 음식의 필요와 "교육"의 필요를 채움으로써 책임을 다한다. 날씨가 아무리 험악해도 가족을 위해 먹이를 잡아 오는 일에 핑계를 대지 않는다. 새끼 독수리가 부화하면 더 많은 물고기를 잡아 온다. 뜨거운 햇빛이나 폭우를 피하도록 하기 위해 날개를 펴서 새끼 독수리를 보호한다. 새끼 독수리가 비행연습을 할 때 둥지에서 먼저 점프 연습을 하고 둥지 이쪽에서 저쪽으로 나는 연습을 하게 한다. 둥지 밖에서 날기 연습을 할 경우 새끼 독수리 약간 앞장서서 먼저 날아간다. 이때 부모 독수리의 날개에 있는 깃털을 가로질러 가는 공기의 흐름은 새끼 독수리가 비행 기술을 배울 때에 "날아가는 데" 큰 도움을 준다. 새끼가 어느 정도 자라면 먹이를 둥지 가까운 데 갖다 놓고 배고픈 새끼가 날아가서 직접 먹도록 훈련한다.

엄마 독수리는 새끼 독수리의 알을 부화하기 위해 헌신한다. 아빠 독수리가 먹이를 사냥하러 간 동안 자신의 날개를 펴서 우산처럼 만들어 뜨거운 햇살이나 포식자로부터 연약한 새끼를 보호한다. 아빠 독수리로부터 건네받은 먹이를 1cm 정도 잘게 잘라서 새끼 독수리에게 다정하게 먹여 준다. 새끼 독수리들이 싸우고 있는 경우 서로 떼어 놓거나 괴롭히는 독수리의 머리를 쪼아서 동생 독수리를 보호한다. 그리고 부부 독수리는 서로를 위해 평생 헌신한다.

역사에서의 책임감

이순신 이야기

구국의 성웅, 충무공 이순신

충무공 이순신 장군은 임진왜란을 승리로 이끈 명장이다. 투철한 조국애와 뛰어난 전략으로 위태로운 나라를 구한 이순신 장군. 그는 수많은 시련을 묵묵히 극복하면서 대의를 위해 책임을 다하고 자신을 희생하는 삶을 살았다.

1545년 4월 28일 한성부 건천동(서울 인현동)에서 태어난 이순신은 32세에 함경도에 초급장교인 권관으로 임명되고 36세에 전라도 발포만호로 부임하여 수군과 첫 인연을 맺었다. 그러나 38세에 시기하는 무리의 모함으로 파직당하고, 1년 뒤 39세에 함경도 권관으로 복직되어 43세에 여진족의 기습을 물리치고 백성을 구했으나 다시 모함을 받고 파직되어 백의종군하게 된다. 44세에 북병사의 여진족 시전 부락 토벌에 공을 세워 사면되고, 45세에 정읍현감을 거쳐 47세에 유성룡의 천거로 전라좌수사로 부임한다. 장차 왜적이 쳐들어올 것을 직감하고 권한과 범위 내에서 전쟁준비에 열중한다.

48세인 1592년 4월 13일: 임진왜란 발발

5월 07일: 제1차 옥포해전 대승첩(對勝捷)

5월 29일: 경상도 사천에서 승첩

6월 02일: 제2차 당포해전 대승첩

7월 08일: 제3차 한산도 대승첩- '학날개 전법'으로 서해 진입하는 왜적들 완전소탕

9월 01일: 제4차 부산 대승첩

1593년 2월 6일~4월 3일 5차 출전을 통해 웅포해전 승리를 거두고 삼도 수군통제사로 임명된다. 1597년 53세에 적군의 음모와 원균의 시기로 파면되어 서울로 압송되고 고문을 받게 된다. 이후 백의종군하다 원균이 이끄는 수군이 칠천량 전투에서 대패하여 다시 통제사로 복직한다. 이때 조정에서는 수군을 버리고 육지에서 싸울 것을 명령하였지만 이순신 장군은 결코 바다를 버릴 수 없다고 하며 유명한 글을 쓴다.

"신에게는 아직도 전선 12척이 있으니 죽을힘을 다해 항거해 싸우면 오히려 할 수 있는 일입니다…. 비록 저의 전선은 적지만 보잘것없는 신이 죽지 않는 한 적이 우리를 업신여기지 못할 것입니다."

그 해 9월 16일 명량해전에서 130여 척의 왜군과 싸워 30여 척을 격파하였다. 1598년 8월 17일 풍신수길이 죽으니 왜군이 철수하기 시작하였고 왜함 500여 척을 추격하여 남해 노량해전에서 크게 이겼다. 11월 19일 밤새 독전하다가 날이 샐 무렵 총탄을 맞아 전사하였다. 왜군은 이때 500여 척의 전함 중 겨우 50척만 남해로 달아났다.

이순신 장군의 공적은 시대가 흐를수록 더욱 높이 평가되었다. 임진왜란이 끝난 뒤 선무공신에 올랐고, 순국 45년 후 '충무'라는 시호를 받았다. 1793년(정조 17년)에는 영의정의 직함이

더해졌다. 이러한 직함은 무관으로서의 책임감을 다한 이순신 장군의 치열했던 삶에 바치는 역사의 훈장이다. 숙종은 "절개에 죽는다는 말은 예부터 있지마는 제 몸 죽고 나라 살린 것 이분에게서 처음 보네"라며 이순신의 공적을 높이 평가하였다.

균형 잡힌 책임감의 품성 키우기

균형 잡힌 책임감의 품성은 덕성, 겸손, 온화함의 품성과 함께 키울 수 있다.

덕스럽게 행동하라
덕성은 "옳은 일을 꾸준히 할 때 내 인생에서 분명하게 드러나는 탁월한 도덕성"이다. 덕성은 개인에게 누가 보고 있든지 간에 최선의 방법을 찾고 최선의 노력을 기울이도록 동기를 부여한다. 목적과 수단 모두 좋은 성품을 반영해야 한다. 과업을 수행하기 위해 무결성을 타협하지 마라.

겸손하게 반응하라
겸손은 "내가 성취한 것이 다른 사람 덕분임을 인정하는 것이다." 책임을 지고자 하는 노력에는 다른 사람의 기여에 대한 인정이 포함되어야 한다. 다른 사람들이 당신의 업적을 칭찬할 때, 그 칭찬을 기꺼이 받아들이고 당신을 돕거나 훈련시킨 사람들을 칭찬할 방법을 찾아라.

온화하게 처리하라
온화함은 "다른 사람에 대한 배려와 개인적인 관심을 나타내는 것이다." 때때로 당신의 책임 하에 불쾌한 문제를 해결해야 한다. 당신이 보여 주는 온화함은 타인에 대한 존중의 진실성과 옳은 것에 대한 당신의 헌신의 일관성을 보여 줄 것이다.

점검 질문

	질문	
	부모님께 진 사랑의 빚에 대한 책임을 받아들이는가?	□
	내가 즐기는 일이 다른 사람의 마음을 상하게 한다면 포기하겠는가?	□
	모든 생각과 말과 행동과 태도에 대한 책임을 인식하고 수용하는가?	□
	결혼의 모든 책임을 이행하는가?	□
	자녀를 잘 키우는 책임을 완수하기로 작정하는가?	□
	사회 일원으로서 나의 건강과 복지에 대한 책임을 다하는가?	□
	다른 사람이 나에 대해 가지는 기대를 인식하고 책임을 다하는가?	□
	나에 대해 기대하는 바를 알지 못하거나 이해하지 못할 때 질문하는가?	□
	실수했을 때 그것의 책임을 인정하고 바로잡으려 노력하는가?	□

활동과제

1 사람들이 나에게 기대하는 것을 생각해 보고 그중 마땅히 내가 책임을 져야 하는 것들을 적으시오.

2 생활 속에서 책임감을 제대로 수행하지 못한 부분을 생각하고 이로 인한 피해를 적으시오.

3 가정에서의 책임감을 실천하고 이로 인해 얻은 유익을 적으시오.

4 권리와 책임은 대칭저울의 양쪽과 같다. 책임감과 권리의 균형을 이루어야 한다. "책임감을 강조하면 부흥이 일어나고, 권리를 강조하면 혁명이 일어난다"라는 문장의 의미를 생각해 보고, 역할별로 권리와 책임을 적으시오.
(예, 학생으로서의 권리와 책임, 자녀로서의 권리와 책임 등)

3. 창의성(Creativity)[7]

정의	새로운 관점에서 필요나 일이나 생각에 접근하는 것
반대말	지지부진
나의 결심	• 내 재능을 선한 일에 쓰겠다. • 사물을 여러 관점에서 보겠다. • 원칙을 가지고 문제를 해결하겠다. • 최대한 배우겠다. • 성품을 기르는 새로운 방법들을 찾겠다.
자연의 예 (동물)	너구리만큼 호기심 많고 창의력 있는 동물은 없다. 너구리는 농가 곳간의 잠긴 문과 닫힌 그릇을 여는 재주로 창의성을 잘 보여 준다. 
가정에서의 창의성	• 일을 하면서 노래를 부르거나 일이 끝난 후 한턱내는 등, 집안일을 즐겁게 하는 방법을 찾는다. • 생일, 휴가, 공휴일에 함께 갈 곳을 찾고, 함께 즐길 놀이를 개발하여 새로운 전통을 세운다. • 자신만의 독특한 감사카드 만드는 법을 배운다. • 숙제를 학습놀이로, 외울 것은 노래로 바꿔 한다.
보상	• 좋은 추억: 평일은 물론 특별한 휴일에 재미있는 모험을 하게 되면, 오랫동안 웃으며 즐길 좋은 추억거리가 된다. • 성취: 맡은 일을 창의적이고 독특한 방법으로 해내면 큰 성취감을 맛볼 수 있다.
격언 (교훈)	"현재 당면한 큰 문제는 그 문제가 처음 생길 당시와 같은 수준의 생각으로는 해결할 수 없다." – 알버트 아인슈타인

애플의 스티브 잡스(Steve Jobs)는 "다르게 생각하라(Think different!)"라고 외쳤다. 하나 덧붙인다면 "다르게 행동하라(Act different!)라는 것이다. 남들과 다른 방법으로 승부하지 않으면 승리할 수 없는 시대이기 때문이다.

창의성은 틀에 박힌 일을 어떻게 전혀 새로운 관점으로 수행할지를 생각하는 데서 나온다. 창의성은 수행하는 일에 딱 맞는 해결책을 찾기 위해 수많은

---

7 출처: IBLP-Korea 편집부(2014). 진정한 성공의 길(개정 4판). 경기: IBLP-Korea.

질문을 던진 결과이다. 그러면 새로운 관점을 찾기 위해 어떤 질문을 던질 수 있을까?

- 이 일의 목표나 목적은 무엇인가?
- 꼭 필요치 않은 과정은 무엇인가?
- 꼭 필요한 과정이라면 어떻게 더 효율적으로 수행할 수 있는가?
- 일의 일부 또는 전부를 자동화할 수 있는가?
- 자연계에 유사한 과정이 있는가?

창의성은 평생 우리의 성공을 결정할 만큼 중요하다. 이러한 창의성은 생각으로 발동된다. 생각을 말로 표현할 때 창의성이 강화된다. 창의성은 좋은 일에도 쓰이지만 나쁜 일에도 쓰인다. 사람들은 달갑잖은 일을 피하는 데에 창의성을 가장 많이 발휘한다. 창의성은 경청하는 마음을 통해서 얻을 수 있는 지혜의 산물이다. 창의성은 지혜의 한 단면이다. 인류 역사상 가장 지혜롭고 부자였던 솔로몬 왕은 신에게 경청하는 마음을 달라고 기도함으로써 창의성을 포함한 지혜와 부를 얻었다.

"누가 주의 이 많은 백성을 재판할 수 있겠습니까 듣는 마음을 종에게 주사 주의 백성을 재판하여 선악을 분별하게 하소서"(성경 열왕기상 3장 9절)

창의성은 어떤 사람이 가지고 있거나 혹은 가지고 있지 않은 선천적인 재능을 말하는 것이 아니다. 창의성은 적절한 방법을 통해 얻을 수 있는 학습된 기술이다. 여기에 우리의 삶 속에서 창의성을 계발하기 위한 몇 가지 사항이 있다.

첫째, 시간을 가지고 미래를 그려 보고 만들어 보고 창조해 보라. 이것은 장난감 레고, 집 짓는 벽돌 혹은 목공, 정원일, 빵 굽기, 바느질, 눈사람 만들기 혹은 예술작품으로 실행해 볼 수 있다.

둘째, 가족이 함께 계획을 세우거나 문제를 풀기 위해 머리를 맞대고 지혜를 짜내어 보라. 모든 구성원이 지혜를 내도록 격려하라. 다른 사람의 제안을 경청하라. 왜냐하면 한 의견이 더 좋은 의견을 내도록 자극할 수 있다. 각각의 생각을 평가하기보다는 창의적인 과정에 집중하라.

셋째, 뭔가 새롭고 다른 것을 시도해 보라. 숙제를 밖에서 해 보라. 집안일을 형제, 자매와 바꾸어서 해 보라. 새로운 사람을 만나서 그들의 경험에 대해 물어보라. 다른 사람의 삶이 어떤 모습인지 주의해 보라. 새로운 관점을 평가해 보고 가족과 함께 하나님의 관점에서 논의해 보라.

넷째, TV, 핸드폰, 컴퓨터 게임 등 미디어 "금식"을 하여서, 그 시간에 가족과 함께 독서, 실무 계획, 야외 활동을 대신해 보라.

다섯째, 똑같은 문제를 푸는 여러 가지 방법을 강구해 보라. 여러 가지 해결 방안을 갖고 있으면, 최고의 방법을 선택하라.

창의성, 사고력 등이 주목받는 요즘 "디자인 싱킹(Design Thinking)"은 혁신을 창출하는 사고 및 관리 기법으로 알려져 있다. 여기서 디자인이란, '현재 상황을 더 나은 방향으로 바꾸는 것'이다. 한마디로, 디자인 싱킹은 문제를 정확히 인식해 좋은 결과를 내기 위한 디자이너들의 창의적인 사고방식이라 할 수 있다.

디자인 싱킹은 보통 '공감하기-문제 정의하기-아이디어 내기-프로토타입(시제품 만들기)-실현 가능한 솔루션 만들기' 단계로 이뤄진다.

심리학에서 좌뇌는 논리적/분석적 기능을 제어하고, 우뇌는 상상력, 창의력, 감성 등을 처리한다고 알려져 있다. 디자인 사고(싱킹)는 좌뇌와 우뇌를 함께 활성화하는 체계를 이용하는 기법 중의 한 가지이다.[8]

---

8 디자인씽킹 가이드북, 대니얼 링, 생능출판, 2017.

〈표 4-2〉 디자인 사고와 다른 사고 방법 간의 비교

비즈니스 사고 (Business Thinking)	디자인 사고 (Design Thinking)	창의적 사고 (Creative Thinking)
좌뇌	문제해결을 위해 좌뇌와 우뇌를 모두 사용	우뇌
합리적이고 구조적	합리적이고 직관적인 방식을 적절하게 상호 전환하여 사용	직관적이고 감성적
분석활동 중심	분석 및 창작 활동을 반복	창작/표현 활동 중심
잘(명확하게) 정의된 문제를 다룸	불명확하게 정의된 문제를 다룸	문제 자체가 정의되어 있지 않음
비즈니스 결과를 개선하는 것이 목표	사용자 경험을 개선하는 것이 목표	새로운 아이디어를 모색하는 것이 목표
분석 → 의사결정	공감→문제정의→아이디어 도출→프로토타입→테스트	인지→아이디어 도출
"이 문제를 해결하자!"	"우리가 해결해야 하는 문제가 무엇인가?"	"문제가 존재하지 않는다!"

상 상 력[9]

정확한 의미의 상상력이란
없는 것을 보는 것이 아닙니다.
있는 것을 자세히 들여다보는 것이 상상력의 시작입니다.
상식적인 것들을 한번쯤 뒤집어 생각해 보는 것이
상상력입니다.

- 이철환의 《못난이만두 이야기》 중에서 -

* 상식을 지키며 사는 것도 쉬운 일이 아닙니다.
그러나 상식에만 머물러 있어서는 안 됩니다.
'상식' 위에 '상상력'이 더해져야 합니다.
그래야 경쟁력이 생기고 길이 보입니다.
상식을 다시 자세히 들여다보세요.
다시 한 번 뒤집어 생각해 보세요.
상상력의 시작입니다.

---

9 출처: 고도원의 아침편지.

안네트 모저 웰만은 그의 저서『창조적 인재의 5가지 얼굴』에서 창조적 인재의 5가지 경우를 기술한다.

① 선지자 (The Seer): 이미지를 보는 능력

선지자는 마음의 눈에 비친 그림을 보며, 이 그림들이 빛나는 아이디어를 낳는 원동력이 된다. 고도로 창조적인 사람은 선지자 기술을 이용해 새로운 아이디어를 미리 그려 볼 수 있다. 이 영상을 아주 세부적인 묘사까지 시각화시킨다. 이런 영상은 아이디어를 자극하고, 이것은 또한 아이디어가 확장되는 방식에 따라 새로운 영상들을 조정하며 만들어 낸다. 모차르트는 자신이 선지자의 능력이 심취됐을 때를 이렇게 묘사했다.

"내가 나일 때, 다시 말해 완전한 나 자신과 함께 있을 때 그리고 기분이 좋을 때, 그러니까 외부의 방해를 받지 않을 때, 내 음악의 조제는 그것이 아무리 긴 작품이 되더라도 마치 하나의 아름다운 그림과 조각을 보고 있는 것처럼 한눈에 작품의 전체가 확연하게 모습을 그려 낸다." 이미지가 그에게 해결책을 제시한 것이다.

② 관찰자(The Observer): 세부를 인지하는 능력

관찰자는 주변 세계의 움직임을 놓치지 않고 인지하며, 세부사항을 수집하여 새로운 아이디어를 구상해 낸다. 그들은 흥미 있는 정보를 구하기 위해 주변 환경을 샅샅이 살피고 거기서 나온 데이터를 이용해 돌파구를 만들어낸다. 관찰자는 자신이 살고 있는 세계를 경이로운 눈으로 바라보며, 세계의 아름다움은 그들에게 영감의 자원이 된다. 이들은 사소한 작은 것들을 누구보다 소중히 여기며 지칠 줄 모르는 호기심으로 스스로를 몰아간다. 어린 딸을 데리고 공원에 갔던 월트 디즈니는 주변의 모든 상황에 주목했다. 어른들이 하나같이 따분한 표정이었고, 회전목마는 낡아서 칠이 다 벗겨졌고 담당자는 불친절했다. 디즈니는 '아이와 어른이 함께 즐기며 놀 수 있는 공간이 있으면 얼마나 신날까?' 생각했다. 이런 주변 상황의 관찰이 훗날 테마 파크라는 그의 아이디어를 탄생시킨 것이다. 그리고 사람들이 혐오하는 쥐를 이용하여 우리에게 친근한 미키마우스를 만들었다.

③ 연금술사(The Alchemist): 영역을 넘나들며 연결하는 능력

연금술사는 다른 영역들-다른 아이디어, 다른 원칙 또는 다른 사고 시스템-을 하나로 묶고, 이것을 독특한 방식으로 연결하여 아이디어로 발전시킨다. 이들은 영감을 얻기 위해 아이디어를 빌려올 뿐 아니라 심지어 훔쳐 내기도 한다. 이들의 관심 분야는 참으로 넓으며 일과 놀이를 접목하는 삶을 구현한다. 건축가 프랑크 로이드 라이트는 연금술사 기술을 이용해 미국 건축사에서 가장 독보적인 건물을 창조해 내었다. 그의 재능은 건물의 지정학적 특징과 건물 디자인을 말 그대로 결합한 데 있다.

④ 바보(The Fool): 실수를 환영하는 힘

가장 복잡한 얼굴로 바보는 약점을 반긴다. 바보는 뒤집어 보기와 상식을 벗어난 괴팍함, 굽힐 줄 모르는 인내력으로 자신을 훈련한다. 바보 재능이 탁월했던 과학자 로이 플렁킷은 염화불화탄소(CFC)의 원자구조를 알아내는 연구에 몰두해 있었다. 그는 무심코 연구실 난방기 위에 화학물질이 든 캔을 올려놓았다. 다음날 아침, 그 캔 안에 염화불화탄소는 중합되었고 깡통 바닥 표면에 단단한 방염제가 생겼다. 그는 그것을 버리지 않고 실패작이라고 부르면서도 이런 반응이 일어난 이유를 분석했다. 우연한 실수가 테플론이라는 신소재 탄생의 배경이 되었다. 바보는 실패와 실수를 되풀이해서 발명을 이끌어 낸다.

⑤ 현인(The Sage): 단순화시키는 능력

현인이 영감을 자극하는 제1원칙은 단순화이다. 본질만 남을 때까지 문제들을 자꾸 덜어내며, 그 과정에서 정교한 아이디어를 창출해 낸다. '단순화시키기'는 그들의 행동강령이다. 현인이 창조적 통찰력을 키우는 또 다른 자원은 역사이다. 이들은 과거를 존중하며, 과거에 일어났던 일에서 오늘을 바라보는 안목을 키운다. 이런 현인의 재능을 정복한 예술가로 미국 사진의 아버지 중 한 명인 알프레드 스티글리츠가 있다. 300년 전 네덜란드 화가 얀 베르메르에게 매혹된 스티글리츠는 베르메르의 표현 양식과 구도에서 배운 교훈들을 근간으로 이전과는 완전히 다른 새로운 사진을 찍었다.

로버트 서튼은 그의 저서 『역발상의 법칙』에서 "혁신이 어쩌다 우연히 일어나는 기업이 아니라 혁신이 생활화되어 있는 기업을 만들기 위해서는 오랜 기간 몸에 밴 경영 방식이나 의사결정 과정을 버리거나 때로는 정반대 방향으로 나아갈 필요가 있다. 과거와는 완전히 다른 사고방식을 따라야 한다"라고 말한다.

〈표 4-3〉 역발상의 단계

과거 방식 재활용 (반복적 업무의 구성원칙)	새로운 방식 탐험 (혁신적 업무의 구성원칙)
• 다양성을 몰아낸다. • 낡은 것을 낡은 방식으로 본다. • 과거를 답습한다. • 목표: 지금 당장 돈을 버는 것.	• 다양성을 권장한다. • 낡은 것을 새로운 방식으로 본다. • 과거에서 벗어난다. • 목표: 나중에 돈을 버는 것.

예전에는 창의성은 주로 한 개인의 영역에 속했다. 그러나 최근에는 여러 사람의 생각을 모아서 하나의 창의성을 형성하고 문제를 해결하는 집단 창의성이 대두되고 있다.

집단의 창의성이 만드는 'WE의 힘'[10]
위코노미: We+Economy

기름 유출로 오염된 알래스카… 과학자들도 포기한 채 20년 고민

1989년 미국 알래스카에서 사상 최악의 기름 유출 사고가 터졌다. 엑손 발데스호 사건. 그 후 20년이 지났지만, 지금도 수십 척 바지선들이 빙하 사이 기름을 퍼 올리려 분주히 떠돌고 있다. 왜 기름을 다 못 건져 냈을까. 혹한의 날씨가 문제였다. 바지선으로 뽑아 올린 기름이 물과 함께 젤리 상태로 얼어 분리하기 힘들어지는 것이다. 고민 끝에 국제 기름유출연구소(OSRI)는 지난해 10월 한 기업에 도움을 청하기로 결정했다. 기업이나 정부·단체가 안고 있는 각종 문제에 대해 솔루션(해법)을 제공함으로써 수익을 올리는 '이노센티브(InnoCentive)'라는 회사였다.

그런데 '이노센티브'의 문제해결 모델이 독특했다. 소수의 전문가가 문제를 다루는 통상의 컨설팅 업체와 달리, 이 회사의 문제해결 전문가는 전 세계의 수많은 개인들이었다. 175개국 12만 5,000여 명이 '문제해결사(solver)'라는 타이틀을 달고 자신의 지식과 경험을 팔고 있는 것이다.

집단 창의성의 힘

이노센티브가 웹사이트에 "바지선에서 기름을 분리하는 해결책을 제시하면 현상금을 준다"는 OSRI의 글을 올리자마자 2주 만에 수천 건의 아이디어가 쏟아져 나왔다. 과학자에서 학생, 퇴직 공무원, 가정주부까지 저마다의 해결책을 제시했다.

미국의 한 시멘트 회사에서 근무하는 존 데이비스(Davids) 씨도 이들 중 하나였다. 그가 제시한 아이디어는 시멘트를 굳지 않게 하기 위해 계속 기계로 젓듯이, 오일도 진동기계를 이용해 자극을 주면 얼지 않는다는 것이었다. 해법을 보고 OSRI의 리서치 매니저인 스콧 페그(Scott Pegau)는 감탄을 금치 못했다.

"세상에! 20년 동안 과학자들이 고민하던 과제를 평범한 시멘트 근로자가 이렇게 쉽게 풀어버리다니…." OSRI는 데이비스 씨의 제안대로 알래스카 바지선에 모두 진동 기계를 달아 문제를 해결했다. OSRI가 데이비스 씨에게 지불한 사례금은 2만 달러(약

---

10 출처: 조선일보(http://news.chosun.com/site/data/html_dir/2007/12/31/2007123100973.html)

1,860만 원). 이노센티브가 2001년 창립 이후 제시된 600개 과제 중 200개가 이런 식으로 풀렸다.

"집단의 힘, 이름 없는 개인들의 창의성은 참으로 무섭지요."

미국 보스턴의 이노센티브 본사에서 기자와 만난 톰 베너블(Venable) 부사장은 개인들의 집단 창의성이 기업의 새로운 경쟁력이 될 수 있다고 했다.

"우리는 문제해결사의 경력이나 출신 학교 등을 밝히지 않아요. 만약 공장 근로자나 대학생이 제시한 아이디어란 것을 우리 고객들이 안다면 (제안 아이디어가 담긴) 파일을 열어 보지도 않았을 테니까요."

이노센티브는 보잉·듀폰 등 전 세계의 쟁쟁한 기업들을 고객으로 두고 있다. LG화학 등 한국 기업도 3곳 들어 있다. 이렇게 고객 기업과 12만 5,000명의 개인들을 연결해 주고 수수료를 받는 비즈니스 모델이다. 직원은 고작 25명. 창업 후 6년간 매출액이 연평균 75%씩 늘어 왔다고 베너블 부사장은 전했다.

참여하는 자본주의

전통적 자본주의에서 혁신이란 소수 엘리트의 몫이었다. 몇 명의 천재가 창조적 혁신을 주도한다고 여겼다. 하지만 21세기 위코노미(WEconomy)의 세계에선 수많은 개인들, 즉 '우리(We)'의 힘이 혁신의 동력으로 작용한다. 개인의 집단 지성이 모여 거대한 힘을 발휘하는 것이다.

한국에선 자동차 내비게이션 지도 전문업체인 '엠앤소프트(옛 만도맵앤소프트)'가 집단 지성의 수혜자다. 이 회사는 2003년부터 전자지도 웹사이트 '맵피마을'을 운영하며 고객 참여를 적극 유도, 시장 점유율 1위로 올라섰다. 고객들은 매일 이 웹사이트에 접속해, 과속단속카메라가 어디에 설치됐는지, 어디가 공사 중인지 등을 올린다. 운영 회원은 45만 명이고, 월 평균 방문 횟수는 1억 2,000만 회. 업체는 이를 확인하고 신속하게 제품에 반영함으로써 부가가치를 창출해 낸다.

영국 출신 유명 밴드 '라디오 헤드'는 지적 재산권 지키기에 나섰던 다른 가수들과 반대 방향으로 갔다. 새 앨범을 홈페이지에 통째로 공개해 놓고, 소비자가 가격을 마음대로 결정해 곡을 다운로드 받을 수 있게 한 것이다. 절반 이상이 공짜로 구매했으나, 나머지는 최고 100파운드(19만 원)까지 지불해 과거 앨범보다 더 많은 매출을 올리고 있다.

위코노미는 개방과 참여와 공유의 자본주의다. 개미들이 모여 고도의 군체(群體)를 이루듯, 참여하는 대중의 집단 지성이 자본주의의 새로운 혁신 동력원이 되고 있는 것이다.

사례는 도처에 있다. 브리태니커 사전을 물리친 '위키피디아', 방송사들을 위협으로 몰고 간 '유튜브'…. 이들이 새롭게 등장한 위코노미의 첨병들이다.

역사에서의 창의성

세종대왕 이야기

세종대왕은 일반 백성이 글을 읽고 쓸 수 없는 어려움을 보고 일부 신하들의 반대에도 불구하고 한글(훈민정음)을 만들기로 작정하였다. 한글은 자음 글자와 모음 글자로 되어 있다. 자음 글자 가운데, 기본자 ㄱ, ㄴ, ㅁ, ㅅ, ㅇ은 발음 기관의 모양을 본떠서 만들었고, 나머지 글자들은 소리의 유사성 및 강약을 고려하여 기본자를 바탕으로 획을 더해서 만들었다.

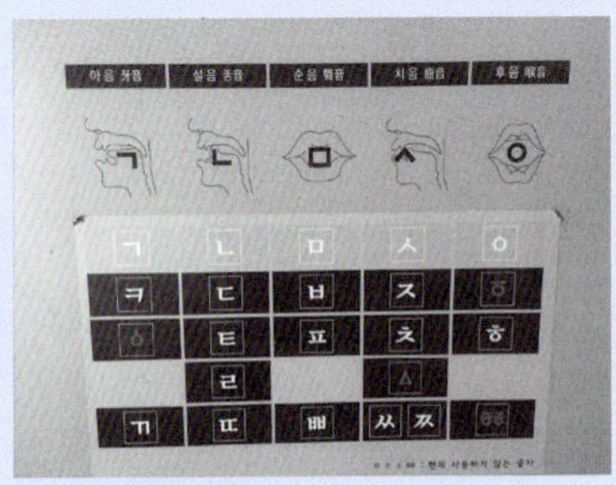

자음 기본자 창제 원리도

모음 글자의 세 가지 기본자는 'ㆍ', 'ㅡ', 'ㅣ'이다. 'ㆍ'는 혀가 안쪽으로 가장 많이 당겨지고, 'ㅡ'는 조금 당겨지며, 'ㅣ'는 당겨지지 않는 모음이다. 또한 'ㆍ'는 하늘의 둥근 모양을, 'ㅡ'는 땅의 평평한 모양을, 'ㅣ'는 사람이 서 있는 모양을 뜻한다. 이는 하늘과 땅과 사람을 모든 사물의 근본이라 생각한 동양 철학을 반영한 것이다. 이렇듯 모음 글자들은 소리를 고려했을 뿐 아니라 철학적인 원리도 바탕으로 삼아서 만들었다. 나머지 모음 글자는 세 기본자를 각각 더하고 적절히 조합하여 만들었다.

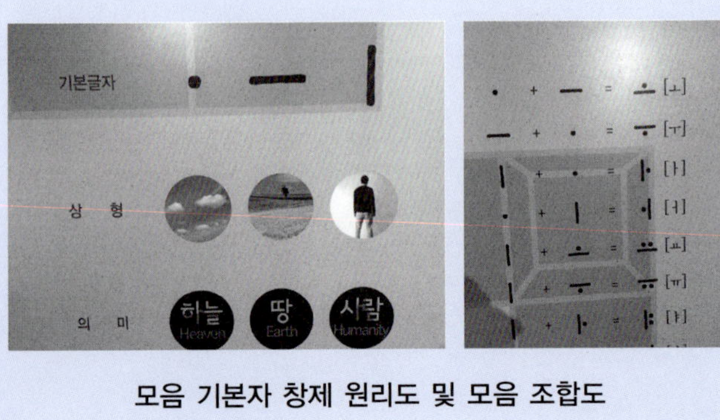

모음 기본자 창제 원리도 및 모음 조합도

한글은 빠른 정보 입력이 가능한 문자로 오늘날의 정보화 IT 시대에 그 진가를 발휘하고 있다. 세종대왕의 한글 창제 원리는 500년이 지난 지금까지도 사용할 수 있을 만큼 과학적인 것이며 창의적이다. 한글을 이용하여 양질의 디지털 정보를 어느 나라보다도 더 빠르게 편리하게 구축할 수 있다. 이처럼 한글은 세계의 문자 중 합리적이고 과학적이며, 디지털 기술로 조합하기에 가장 적합한 문자이다.

균형 잡힌 창의성의 품성 키우기

균형 잡힌 창의성의 품성은 정의, 신뢰성, 조심성의 품성과 함께 키울 수 있다.

조심해서 나아가라

조심성은 "올바른 행동을 수행하는 데 적절한 시기가 얼마나 중요한지 아는 것"이다. 조심하는 사람은 제한을 뛰어넘을 때와 전통을 유지할 때를 분별한다. 어떤 사람들은 절대적인 개인주의를 옹호하고 전통적인 지혜를 무시하지만, 그것을 무시하기 전에 전통의 목적을 인식해야 한다.

신뢰를 주라

신뢰성이란 "예기치 않은 희생이 따르더라도, 내가 동의한 것을 이행하는 것"이다. 신뢰성은 초기 흥분이 사라진 후에도 프로젝트가 완료되는 것을 볼 수 있도록 도와준다. 새로운 아이디어를 개발할 때, 프로젝트를 마무리하고 책임을 다하는 것을 게을리하지 마라.

정의롭게 하라

정의는 "순수하고 옳고 참된 것을 지키기 위해 개인적인 책임을 지는 것"이다. 무언가를 하는 능력이 그것을 하는 것을 정당화하지 않는다. 창의적인 추구가 적절한 것에 대한 무결성과 고려 사항을 반영하도록 책임을 다하라. 단순히 자신을 표현하는 것만이 아니라, 주변 사람들에게 유익이 되도록 창의력을 집중하라.

점검 질문

	질문	
	가족들을 격려할 창의적인 방법을 찾는가?	□
	장애물을 방해물로 보는가 아니면 창의적인 해결책을 찾는 기회로 보는가?	□
	일에 대해 새롭고 도전적인 방식을 찾아 지루함을 극복하는가?	□
	성과가 나지 않을 때 새롭고 나은 방법을 찾으려고 애쓰는가?	□
	창의성을 기르기 위해 유익한 책이나 성경을 읽는가?	□

	주변에 나의 문제를 새로운 관점으로 보도록 도와줄 수 있는 사람이 있는가?	□
	당신 주변에 창의성의 좋은 사례가 되는 사람이 있는가?	□
	열린 마음과 겸손함이 창의성에 도움이 됨을 인식하는가?	□

활동과제

1 현재 해결하기 어려운 또는 해결해야 하는 문제를 창의적으로 처리하기 위해 단계적으로 질문들을 적으시오.

2 자기 주변이나 역사에서 창의성을 발휘하여 어떤 문제를 창조적으로 해결한 사람을 찾아보고 그 사람이 해결한 방법을 함께 찾으시오.
(예: 일제강점기에 시각장애인을 위한 한글점자 '훈맹정음'을 만든 박두성의 이야기)

3 지금까지 습관적으로 행함으로써 비효율적인 일이 있다면 효율적으로 처리할 수 있는 다른 방법을 다른 관점으로 생각하고 적으시오.

4 가정에서의 창의성을 실천하고 이로 인해 얻은 유익을 적으시오.

4. 절제(Self-Control)[11]

정의	그릇된 욕구는 물리치고 옳은 일을 행하는 것
반대말	탐닉, 방종, 무절제
나의 결심	• 충동적으로 행동하지 않겠다. • 욕망을 권리로 여기지 않겠다. • 스스로 제한하겠다. • 화를 뭔가 잘못되었다는 신호로 알겠다. • 옳지 않은 것들을 멀리하겠다.
자연의 예 (동물)	흑곰은 불곰이나 들다람쥐가 동면하는 것과 달리 넉 달이나 계속되는 동면 중에도 새끼에게 위험이 생기면 깨어날 수 있다. 또한 불곰과 달리 함부로 대결하지 않는다. 다른 곰들이 자기 영토로 들어와도 최대한 충돌을 삼간다. 
가정에서의 절제	• 성질부리는 것을 자제하고 분노가 있으면 해결한다. • 아무리 화가 나도 서로 헐뜯는 말을 삼가고 격려가 되는 말만 하려고 조심한다. • 부모는 자녀에게 적절한 영양 섭취, 활기찬 운동, 일찍 일어나기, 일일 계획표 지키기 따위와 같은 좋은 습관을 심어 준다.
보상	• 자유: 긍정적인 습관과 훈련을 매일 실천하면 나쁜 습관에서 해방된다. • 꿋꿋함: 벽이 무너져 내린 요새를 그려보라. 무너진 요새 안에 있는 군대는 이제 적과 싸울 힘도 꿋꿋함도 없다. 마찬가지로 사람이 분노를 자제하지 못하고 폭발할 때 스스로를 약화한다. 자신의 성질을 다스릴 줄 아는 사람만이 힘과 꿋꿋함을 지닌다.
격언(교훈)	"약점을 극복하려면 그 약점에 만족해서는 안 된다." – 윌리엄 펜

브레이크가 듣지 않는 차량, 급발진 차량이 있다면 어떻게 되겠는가? 만약 사람들이 이와 같다면 이런 사람들을 우리는 어떻게 부를까? 사이코 패스, 나사 풀린 사람, 장애자라고 부를 수 있겠다. 적절한 제어장치, 즉 절제를 잘 갖추지 못한 자동차나 사람은 자신에게도 위험하고 다른 사람도 사고의 위험에 빠뜨릴 수 있다. 이와 같이 우리 삶에는 절제라는 제어장치가 필요한 많은 것들이 있다.

절제는 자동차를 운전하며 운전대를 제대로 잡고 운전하는 것과 같다. 즉,

11 출처: IBLP-Korea 편집부(2014). 진정한 성공의 길(개정 4판). 경기: IBLP-Korea.

올바른 방향으로 인생을 조정하는 것이다. 자동차를 운전하든, 공부를 하든, 자녀를 양육하든, 직장에서 일을 처리하든, 초점을 어디로 맞추느냐에 따라 인생의 향방이 결정된다. 그러므로 단지 몇몇 파괴적인 습관들을 버리는 것만으로는 충분하지 않다. 거기에서 한 걸음 더 나아가 그릇된 선택을 올바른 선택으로 바꾸는 법을 배워야 한다. 누구든 올바른 방향으로 모든 에너지를 집중시키는 때에만 성공을 거둘 수 있다. 우주 왕복선이 지구를 떠나 정상 궤도에 들어가려면 엄청난 에너지가 필요하지만 그에 못지않게 정확한 방향이 매우 중요하다.

많은 사람들이 재능과 호기심을 가지고 탐험하고 연구하였지만 방향성을 가진 소수만이 성공할 수 있었다. 이러한 호기심과 재능이 적절하게 제어되지 않으면 쉽게 범죄로 빠질 수 있다.

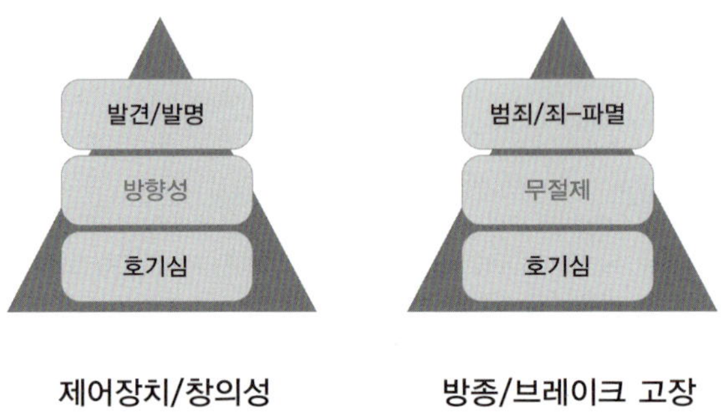

[그림 4-4] 절제와 방종

[그림 4-5] 호기심과 절제

우리 삶에 방향성을 가지고 초점을 맞추는 데 꼭 필요한 여러 훈련이 필요하다. 이를 위해 미리 한계를 정해 두라. 안전하게 설계된 핵 반응기 안에 있는 핵에너지는 수백만의 사람들에게 엄청난 혜택을 베푼다. 그와 동일한 에너지가 핵 반응기 밖으로 유출된다면 엄청난 재앙을 불러올 것이다. 그와 마찬가지로, 도덕적인 경계선에서 어떤 식으로 행동하느냐에 따라 사람들에게 상당한 유익을 끼치거나, 엄청난 해악을 끼칠 수 있다. 우리의 능력과 에너지를 선한 목적에 사용할 수 있도록 자제력을 키워라.

[그림 4-6] 원자력 발전소 핵 반응기

핵 반응기는 방출되는 에너지를 감소시키는 게 아니라 그 에너지를 건설적인 형태로 바꾸는 데 초점을 맞춘다. 그와 마찬가지로 절제는 어떤 사람을 파괴적이기보다는 건설적으로 바꾸어 준다.

① 큰 그림을 보라.

- 나 자신, 그리고 당면한 필요와 욕구보다 더 커다란 목표를 설정하여 추구한다.
- 지금부터 1년 동안, 10년 동안, 50년 동안 도달하고 싶은 목표에 기초하여 현재 선택을 평가한다.

- 이와 같은 목표를 추구하면서 자기 자신에 대하여 높은 기준을 유지한다.

② 경각심을 가지고 살펴라.

- 자기 약점을 파악한다.
- 우리를 미끄러져 넘어지게 만드는 장소, 활동, 사람들을 피한다.
- 그릇된 행위를 합리화하지 않는다. 잘못을 교정한 뒤에, 앞으로 나아간다.

③ 행동하기 전에 먼저 생각하라.

- 과거 경험을 되살려 언제 연약한 영역에 접근하고 있는지 정확히 인식한다.
- 제때 옳은 일을 적절히 행동하도록 사전에 결정해 둔다.
- 이미 그렇게 하지 않기로 결정한 대로 행동하기 위해 갑작스런 충동에 굴복하지 않는다.

④ 단호하게 아니라고 말하라.

- 나쁜 습관을 좋은 습관으로 바꾼다.
- 언제 기분이 좋아져서 건설적인 반응을 나타낼 수 있는지를 파악한다.
- 아무리 좋은 일이라도 가장 중요한 일을 못하도록 방해할 만큼 귀중한 시간과 에너지를 빼앗기지 않게 한다.

⑤ 공동체를 세워라.

- 우리에게 공동체가 필요함을 인정한다. 혼자 어려운 상황이나 습관을 이겨 내려고 시도하지 않는다.
- 우리에게 타협하도록 나쁜 영향을 미치는 사람들과 어울리는 것을 피한다.
- 우리 목표를 지지할 뿐만 아니라 교정이 필요할 때마다 직접 권면할 수 있는 사람들과 견고한 관계를 세워 간다.

우리가 살아가면서 절제해야 할 영역들은 어떤 것들이 있을까? 그것은 우리의 눈, 몸, 마음, 혀, 생각, 태도, 행동, 동기 등이다. 어떻게 이러한 영역에서 절제의 품성을 기를 수 있을까?

첫째, 마땅히 추구할 만한 가치가 있는 목표를 가져라.

둘째, 감정을 다스려라.

셋째, 노력에 초점을 맞추어라.

넷째, 우선순위를 정하라.

특별히 감정의 영역에서 분노의 문제를 먼저 해결해야 한다. 분노는 응급차의 경고등과 같다. 몸이 아픈 것과 마찬가지로, 화는 정서적인 영역에서 우리 안에 무엇인가 잘못되었음을 알려 주는 표지다. 화를 다스리는 가장 좋은 방법은 문제를 일으킨 원인을 분별하여 근원적인 문제를 해결하는 것이다.

이제 더는 화를 합리화하거나, 변명하거나, 다른 사람들을 비난하는 행동을 저지르지 않을 때, 차분히 분노 문제를 해결할 수 있다.

- 시간을 가지면서 기분을 가라앉힌 후, 어떻게 대처해야 하는지 분별한다.
- 아무리 기분이 상했더라도 문을 쾅 닫거나 물건을 집어던지지 않는다.
- 해당 문제에서 우리와 관련된 부분을 다루면서 앞으로 무엇을 더 잘할 수 있는지에 주목한다.
- 다른 사람들이 우리를 불쾌하게 만드는 것이 자신에게 어떤 영향을 미치는지 기억해 보고, 어떻게 다른 사람들에게 그와 유사한 고통을 주지 않을 수 있는지 생각한다.
- 우리가 불쾌하게 만든 사람들에게 용서를 구한다.
- 우리를 짜증 나게 만드는 사람들에게 시간과 에너지를 투자하기 위한 방법을 찾아본다.

부록에서 '분노 지수'를 점검할 수 있다.[12] 이에 따른 화풀이 3계명은 다음과 같다. 화내는 당신, '발끈맨', '성격 파탄녀', '분노조절 장애'로 낙인찍힐 수

---

12 한겨레(http://hani.co.kr/arti/specialsection/esc_section/751317.html)

있다. 화난 당신, 그래서 더 지혜롭게 반응해야 한다. 여기 '화풀이 3계명'이 있다. 허무할 수도 있다. 다 아는 뻔한 얘기? 맞다. 지혜는 항상 누구나 다 아는 얘기다. 실천이 어려울 뿐. 가슴 깊이 새겨라. 두루 평안할 것이다.

① 화가 났다는 걸 알아차려라.

자신이 화가 났다는 걸 아는 게 첫 번째다. 화가 치밀어 오를 땐 대부분 자신이 화를 낸다는 사실을 모른다. 화나게 한 상대가 누구인지, 왜 화가 났는지, 얼마나 화가 났는지 등 상황을 객관적으로 판단해야 감정적인 폭발을 막을 수 있다.

② 화가 났다는 걸 알려라.

상대방에게 내가 화가 났다는 걸 알리는 것도 중요하다. 대부분 화는 같은 지점에서 발생하는데, 상대방은 반복적으로 내 약점이나 상처를 건드리면서도 그것이 나를 화나게 하는 줄 모른다. 그럴 땐 말을 끊고 입을 닫거나, 눈을 맞추지 않거나, 아예 그 자리를 피하는 게 좋다. 내가 화난 사실을 알리는 동시에, 잠시 숨을 고르는 시간을 만들 수 있다.

③ 이성적인 대화로 마무리하라.

가장 중요한 건 마무리다. 화를 계속 참는다면 화병으로 이어질 수도 있다. 일단 화가 발생한 자리를 피한 뒤 음악을 듣거나, 산책을 하면서 화를 잠재우는 게 좋다. 이 과정에서 폭음이나 폭식을 하는 경우가 많은데, 당연히 피하는 게 상책이다. 생각을 정리한 뒤 상대방에게 "이러이러한 이유 때문에 화가 났고 다시는 이러한 부분을 건드리지 않았으면 좋겠다"고 이성적으로 얘길 하자. 사람들은 당신이 왜 화가 났는지 모르는 경우가 대부분이다. 직접적인 언급이 없다면 당신은 단순히 '발끈하는 사람'으로 보일 뿐이다.

절제와 자연

미국 흑곰 이야기

어떻게 흑곰이 놀라울 정도로 자제력을 발휘해 계속 생존하고 번성하는가?

회색곰과 달리 암컷 흑곰이 어린 새끼들을 보호하려고 사람을 공격하는 경우는 거의 없다. 흑곰은 대개 사람과 접촉하는 것을 꺼려 해서 나무 위로 기어 올라가거나 다른 은신처를 찾는다. 흑곰은 북미 지역에서 곰 종류 가운데 가장 숫자가 많다. 털 색깔은 동부 지역의 반짝반짝 빛나는 검은색에서 서부 지역의 적갈색에 이르기까지 다양하며, 일부 지역에서는 거의 흰색에 가깝기도 하다. 흑곰의 키는 보통 일어섰을 때 어깨까지 1미터 남짓한 크기로 자라나며, 몸무게는 80~270킬로그램까지 다양하다. 종종 300킬로그램을 훨씬 웃도는 수컷이 발견되기도 한다. 암컷의 몸무게는 수컷보다 훨씬 덜 나가며, 곰은 대개 겨울잠에 들어가기 전에 몸무게가 많이 늘어난다.

절제를 훈련하라

심지어 관광객에게 익숙해진 흑곰조차도 다른 종류의 곰과 비교해 보았을 때 놀라운 자제력을 보인다. 미국 동부 지역에서 곰과 관련한 피해는 대부분 사람들이 곰에게 너무 가까이 다가가서 괴롭히고 때리거나 꼬집을 경우에 벌어진 일이다. 멀리 북부와 서부 지역, 특히 브리티시 콜롬비아에서는 흑곰이 사람을 쫓아오기도 한다. 그러나 이와 같은 행동은 여전히 예외적인 경우다. 또한 흑곰은 거의 서로 싸우지 않는다. 어미가 새끼를 키우는 기간을 제외하고, 수곰과 암곰은 일정한 자기 영토 안에서 혼자 살아간다. 수곰은 암곰보다 훨씬 더 커다란 지역을 순찰하면서 영역을 표시한다. 중대한 충돌은 대부분 번식 기간에 일어난다. 동물학자 린 로저 박사는 "흑곰은 일반적으로 어떤 형태의 충돌도 원하지 않는다"고 말한다. 흑곰은 거의 대부분 먼저 싸움을 걸지 않는다.

욕구를 다스려라

첫눈이 많이 내리기 전이나 혹독한 겨울 추위가 몰아닥치기 전, 흑곰은 동굴로 들어가 길고도 깊은 겨울잠에 빠져든다. 거의 7개월 동안 아무것도 먹거나 마시지 않은 채로 잠을 잔다. 그래서 잠에서 깨어날 무렵에는 몸무게가 15에서 25퍼센트까지 줄어들게 된다.

물론 사람은 그렇게 오랜 기간 동안 금식해서는 절대로 안 된다. 그러나 이토록 오랜 기간 동안 왕성한 식욕을 내려놓을 줄 아는 흑곰의 능력은 절제에 관한 인상적인 예화를 제시한다.

언제든지 깨어나라

멀리 북쪽 지방에서 살아가는 흑곰은 훨씬 더 깊은 겨울잠을 즐긴다. 그러니까, 곰의 겨울잠은 각 지역의 겨울 상황에 따라 달라진다. 곰은 겨울잠을 자는 다른 생명체들보다 더 쉽게 방해를 받기 때문에 한 겨울에도 잠에서 깨어나 동굴 밖으로 나오기도 한다. 어미 곰은 겨울잠을 자는 기간인 1~2월에 새끼들을 낳는다. 어미 곰은 새끼들을 깨끗하게 핥아주고, 따뜻하게 보호하며, 젖을 먹이기도 한다.

절제와 재정

자원을 관리하라

많은 재정분석가들의 경고에 따르면, 가용 소득과 비교하여 가계 부채의 급격한 상승은 국가 경제에도 커다란 불행을 초래할 수도 있다고 한다. 낮은 이자율과 외견상 순조로운 경제는 사람들에게 마땅한 수준보다 더 많은 소비를 재촉하는 것처럼 보인다. 대다수 사람들은 단 한 번의 터무니없는 낭비로 엄청난 빚더미에 올라앉지는 않을 테지만, 살다보면 이래저래 평소보다 조금씩 더 지출하게 된다. 이처럼 자원을 규모 있게 관리하지 못하면 전혀 예상치 못한 결과를 초래할 수도 있다. 결국, 각종 지불 청구서를 해결해야 하는 급작스런 상황을 맞이했을 때, 한꺼번에 몰려오는 수많은 청구서를 제때 처리하지 못하게 될 수도 있다.

재정 영역에서 절제를 제대로 훈련하지 않는다면, 결국 채권자들이 외적인 속박을 강요하게 될 것이다. 소유를 제대로 관리하는 훈련을 지속함으로써 과도한 지출로 말미암은 불이익을 당하지 않도록 하라. 회사 물건을 훔치거나 엄청난 빚을 지지는 않았을지라도, 지위나 소유, 또는 쾌락을 추구함으로써 전혀 예상치 못한 결과를 경험하게 될 수도 있다.

이러한 추구가 우리를 지배하도록 내버려 두기보다 오히려 자기 행동에 책임을 져라. 어떻게 절제가 자유를 가능하게 만드는지 올바로 인식하고, 도덕적인 제약을 내던지고 싶은 충동을 거부하라. 존경심을 가지고 다른 사람들을 대하며, 공동체 안에서 공의로운 것을 지지하기 위해 개인적인 책임을 감당하라.

절제는 한 사람의 삶에 질서를 가져오는 도덕적인 양심을 세워 주며, 그 사람이 건강한 공동체에 기여하도록 도와준다.

과소비하는 실수를 저지르지 말라. 비록 신용카드가 순간적인 자기만족을 가져다줄 수 있을지는 몰라도, 결국에는 끝없는 채무의 거미줄에 얽혀 들어 규율 없는 삶에 무한정 휩쓸릴 가능성이 높기 때문이다.

균형 잡힌 절제의 품성 키우기

균형 잡힌 절제의 품성은 기쁨, 설득력, 포용의 품성과 함께 키울 수 있다.

기쁨을 잃지 말고 살아가라
기쁨은 "불쾌한 상황에서도 좋은 태도를 유지하는 것"이다. 각종 삶의 제한을 성가신 고역이라고 생각할 수도 있고, 반대로 보호와 지침이라고 받아들일 수도 있다. 기뻐하는 사람은 현재 상황보다 더 큰 목표를 바라보고 있기에, 각종 제한은 그저 당면한 상황과 관계없이 일상적인 선택에 대한 지침을 제공한다.

설득을 연습하라
설득은 "상대방의 고집, 편견, 의견 차이를 뛰어넘어 중대한 진리로 이끄는 것"이다. 인간은 각자 따로 떨어져 살아가도록 설계되지 않았다. 그러므로 절제를 자기도취와 혼돈해서는 안 된다. 언제, 어떻게 적절히 논쟁거리를 다루어야 하는지 배워서 진리를 전하면서도 각 사람들이 자기 선택에 스스로 책임지도록 도와주라.

포용을 훈련하라
포용은 "사람마다 품성 도야 수준이 다르다는 사실을 그대로 받아들이는 것"이다. 포용하는 사람은 각각 다양한 단계에 있는 상대방의 필요와 식견을 알아차리고, 그 사람들이 성장하도록 도와주려고 애쓴다. 외적인 일치를 강요하려고 애쓰기보다 다른 사람들이 더욱 탁월하게 내적인 헌신에 힘쓰도록 도와주려고 한다.

나의 자기관리 스타일[13]

※ 다음은 일상생활에서 어떻게 자기관리를 하고 있는지를 알아보기 위한 것이다. 해당란에 √표 하시오.

구 분	내 용	예	아니오
자기 관리	나는 항상 규칙적으로 식사한다.		
	나는 패스트푸드를 좋아하지 않는다.		
	나는 채소와 과일을 즐겨 먹는다.		
	나는 규칙적으로 운동을 한다.		
	나는 나의 여가 시간을 활용할 취미를 가지고 있다.		
	나는 아프면 반드시 병원에 간다.		
	나는 내 몸을 생각해서 반드시 적당한 휴식을 갖는다.		
	나는 정기적으로 종합검진을 받는다.		
생활 습관	나는 항상 주변 정리 정돈을 잘한다.		
	나는 술을 일주일에 한 번 이하로 마신다.		
	나는 담배를 피우지 않는다.		
	나는 거의 12시 이전에 잠든다.		
	나는 아침 일찍 일어난다.		
	나는 잠을 충분히 잔다.		
	나는 외박을 하지 않는다.		
	나는 신체 청결을 위해 정기적으로 목욕(샤워)을 한다.		
시간 관리	나는 운동하는 시간이 매일 정해져 있다.		
	나는 항상 정해진 기간에 리포트를 제출한다.		
	나는 수첩(메모 앱)을 활용한다.		
	나는 월별 일정 관리 계획을 세워 놓고 한다.		

13 출처: 정석용 외(2013). 자기계발과 직업. 서울: 동문사.

시간 관리	나는 약속 내용을 꼭 메모한다.		
	나는 약속 시간을 반드시 지킨다.		
	나는 도서 대출 기간을 꼭 지킨다.		
	나는 하루에 컴퓨터를 사용하는 시간이 정해져 있다.		
스트레스 관리	나는 의논할 수 있는 친구가 항상 한두 명 있다.		
	가족은 나에게 큰 힘이 된다.		
	선배나 후배들에게 내 고민을 털어 놓는다.		
	나는 화가 나면 바로 푸는 편이다.		
	나는 정기적으로 종교 활동을 한다.		
	나는 사소한 일로 끙끙거리는 경우가 자주 있다.		
	나는 야단맞는 것에 크게 신경 쓰지 않는다.		
	나는 어려운 과제를 받으면 두렵고 고민된다.		
가치 관리	나는 동호회 모임에 정기적으로 나간다.		
	나는 다른 사람에게 자랑할 만한 재능을 가지고 있다.		
	나는 책읽기를 좋아한다.		
	나는 좋아하는 분야에 관한 잡지를 정기적으로 본다.		
	나는 자격증을 따기 위해 애쓰거나 애쓴 적이 있다.		
	나는 관심있는 분야에 동아리 활동을 하고 있다.		
	나는 하루에 30분 이상 책을 본다.		
	나는 기능 연마를 위해 밤을 새워 본 적이 있다.		

※ 앞의 표에 체크한 분야의 숫자를 세어서 다음 표를 완성하시오.

구분 / 응답 내용	자기관리	생활 습관	시간 관리	스트레스 관리	가치 관리
예					
아니오					

1. 현재 자신을 관리하는 스타일은 어떻습니까? 관리가 부족한 영역은 무엇입니까?

2. 현재 자신을 효율적으로 관리하지 못하여 스트레스를 받거나 육체적, 심리적으로 안녕을 헤치고 있지는 않습니까? 그에 효과적으로 대처하기 위한 방법을 생각해 보시오.

점검 질문

	질문	
	음식을 조절하는가 아니면 건강에 해로운 음식을 즐기는가?	□
	걷잡을 수 없이 분노를 터뜨리는 편인가?	□
	어떤 결정을 내릴 때, 어떤 요소가 앞으로 나와 주변 사람들에게 어떻게 영향을 미칠 것인지를 고려하는가?	□
	무분별하게 약점에 넘어가는 편인가, 아니면 함정을 피하기 위한 방법을 찾는가?	□
	대인관계가 자신의 품성에 어떻게 영향을 끼칠 것인가를 고려하는가?	□
	지금까지 나를 연약한 영역에서 더욱 강하게 만들어 줄 수 있는 사람들로 주변을 둘러싸고 있는가?	□
	힘겨운 상황에 직면하기 전에 미리 해야 할 일을 결정해 두는가?	□
	방종(중독)에 빠지지 않도록 그 빌미를 제공하는 것들의 싹을 잘라버리는가?	□
	재정적으로 과소비하거나 빚을 내어 물건을 사는가?	□

활동과제

1 나에게 화가 나게 만드는 것들을 적어 본다. 그리고 이러한 화를 해결할 수 있는 합리적인 방법에 대해 이야기를 나누어 보시오.

2 생활 속에서 절제하지 못하는 부분을 적고 이로 인한 피해를 적으시오.

3 가정에서의 절제를 실천하고 이로 인해 얻은 유익을 적으시오.

4 호기심이 무절제하게 발휘됨으로써 재앙이 된 경우와 호기심을 방향성을 가지고 절제함으로써 성공으로 이르게 된 사례를 찾으시오.

5. 정돈(Orderliness)[14]

정의	능률을 더욱 높이려고 자신과 주변 환경을 정리하는 것
반대말	무질서
나의 결심	• 뒷정리를 꼭 하겠다. • 일터와 놀이터를 깨끗하고 단정하게 유지하겠다. • 사용한 물건을 제자리에 두겠다. • 물건을 본래 용도로만 쓰겠다. • 주운 물건은 주인에게 돌려주겠다.
자연의 예 (동물)	얼룩다람쥐는 필요에 알맞게 방을 배치하여 집을 설계함으로써 정돈이 무엇인지를 잘 보여 준다. 또한 다가올 겨울을 대비해 가을 내내 열매와 씨를 모은다. 그리고 땅 속 은신처 저장고에 먹이를 보관한다. 은신처에는 부엌, 거실, 침실, 욕실이 있다. 은신처를 매우 청결하게 유지한다. 
가정에서의 정돈	• 자신과 가족의 주간 활동 일정표를 작성한다. • 각 가족의 필요를 충족시킬 수입의 예산을 세운다. • 물건을 사용한 후에 시간을 내어 제자리에 갖다 두는 것을 익힌다. • 시간, 돈, 공간이 허용하지 않는 것을 사고 싶은 유혹을 물리친다. • 집안 모든 물건의 자리를 마련하고 공간이 모자라면 가진 물건을 기꺼이 버려서라도 모든 물건의 공간을 확보한다.
보상	• 평화: 어지럽게 널려 있는 물건은 긴장을 일으키고 마음속의 평정을 빼앗는다. • 성취: 필요한 물건을 찾을 수 없거나 제대로 쓸 수 없는 상태이면 많은 시간과 에너지를 낭비하게 된다.
격언 (교훈)	"훌륭한 정돈은 모든 좋은 일의 초석이다." – 드라이든

'열역학 제2법칙'에 따르면 외부 간섭이 없는 고립계에서 물질은 질서에서 무질서로 변해 간다. 정돈은 내 삶과 주변에서 무엇을 없애야 하는지를 알고 용기 있게 실행하는 것으로 모든 물건을 둘 자리를 마련하고 그 자리에 두는 것이다. 여기저기 널려 있는 잡동사니는 질서의 적이다. 잡동사니란 집이 불타 버리면 전혀 기억하지 못할 물건이다.

---

14 출처: IBLP-Korea 편집부(2014). 진정한 성공의 길(개정 4판). 경기: IBLP-Korea.

우리가 정돈을 잘하면 질서가 생긴다. 질서의 힘은 메뚜기 떼에서 잘 나타난다. 메뚜기는 아주 작지만 함께 모여 거대한 떼를 지어 땅에 발을 디디면 실제로 땅이 진동한다. 무질서한 곳은 불결하기 마련이고 지저분하고 더러운 곳에서는 대체로 도덕적 타락이 일어난다.

잡동사니로 가득한 서랍을 청소할 때는 빈 서랍이 깨끗하다는 사실을 기억하라. 자기 물건들을 질서정연하게 정리하여 제 기능을 다하도록 유지함으로써 삶에 활력을 준다.

정돈에 있어 장애물은 게으름과 뒤로 미루기이다. 심리학자들은 '미루기(procrastination)'를 부정적인 결과로 이어질 것을 뻔히 알면서도 자발적으로 할 일을 미루는 것, 장기적인 대가를 감수하면서 단기적인 만족을 추구하는 행위로 정의한다.

우리는 어떤 일을 즉시 하지 않고 뒤로 미룸으로써 당장의 편함을 추구하는 경향이 있다. 뒤로 미루지 않고 어지러워질 때마다 잠깐의 시간을 투자하여 정돈하는 것이 중요하다. 적은 시간을 투자하여 치우고 그 상태를 유지한다면, 완전히 어지러뜨린 후에 그곳을 정돈하느라 엄청난 시간과 에너지를 들이지 않아도 된다. 물건을 사용하고 나면 바로 치우는 습관을 들여라.

그러나 할 일을 미루는 습관이 고질적이라면 단순한 게으름이 아닌 불안장애일 수 있다. 불안이 일을 더 빨리 하도록 하는 것이 아니라 아예 무기력하게 만들 수 있다. 이러한 경우 미루지 않고 목표를 달성할 때마다 커피 한 잔이나 휴식 같은 긍정적인 보상을 스스로에게 하며 훈련하는 것이 좋다. 스트레스 감정에 끌려가기보다 그것을 다스릴 수 있다는 자신감을 키우기 위함이다.[15]

게으른 사람은 일곱 가지 증상을 가지고 있다.[16]

---

15 출처: 스톡홀름대 연구팀(2015). 2015 상담 및 임상심리학 저널. http://ttimes.kr/view.html?no=2015090715337712037

16 출처: IBLP(1983). Financial Freedom.

첫째, 자기가 게으르다고 생각하지 않는다.

게으름은 부산물이다. 게으른 사람도 게으름을 목표로 하지 않는다. 게으름뱅이는 마음속으로 게으름을 모두 합리화한다. 게으른 사람은 게으름뱅이로 낙인찍히기를 거부한다. 게으른 사람은 장애물만 적으면 얼마든지 일하고 싶다는 뜻을 내세운다. 일하는 여건이 조금만 나아지기를 기다릴 뿐이다. 해야 할 일을 알면서도 그 일을 시작하지 못하는 이유만 늘어놓는다. 일을 너무 많이 하면 건강을 해친다느니 더 쉬운 방법이 있다느니 그런 방법을 찾는 사람이 똑똑하다느니 하는 헛된 생각만 무성하다.

둘째, 평소에 약간 손쉬운 쪽을 택한다.

게으름은 서서히 나타난다. 일상의 결정에서 조금씩 굴복하는 보통 사람 속에서 자라난다. 잠자리에 조금만 더 있기, 낮에 조금만 더 쉬기, 일을 시작하기 전에 몇 분만 더 기다리기, 조금만 더 잡담하기 등과 같은 약간의 굴복은 전혀 해로워 보이지 않는다. 이렇게 매일 굴복하는 원인은 평소에 약간 손쉬운 쪽을 택하는 데 있다. 조심해서 머리를 쓴답시고 손쉬운 쪽을 택하다 보면 어느새 생활 습관이 된다.

셋째, 시간과 계절을 중요하게 생각하지 않는다.

게으름뱅이는 스스로 시작하는 법이 없다. 노상 그날이 그날이다. 오늘 하지 않은 일은 내일 하면 된다는 식이다. 게으름뱅이는 시간의 가치나 계절 관리를 모른다. 지금 당장을 위해 살고 미래는 될 대로 되라는 생각이 기본 철학이다.

넷째, 임무를 끝마치지 않는다.

게으른 사람은 매사에 열의가 없다. 그에게는 모든 일이 자기 길을 가로막는 산뿐이지 기회의 문이 아니다. 성공의 기회가 찾아와도 그는 이를 알아보지도 못하고 대수롭지 않게 여긴다. 괜히 일만 늘었다 싶을 뿐이다.

다섯째, 늘 바라기만 하는 생각 속에서 산다.

게으름뱅이는 잠을 자지 않을 때면 뭔가 하고 싶고 갖고 싶다는 생각을 한다. 마음으로는 쉴 새 없이 바라는데 몸은 움직이지 않으니까 서로 줄다리기 하다가 좌절의 늪에 빠진다. 육체적 즐거움만 바라니까 잘 안 될 수밖에 없다. 이렇게 하고 싶은 것만 하면 더 게을러질 뿐이다.

여섯째, 고용주에게 끔찍한 손해를 끼친다.

게으른 사원은 생산성이 낮을 뿐 아니라 손해를 끼친다. 있어도 없느니만 못한 일꾼이다. 솔선해서 일하는 법도 없고 일을 확실히 끝내는 법도 없으므로 그를 믿는 사람은 값을 톡톡히 치러야 한다. 처음에는 고용주가 그의 게으름을 고려해서 그에게 덜 중요한 일을 맡길지 모른다. 그러나 이에 자존심이 상한 그는 왜 일이 제대로 안 되는지 온갖 이유를 들먹인다. 결국 회사에 충성하지 않고 불만을 퍼뜨린다.

일곱째, 괜한 두려움의 피해자가 된다.

게으름이 두려움을 낳고, 더 게을러지면서 두려움은 더욱 심해진다. 이런 두려움의 원인은 게으름뱅이가 어느 정도 현실주의자이기 때문이다. 그는 먹을 것을 구할 방법을 찾아야 한다. 그에게 먹을 것이 없는 이유는 그가 늘 두려운 환경을 탓하며 손쉬운 쪽을 택하기 때문이다.

게으름뱅이는 평생 괴롭다. 그러므로 우리 속의 게으름을 극복하고 물리쳐야 한다. 다음은 어떤 가족이 겪는 재정적인 어려움이 형성되는 과정을 나타낸다.

"실의에 빠진 아내는 가족이 언제 재정 압박에서 벗어날지 답답했다. 가족을 부양하려고 일을 시작했다. 남편이 제대로 취직할 것 같지 않았기 때문이다. 벌써 두 번이나 사업을 한답시고 가족들이 저축한 돈을 갖다 썼다가 번번이 망했다. 다음 과정에서 이들이 겪는 압박의 원인을 보여준다."[17]

---

17 출처: IBLP(1983). Financial Freedom.

내적 원인	갈등
남편은 어릴 때 원하는 것을 아무 노력 없이 얻었다.	원하는 것을 얻으려고 사람을 조정하고 사실을 조작할 방법을 찾는다. 양심의 갈등이 생긴다.
학교를 졸업하고 최소 노동으로 최대 임금을 받는 손쉬운 일을 찾았다.	그의 게으름 탓에 그의 일을 책임져야 하는 사람들에게 심한 반감을 산다.
고용주의 압박이 지겨워 사업을 시작해서 사장이 되었다.	'빨리 부자가 되기' 위해 돈을 빌려 모험적 사업에 투자한다.
성공을 보장받기 위해 비싼 옷을 사고 부자 친구들에게 선물을 주었다.	아내는 그의 사치에 거부감을 드러내고 사업 동료에 대해 경고하려고 한다.
사업에 실패하고 지금은 빚을 갚기 위해 직장을 구할 수밖에 없다.	일에는 마음과 생각이 없으므로 이전 직장에서보다 지금 스트레스가 더 심하다.
직장을 그냥 지나치는 곳으로 볼 뿐이고 돈과 출세를 안겨 줄 '대박의 기회'만 엿본다.	이룬 것도 없고 재정 압박을 받다보니 자존감이 몹시 상한다. 정당한 노동을 경멸한다.

게으름을 정복하기 위한 몇 가지 방법이 있다.

첫째, 게으름을 굶주림(배고픔)으로 대응한다.

굶주릴 때 사람은 움직인다. 굶주림은 누구에게나 특히 게으른 사람에게 유익한 경험이다. 게으름을 정복하는 첫걸음으로 며칠을 굶어본다.

둘째, 부지런함의 원리를 배운다.

게으른 사람은 반드시 근면성을 길러야 한다. 개미는 게으른 사람에게 부족한 특성을 잘 보여준다. 예를 들면 솔선하기, 자기관리, 계절에 맞추어 살기, 일을 끝내기, 앞날을 계획하는데 필요한 선견지명이다.

셋째, 게으름이 발전하는 단계가 있음을 안다.

게으름은 소수 몇 사람이나 특정한 유형의 사람에게만 있지 않다. 누가 피해자가 될지 모른다. 서서히 배어들어서 처음에는 알아채지 못한다. 계속 점검하지 않고 게으름의 충동을 따르다가는 어느새 꼼짝달싹하지 못하게 된다.

- 잠복기 게으름–부지런히 노동하는 필요를 속으로 거부한다.
- 초기 게으름–매일 손쉬운 쪽을 택하는 상태이다. 이런 게으름이 있으면 내가 일을 끝내도록 책임지고 점검해 줄 사람을 두어야 한다.

• 중증 게으름-매일 조금씩 굴복해서 습관이 된 상태이다. 이쯤 되면 목적을 확실히 하고 목표를 달성하기 위해 훈련해야 한다.

넷째, 일찍 일어나는 훈련을 한다.

필요하면 정한 시간에 일어나도록 점검해 줄 사람을 두라. 조금만 더 자고 싶은 유혹을 물리쳐라. 자명종의 반복 알람 기능은 사용법도 배우지 마라. 잠에서 깼으면 일어나라.

다섯째, 시간 존중하기를 배운다.

인생은 시간과의 경주다. 이 경주에서 이기려면 다음 사항을 주의하라. 시간은 제한되어 있다. 날을 셈해야 한다. 연구에 따르면 몇 년 남았다라고 셈하는 것보다 날짜수로 횟수를 세는 것이 더 효과적이라고 한다. 시간은 책임점검이 필요하다. 시간은 재생할 수 없다. 잃어버린 시간은 영영 돌아오지 않는다.

시간을 더욱 존중해서 시간 낭비를 막는 데 좋은 과제가 있다. 일주일 동안 15분마다 한 일을 자세히 기록한다. 일주일이 지나면 168시간 중에 잠자기, 먹기, 쉬기, 놀기, 대화하기에 몇 시간을 썼고 생산적 일과 활동에 몇 시간을 썼는지 셈하고 평가한다. 결과를 보면 깜짝 놀랄지 모른다. 이후부터 목표와 성취를 기록하는 일기를 쓴다.

정돈에 대한 나의 결심의 자세한 설명은 다음과 같다.

① 뒷정리를 꼭 하겠다.

자기가 어지럽힌 것을 본인이 치우지 않고 다른 사람이 치우도록 할 수 있다. 정돈의 진정한 의미는 다른 사람의 도움을 받아 정리하는 것이 아니라 물건을 사용한 사람이 제자리에 놓는 것을 말한다. 식사를 한 후에는 자기가 사용한 그릇을 치우고, 옷을 벗었으면 아무 곳에나 놓는 것이 아니라 있어야 할 자리에 놓는 것이 정돈을 실천하는 방법이다.

② 일터와 놀이터를 깨끗하고 단정하게 유지하겠다.

어지러운 곳에서 무엇을 하려면 먼저 정돈하는 시간이 필요하다. 하지만 정돈된 곳에서는 어떤 일이든 바로 시작할 수 있다. 그러므로 어지러워질 때마다 잠깐의 시간을 투자하여 정돈하는 것이 중요하다. 적은 시간을 투자하여 치우고 그 상태를 유지한다면, 완전히 어지러뜨린 후에 그곳을 정돈하느라 엄청난 시간을 들이지 않아도 된다. 물건을 사용하고 나면 바로 치우는 습관을 들여라.

③ 사용한 물건을 제자리에 두겠다.

모든 물건에는 제자리가 있다. 어떤 일을 마치면 다음 일을 하기 전에 사용한 물건을 제자리에 둔다. 집, 학교, 침실, 회사에서 이렇게 하라. 손님이 갑작스럽게 방문해도 항상 준비가 되어 있을 것이다.

④ 물건을 본래 용도로만 쓰겠다.

모든 물건을 본래의 용도로만 쓴다면 그 물건이 공급하는 최대한의 유익을 누릴 수 있다. 어떤 물건은 본래의 용도 외에 다른 방법으로 사용하는 경우가 있다. 이런 경우에는 빨리 닳던지, 금방 고장이 나고 만다. 물건을 본래의 용도로만 사용하면, 필요할 때 즉시 찾을 수 있다.

⑤ 주운 물건은 주인에게 돌려주겠다.

우리에게 속한 물건이 아닌 것을 발견했다면, 그 물건은 다른 사람의 소유임을 정확히 알아야 한다. 발견한 곳에 그대로 놓는 것이 아니라, 주인을 찾아줄 방법을 생각해 봐야 한다. 이렇게 한다면 정돈뿐만 아니라 정직도 나타내게 된다.

〈표 4-4〉 사물의 용도

항목	그릇된 용도	바른 용도
음식	탐닉/과식	즐거움/영양섭취
학교	학위/위신	돕기/배우기
돈	안전/행복	생필품 충당/절약
컴퓨터	음란물/과중한 게임	창의력/업무처리
의자	옷걸이/받침대	앉기/쉬기
친구	몰려다니기/부족한 것 채우기	돕기/격려하기
의복	주의 끌기/인기 얻기	보호/단정함/상징

우리의 존재 목적을 이해하면 우리의 시간, 돈, 에너지를 사용할 때 우선순위를 바르게 정하고 현명한 결정을 내릴 수 있다. 우리의 소유, 관계, 시간의 목적이나 우선순위를 잘못 이해하면 스트레스를 받고 혼란을 겪게 된다.

우리 인생에 있어서 우선순위를 잘 정리하여 삶의 네 영역에서 시간을 적절하게 배정하고 균형을 맞추는 것이 중요하다.

첫째, 가정-관계를 맺고 유지하기

둘째, 생계의 책임-재정, 요리, 청소 등

셋째, 직장이나 학교

넷째, 개인 시간-친구와 보내는 시간, 여가 시간, 기술을 개발하는 시간, 운동 시간 등

정돈과 삶

날마다 목적 있는 삶을 살기

1. 무엇이 중요한지 정하라.

- 올해, 5년 또는 평생에 걸쳐 내가 이루기 원하는 것이 무엇인지 적는다.
- 내게 가장 중요한 것은 무엇인가? 현재 나의 활동이나 일정에 그 가치관이 반영되어 있는가?

2. 측정 가능한 목표를 세우라.

- 옷을 입거나, 집안일을 하거나, 일을 수행할 때 매일 시간을 절약하기로 작정한다.
- 시간을 아끼는데 도움이 될 행동 지침을 낱낱이 적는다.

3. 계획을 실행하라.

- 5분을 할애하여 그 날 할 일과 목표를 계획하고 기록한다.
- 밤에는 하루를 평가하고 효율을 높일 새로운 계획이나 아이디어를 고안한다.

4. 인생의 목적을 생활로 드러내라.

- 글씨를 깔끔하게 쓴다.
- 연락처를 계속 최신 것으로 갱신한다.
- 회의 때 노트에 필기한다.
- 현재 해야 할 일을 목록으로 유지한다.
- 가계부를 정확하게 기록한다.
- 옷차림을 흩뜨리지 않고 단정하게 한다.
- 가족의 일정을 잘 숙지하고 존중한다.
- 자기 방과 개인 사물을 항시 잘 정돈한다.

인생 설계 구상하기[18]

※ 현재로부터 시작되는 미래의 자신의 인생 설계를 구상해 보라.

연 도	연 령	이루고자 하는 꿈 (인생 목표)	목표 달성을 위해 노력할 일
현 재 (　　　년)			
3년 후 (　　　년)			
5년 후 (　　　년)			
8년 후 (　　　년)			
10년 후 (　　　년)			
15년 후 (　　　년)			
20년 후 (　　　년)			
30년 후 (　　　년)			

하루 일정표 작성하기

※ 오늘 하루 자신의 할 일과 목표를 계획하고 기록해 보라.

항목	내용	
오늘의 목표		
시간	우선순위	할 일
:　~　:		
:　~　:		

18 출처: 정석용 외(2013). 자기계발과 직업. 서울: 동문사.

시간	우선순위	할 일
: ~ :		
: ~ :		
: ~ :		
: ~ :		
: ~ :		
: ~ :		
: ~ :		
: ~ :		
: ~ :		
: ~ :		

정돈과 자연

얼룩다람쥐 이야기

얼룩다람쥐의 정돈은 생사가 걸린 문제

어느 가을날, 배고픈 코요테 한 마리가 먹을 것을 찾아 수풀을 뒤지며 숲속을 거닐고 있었다. 갑자기, 코요테의 시선이 멈췄다. 코요테가 좋아하는 먹이인 갈색 줄무늬로 변장한 얼룩다람쥐가 총총걸음으로 나뭇잎 사이를 지나가고 있었다. 코요테는 얼룩다람쥐가 보지 못하도록 땅에 붙어서 살금살금 움직였다. 그런데 순식간에 얼룩다람쥐가 보이질 않았다. 깜짝 놀란 코요테가 주위를 살피고, 냄새를 맡았지만 얼룩다람쥐의 흔적이 없었다.

결국 코요테는 얼룩다람쥐를 포기하고 더 쉬운 먹이를 찾기로 했다. 얼룩다람쥐는 어떻게 흔적도 안 남기고 사라질 수 있었을까? 얼룩다람쥐의 정돈에 그 해답이 있다. 얼룩다람쥐는 절대 먼지를 남기지 않는다. 만약 먼지를 남겼다면, 그 자국을 보고 코요테가 얼룩다람쥐가 숨은 집까지 찾아낼 것이다. 그러고는 얼룩다람쥐가 집에서 나올 때까지 기다렸다가 확 덮쳤을 것이다. 얼룩다람쥐는 흔적을 남기지 않았기 때문에 위험을 피할 수 있었다.

집안 정돈

얼룩다람쥐의 정돈은 위험으로부터 보호해 주는 것뿐만 아니라 집도 깨끗하고 단정하게 유지한다. 얼룩다람쥐는 굴에 들어가기 전에 풀에 발을 닦아서 먼지를 제거한다. 그래서 입구에서부터 진흙 자국도 남기지 않는다. 얼룩다람쥐는 땅속에 굴을 파서 집을 만드는데 방과 방 사이는 터널로 연결한다. 방마다 빠르게 돌아다녀도 더러워지지 않는다. 왜냐하면 터널을 넓게 뚫어서 아무리 뛰어다녀도 털이 터널에 닿지 않는다. 얼룩다람쥐가 커질수록 깨끗하고 정돈된 터널도 점점 커진다.

용도별 집안 설계

얼룩다람쥐는 땅속에 여러 가지 방을 만들어 놓는다. 침실도 있고 저장고도 있고 심지어 아기방도 있다. 또 모든 것에는 자기 자리가 있어서 항상 제자리에 둔다. 침실에는 풀잎과 나뭇잎들로 만든 부드럽고 편안한 침대가 있다. 이 침대는 축축하거나 건조하지 않은 적당한 잎들만을 골라서 만든다. 침실에는 음식을 저장하지 않는다. 음식 부스러기가 생길 수 있으므로. 얼룩다람쥐는 부엌도 만들고 부엌에는 풀잎을 가지고 오지 않는다. 대신 씨앗, 견과, 산딸기, 옥수수, 밀을 가져와서 부엌 찬장에 음식을 넣듯이 분류해서 보관한다. 절대 음식끼리 섞이게 하는 법이 없다.

얼룩다람쥐에게는 화장실도 있다. 화장실에 쓰레기가 쌓였을 때에는 집에 냄새가 나지 않도록 쓰레기를 꺼내서 먼 곳에 버린다. 이것은 매우 중요한데 만약 코요테가 얼룩다람쥐의 화장실 냄새를 맡기라도 한다면 얼룩다람쥐의 집을 금방 알아낸다. 그래서 얼룩다람쥐는 항상 화장실을 깨끗하게 청소한다. 배고픈 코요테나 살쾡이가 집 앞을 지키고 있는 것은 끔찍한 일이다.

음식 정돈

매번 음식을 구하러 나갈 때마다 얼룩다람쥐는 독수리나 코요테 같은 포식 동물들의 위험이 도사리고 있다. 그래서 얼룩다람쥐는 한 번 음식을 구할 때 가능한 입에 가득 담아서 가지고 온다. 얼룩다람쥐는 음식을 잘 정리해서 담으면, 옥수수는 31알, 너도밤나무 열매라면 32개, 해바라기씨라면 65개, 밀은 145개나 한 입에 넣을 수 있다. 이렇게 얼룩다람쥐에게 정돈은 생사가 달린 문제이다.

역사에서의 정돈

듀이 십진 분류시스템 이야기

혁명적 정리법

멜빌 듀이(Melville Dewey, 1851~1931)는 미국의 사서이자, 교육자로 도서관 사업에 많은 업적을 남겼다. 21세에 멜빌 듀이는 듀이 십진 분류시스템(Dewey Decimal classification system, DDC)를 발명했다. 그 이전에는 대부분의 도서관이 개인 소장품이었고 소유주가 자신에게 적합한 분류 방법을 선택했다.

듀이의 시스템은 현재 135개 이상의 국가에서 사용되고 있으며 30개 이상의 언어로 번역되었다. 현재 세계에서 가장 널리 사용되는 도서관 분류시스템으로 조직의 표준을 설정하기 위한 목적으로 만들어졌다.

멜빌 듀이

그는 미국 애머스트 대학교 재학 시, 아라비아 숫자를 사용한 십진법 체계에 근거하여 일종의 도서분류법인 듀이 십진분류법을 창안했고, 1876년에는 '도서관의 도서 및 팸플릿 목록 작성과 배열을 위한 분류 및 주제 색인'이라는 서명으로 DDC 초판을 발행하였다. 컬럼비아 대학교에 세계 최초의 도서관 학교를 설립하고, 뉴욕 주립 도서관 학교를 설립하였다. 또한 도서관 협회의 설립을 지원하고 도서관 사서 활동을 하는 등, 도서관의 발전에 큰 기여를 하였다.

듀이 분류법, 혹은 듀이 10진 분류법이라고 불리는 도서의 10진 분류법을 처음으로 만들고 그 초판을 1876년에 출판하였다. 이미 15판을 거듭하고 매번 개정을 가하였으며, 현재 세계에서 가장 널리 보급되고 있는 분류법 중 하나이다(위키백과, 멜빌_듀이).

십진 분류법

십진 분류법은 주제에 따라 적절한 위치에 새로운 책을 도서관에 추가 할 수 있는 상대적 위치 및 상대적 색인의 개념을 도입했다. 도서관은 이전에 주제가 아닌 취득 순서와 관련된 영구 선반 위치를 책에 부여했다. 분류 표기법은 주요 클래스에 대해 세 자리 숫자를 사용하며 분수 소수를 사용하여 추가 세부 정보를 확장할 수 있다. 숫자는 일반 주제의 특수한 측면을 다루기 위해 선형 방식으로 확장될 수 있을 정도로 유연하다. 도서관은 주제에 따라 도서관의 다른 책과 관련된 위치에서 특정 책을 모호하지 않게 찾는 분류 번호를 할당한다. 이 번호를 사용하면 책을 찾아서 도서관 선반의 적절한 위치에 반납할 수 있다.

균형 잡힌 정돈의 품성 키우기

균형 잡힌 정돈의 품성은 인내, 유연성, 근면의 품성과 함께 키울 수 있다.

인내하며 정돈하고 다시 정돈하라
인내는 "어려운 상황을 없애는 기한 없이 받아들이는 것"이다. 프로젝트의 요구사항을 확인하고 달성 가능한 목표로 나누라. 그런 다음 목표를 달성하기 위해 시간과 에너지를 사용하는데 도움이 되는 현실적인 우선순위를 설정하라. 인생에서 예상치 못한 우여곡절이 발생하면, 각 상황을 해결하고 앞으로 나아갈 수 있는 조치를 취하라.

유연성을 유지하라
유연성이란 "나의 권위자(권한이 있는 사람)의 지시에 따라 계획이나 아이디어를 바꿀 자세가 있는 것"이다. 시스템을 구축할 때, 변경사항에 적응하고 때때로 개선할 수 있는 유연성을 가져야 한다. 그럼에도 불구하고, 결과적인 변경은 질서를 유지하고 궁극적인 목표를 명확하게 눈에 보이도록 유지해야 한다.

부지런히 일을 끝내라
근면은 "나에게 할당된 각 작업을 완료하기 위해 시간과 에너지를 투자하는 것"이다. 최대 효율성을 위해 자신, 일정 및 작업 영역을 정돈하라. 그런 다음 일하러 가라. 필요에 따라 재정돈할 시간을 계획하되, 지속적인 재배열과 재정돈으로 인해 진행하는 과정이 마비되지 않도록 하라.

점검 질문

	질문	
	하루를 시작할 때 먼저 시간을 갖고 지혜로운 계획을 세우는가?	☐
	일찍 잠자리에 들어 내일을 준비하는가?	☐
	필요할 때 기록을 남길 수 있도록 준비하는가?	☐
	모든 물건을 둘 자리를 확보하고 계속 제자리에 정리하는가?	☐
	정리를 할 수 없을 만큼 많은 물건을 소유했는가?	☐
	바로 조금 후에라도 손님을 맞을 수 있는 상태로 집을 유지하는가?	☐
	정돈이 10이고 엉망인 상태를 1로 본다면 나는 몇 점일까?	☐
	일을 마쳤을 때, 사용한 물건을 즉시 제자리에 두는가?	☐
	사람들이 엉망으로 사는 주된 원인은 무엇이라 생각하는가?	☐
	인생의 목적을 가지고 우선순위에 따라 질서 있는 삶을 사는가?	☐

활동과제

1 가정에서 정리정돈을 실천하고 정리하기 이전과 이후(before & after) 사진을 찍어 비교해 본다. 정돈에서 나만의 비법과 정돈으로 인한 관계의 유익을 적으시오.

2 각자의 삶에서 제대로 정리하지 않고 방치함으로써 삶의 활력을 떨어뜨리고 에너지를 더 소비하게 만드는 물건들이나 습관 등을 생각하고 적으시오.

3 정돈이 부족한 삶의 영역에서 정돈을 키우기 위해 어떤 방법을 사용할 수 있을지 나누고 적으시오.

4 조별 활동으로 조원들이 물건을 하나씩 꺼내고 종류별로 정리한 조와 물건을 함께 섞어 놓은 조로 나눈다. 물건의 이름을 종류별로 부를 때 어떤 조가 가장 빨리 찾을 수 있는지 실험해 보시오.

6. 감사(Gratefulness)[19]

정의	다른 사람이 내 삶에 어떻게 혜택을 주었는지 말과 행동으로 알려 주는 것
반대말	감사하지 않음, 불평
나의 결심	• 부모님과 선생님께 고마움을 표현하겠다. • 감사 편지를 쓰겠다. • 물건을 잘 간수하겠다. • 가진 것에 만족하겠다. • 부담보다 혜택을 생각하겠다.
자연의 예 (동물)	호저(가시도치)는 숲속 다른 동물에게 해를 끼치지 않는 방어적인 동물이라 효과적인 방어수단이 없으면 살아남지 못할 것이다. 새끼 호저는 자신을 보호하는 가시 같은 털 33,000개를 사용하는 법을 배운다. 호저는 먹을 것과 거할 곳이 있으면 만족할 줄 알기 때문에 감사를 잘 보여 준다. 
가정에서의 감사	• 가족을 대신하여 집안 허드렛일을 한다. • 부모는 자녀에게 "난 널 믿는다. 너와 한 가족인 것이 기쁘다."라고 자주 말한다. • 먹을 것을 마련하느라 수고하신 부모님께 "감사합니다."라고 말한다. • 서로의 생일을 기억하고 축하하여 감사와 사랑을 느끼게 한다. • 서로에게 중요한 일을 하여 고마움을 표시한다.
보상	• 기쁨: 낙담은 다른 사람이 우리 삶에 준 다양한 혜택을 간과하거나 잊어서 생기는 결과이다. • 우정: 참사랑은 서로 필요하고 고마운 사람임을 깨닫는 것에서 비롯한다.
격언(교훈)	"감사는 마음의 기억이다" – 장 마슈

우리는 우리가 받은 여러 가지 혜택에 대해 감사하기보다 불평하고자 하는 성향이 더 자연스럽다. 감사하는 사람은 가진 것들을 고맙게 여기지만, 불평하는 사람은 자기에게 주어진 것들을 싫어한다. 우리가 일상생활에서 감사를 잘 실천하면 여러 가지 유익을 누리게 된다.

---

19 출처: IBLP-Korea 편집부(2014). 진정한 성공의 길(개정 4판). 경기: IBLP-Korea.

1) 격려를 받는다.

감사는 흔히 다른 사람들이 온갖 다양한 방식으로 우리 삶에 베풀어 준 혜택을 돌아봄으로써 낙심과 싸워 이길 수 있는 효과적인 방법이다.

2) 관계를 세운다.

기대감을 조정하고 일상적인 경험에서 누리는 혜택들을 깨달아 가는 법을 배울 때, 각 사람들을 있는 모습 그대로 바라보고 존중하게 된다.

3) 건설적인 행동을 낳는다.

감사는 긍정적인 것에 초점을 맞추기 때문에 자신을 한탄하거나 다른 사람들을 비난하기보다, 자신을 개선하고 다른 사람들을 격려하도록 도와준다.

4) 장차 혜택이 가능하게 만든다.

감사하는 사람은 여러 가지 혜택에 대해 항상 감사를 표현하기 때문에 주변 사람들도 그와 같은 관대함이 낳는 긍정적인 효과를 잘 알고 있다.

[그림 4-7] 감사의 실천 예

출처: CTI Korea 품성시리즈 1 제4권 감사.

이러한 여러 가지 유익에도 불구하고 우리가 감사하는 데 있어 장애물들이 있는데 그것은 기대와 불만족이다. 다른 사람에 대한 너무 높은 기대는 감사하는 마음을 방해할 수도 있다. 왜냐하면, 그럴 경우 얼마나 많은 노력을 기울였는지 헤아리기도 전에, 그 사람이 일정한 결과를 나타냈는지 아닌지를 먼저 평가해야 하기 때문이다. 기대를 붙들고 있는 마음만큼 감사를 저해하는 것은 없다. 자신이 중요하다고 착각해서 다른 사람들에게 뭔가를 기대하기 시작하면 감사하는 마음이 사라지고 오히려 추측과 불평이 앞선다. 또한 현재 자신이 처해 있는 현실에 대한 지나친 불만은 우리로 하여금 감사하지 못하게 한다. 없는 것을 불평하지 말고, 있는 것들을 하나님께 감사하라.

> "내겐 너무 많은 것이 주어져서 무엇이 없는지를 생각해 볼 겨를이 없다."(헬렌 켈러)
>
> "없는 것을 생각하지 말고, 있는 것들을 곰곰이 생각하라."(그리스 속담)

감사를 가로막는 장애물을 극복하는 방법은
첫째, 기대를 재조정하라.
둘째, 받은 혜택에 감사하라.
셋째, 낙담이 될 때 불평하고 싶은 자연적 성향을 극복하라.
넷째, '때문에(불평)'를 '덕분에(감사)'로 바꾸라.

다른 사람에게 참된 감사를 표현하는 방법을 몇 가지 소개한다.[20]

① 직접 말해 준다: 다른 사람에게 그가 한 일과 그의 행동을 통해 보여 준 품성을 감사한다.

② 편지를 쓴다: 편지는 즉시 생각을 잘 정리하여 깨끗한 글씨로 써서 전달한다.

③ 공개적으로 알린다: 특정인의 친절한 행동과 그 행동으로 당신이 어떻게 유익을 얻었는지를 사람들에게 이야기한다.

---

20 IBLP-Korea 편집부(2015). 진정한 성공을 위한 능력. 경기: IBLP-Korea.

④ 선물을 준다: 선물은 받는 사람에게 적절하고 가치가 있어야 한다. 선물 자체보다 선물에 담긴 마음이 훨씬 더 중요하다.

⑤ 시간을 함께 보낸다: 외롭거나 낙심한 사람들에게는 귀중한 시간을 함께 보내거나 나들이를 나가는 것이 편지나 선물보다 더 큰 의미를 주기도 한다.

최근 연구 조사에 따르면, 회사에서 대다수 직원들은 상여금 같은 돈보다 인정받는 것을 더 소중하게 평가하는 것으로 나타났다. 비록 대다수 관리자들은 돈을 훨씬 더 중요하게 생각하겠지만 말이다. 레이켐 기업의 창립자 폴 쿡도 여기에 동의한다. "가장 중요한 요소는 개인적인 인정이다. … (우리 직원에게) 가장 커다란 보상은 회사에서 아주 의미 있는 일이 가능하도록 자기 나름대로 기여했다고 인정해 주는 것이다."

- 다른 사람들이 감당하는 특수한 영역의 일을 인정하고 감사를 표시한다.
- 직 · 간접적으로 다른 팀원에게 신뢰를 보낸다.
- 시간을 할애하여 다른 사람들에게 재빨리 감사를 표현한다. 심지어 어떤 일을 완전히 끝나기 전이라도 말이다.
- 어떻게 해야 인정받았다고 느끼게 만들 수 있는지를 알아보고 구체적으로 실행한다.

불평의 파괴력

감사의 반대는 불평이다. 불평은 문제를 해결한 권한이나 능력이 없는 사람에게 그것을 얘기하는 것이다. 우리는 감사하기보다 불평하기 쉽다. 최근의 연구에 따르면 대부분의 사람들은 일상의 대화 중에 1분에 한 번씩 불평한다.[21] 우리는 불평할 뿐만 아니라 다른 사람들에게 그러한 태도로 영향을 준다. 불평

21 Emotional Intelligence, 트라비스 브대드버리(Travis Bradbury)

은 다른 사람과 공감하려는 우리의 자연적 성향 때문에 매우 전염성이 높다.

왜 불평은 그렇게 일반적인가? 우리 두뇌는 어떤 일을 해야 하는 것보다 일하기 싫어한다. 우리가 불평과 같은 어떤 행동을 반복하면, 우리 두뇌에 있는 뉴런(신경세포)은 정보의 흐름을 쉽게 하기 위해 다른 뉴런과 서로 연결을 강화한다. 이것은 미래에 동일한 동작을 반복하기 훨씬 쉽게 만든다. 그래서 우리가 그것을 하는지조차 인식하지 못하기 쉽다.[22] 이것이 불평이라는 습관을 만드는 과정이다.

반복된 불평은 우리 두뇌를 재구성하고(뉴런의 배치 및 연결을 통해), 미래에 불평하기 더욱 쉽게 만들 뿐만 아니라, 좋은 일이 일어나는 것과 관계없이 삶에 대한 부정적 관점을 형성한다. 최근의 과학적 연구에 따르면 불평은 또한 우리 두뇌의 뉴런을 파괴하는 주요한 원인으로 알려져 있다. 우리는 수십억 개의 뉴런을 가지고 태어난다. 그것들은 건강한 회로망으로 연결되어야 하고, 그렇지 않으면 수축되어 사멸한다. 보통 사람은 일생 동안 85%의 뉴런을 상실한다. 이것은 두뇌가 실제적으로 줄어들고 파킨슨병, 알츠하이머 및 다른 뇌 질환을 일으키는 원인이다.

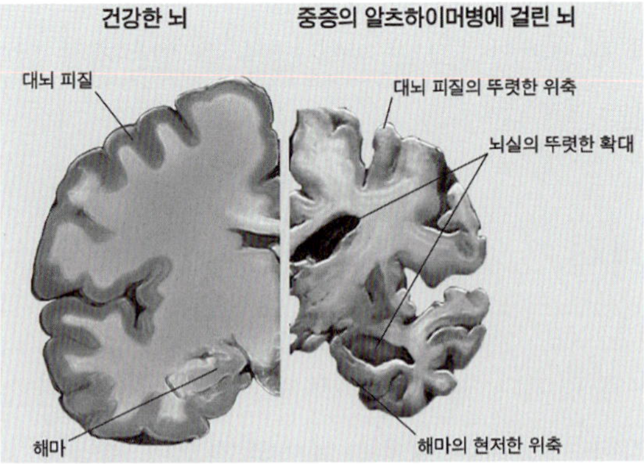

[그림 4-8] 건강한 뇌와 알츠하이머병에 걸린 뇌

출처: 뉴턴하이라이트 시리즈, 인체

---

22 Be grateful or lose your mind, Embassy University

스탠포드 대학의 연구자들에 따르면 불평은 문제해결과 지적인 사고에 매우 중요한 우리 두뇌의 영역을 실제적으로 위축되게 한다. 그것은 해마(hippo-campus)라고 불린다. 해마의 손상은 그것이 알츠하이머병을 일으키는 두뇌의 주요한 영역 중 하나라는 사실에서 걱정되는 일이다. 불평은 두뇌 손상을 야기할 뿐만 아니라, 잦은 불평은 과도한 코티졸(스트레스 호르몬)의 분비로 다양한 건강 문제를 일으킨다.

불평을 극복하고 감사하기

어떤 나쁜 일이 생길 때 우리는 불평하기 쉽다. 그러나 불평하기보다 그것에서 내가 받을 수 있는 유익을 찾으면 감사할 수 있다.[23] 어떤 일이 일어나면 "왜 이런 일이 일어났지?", "이 일에서 내가 얻을 수 있는 유익은 무엇일까?"를 생각해 보라. 처음에는 아무런 유익도 찾을 수 없을지 모른다. 그러나 시간을 가지고 그것에 대해 더 생각해 보면, 한두 가지 이상의 유익을 찾을 수 있을 것이다.

우리에게 일어나는 모든 일에서 유익을 볼 수 있는 능력은 지혜와 분별력이 필요하다. 지혜는 날마다 내리는 결정에 진리를 구체적으로 적용하는 것이다. 분별력은 사태가 발생하는 근본 원인을 이해하는 것이다. 우리가 우리의 관점에만 집중한다면, 일어난 일에 대해 부정적인 감정만 경험할 것이다. 그러나 다른 관점에서 유익을 찾는다면, 완전히 다른 감정적 반응을 보일 수 있다.

23 Be grateful or lose your mind, Embassy University

생활에서의 감사

만족과 감사 이야기

한 아버지가 지친 모습으로 지혜자를 찾아왔다. "저희 집은 좁은데 사람이 너무 많습니다. 아내와 자녀까지 식구가 일곱입니다. 갓난아이는 아무 때나 울어 대고, 어린아이는 서로 싸우고 징징댑니다. 큰 아이들은 뛰어다니느라 조용할 날이 하루도 없습니다. 하지만 이사갈 만한 형편은 안 됩니다. 어떻게 하면 좋을까요?" 지혜자는 대답했다. "혹시 그 집에 동물을 키웁니까?" "네, 밖에 당나귀 한 마리와 개 한 마리 그리고 닭장에 닭 두 마리와 병아리들이 있습니다." "좋습니다. 닭과 병아리들을 집 안에서 키우세요."

지혜자의 말에 따라 이 아버지는 닭과 병아리들을 집 안에서 키웠다. 이 날부터 집은 더 난리가 났다. 정신이 더 없었다. 며칠 뒤 아버지는 지혜자를 다시 찾아갔다. "나아진 게 없습니다. 정신이 더 없어졌습니다." 지혜자가 이제는 개도 집 안에서 키우라고 했다. 아버지는 지혜자의 말대로 했다. 개까지 집 안에 있으니 더 시끄럽고 집은 더 좁아졌다. 참다못한 아버지는 지혜자를 다시 찾아갔다. "더 이상은 못 참겠습니다." 지혜자는 마지막으로 당나귀도 집 안에서 키우라고 했다. 아버지는 마지막이라는 말을 믿고 당나귀도 집 안에 넣었다. 가족들은 이제 움직일 자리도 없어졌다.

며칠 뒤 아버지는 지혜자를 찾아갔다. "도대체 이게 뭡니까? 처음보다 훨씬 심해졌습니다." 지혜자는 빙그레 웃었다. "이제 당나귀와 개, 닭과 병아리들을 제자리에 놓으십시오." 지혜자를 만나고 온 아버지는 모든 동물들을 바깥으로 내보내었다. 집안은 더 이상 좋을 수 없이 조용했다. 집은 옛날과는 달리 너무 넓게만 느껴졌다. 온 가족이 마주앉아 감사했다. 상황은 처음과 똑같았지만 가족은 새롭게 느꼈다.[24]

감사와 자연

호저돼지 이야기

어떻게 가시투성이 설치동물이 감사를 나타내는가?

호저돼지는 가시투성이 갑옷으로 무장한 동물로 잘 알려져 있다. 평방 인치당 100개에서

---

24 IBCP-korea 편집부(2011). 성경에 기초한 성품교육과정. 경기: IBCP-korea.

140개의 가시로 무장한 어른 호저돼지는 모두 30,000개 이상의 위협적인 가시를 지니고 있다. 적에게 위협을 받았을 때, 호저돼지는 등을 돌리고는 힘센 꼬리로 사정없이 후려친다. 그게 코요테든, 개든, 곰이든, 적들이 너무 가까이 다가와서 어리석은 짓을 저지르지 못하도록 수십 개에서 수백 개의 끔찍한 가시가 수두룩하게 얼굴에 박히게 만든다.

호저돼지의 의사 표현은 순식간에 이루어지지만, 그 메시지는 상대의 기억에 오랫동안 남게 된다. 상대의 몸에 박힌 호저돼지 가시의 날카로운 끝은 점점 커져서 쉽게 빼낼 수 없을 뿐만 아니라 손을 댈수록 몸속으로 더 깊숙이 파고 들어간다. 이 가시들은 몸속에서 주요 부위를 뚫고 들어가거나 심각한 감염을 일으킬 수도 있다. 이따금 입속에 가시가 박힌 적은 아무것도 먹지 못하고 결국 굶어 죽게 된다.

붙임성

호저돼지는 특별히 사교적인 동물이 아니라서 그다지 잘 어울려 다니지 않는다. 또한 온몸에 가득 볼썽사나운 방어용 무기를 갖추고 있지만, 호저돼지는 민감하고 지능적인 동물이다. 호저돼지는 상대가 호의적으로 나올 때 상당히 붙임성 있게 반응한다. 잘 길들인 호저돼지는 주인뿐 만 아니라 다른 어린이들과도 잘 어울린다. 호저돼지는 사람들이 자기를 만지고 옮기고 감상하는 것을 모두 좋아한다. 단, 조심스럽게만 다룬다면! 기억력이 아주 좋기 때문에, 어린 새끼는 쉽게 주인을 기억하여 반응하도록 훈련할 수 있다. 집에서 길들인 호저돼지는 애완견과 마찬가지로 자기 이름을 부를 때 알아듣고 달려오게 만들 수도 있다.

표현력

또한 호저돼지는 가을과 겨울의 짝짓기 철에도 그다지 눈에 띄게 붙임성을 나타내지 않는다. 구애 기간 동안, 수컷은 암컷에게 조용히 응얼거리는 소리로 은은하게 노래를 불러 준다. 이마저도 가끔씩 꿀꿀거리는 소리 때문에 자주 끊긴다. 이처럼 노래를 불러 줄 때, 수컷은 뒷다리를 치켜들고 독특한 곡조에 맞춰 이따금씩 몸뚱이를 앞뒤로 흔들기도 한다. 짝짓기를 한 지 일곱 달 뒤, 새끼가 한두 마리 정도 태어난다. 새끼들은 태어난 지 몇 시간 뒤면 부드러운 가시가 단단해지고, 또 며칠이 지나면 단단한 음식을 먹으려고 이리저리 찾아다닌다. 어린 호저돼지는 대여섯 달을 어미와 함께 지내다가, 마침내 따로 떨어져 혼자 지내게 된다.

융통성

호저돼지는 기본적으로 초식동물인데, 아주 다양한 식물을 폭넓게 먹어 치운다. 호저돼지는 절대로 굶어 죽지 않을 만한 몇 안 되는 동물 가운데 하나라고들 말한다. 굶주린 배를 채울 만한 것은 항상 널려 있기 때문이다. 심지어 다른 식물들이 모두 눈 속에 파묻혀 먹을 것이 하나도 없을 경우에도, 호저돼지는 나무껍질이라도 갉아먹으면서 버틸 것이다. 호저돼지는 폭설이 내리거나 영하의 추위에도 아랑곳하지 않는다. 호저돼지는 폭설이 내린 경우에도 나무 위로 기어 올라가 몇 주 동안이고 안전한 장소에 그대로 머물러 있기도 한다. 호저돼지는 어디에서나 잘 적응하기 때문에 북미 전역의 숲속이나 사막에서 광범위하게 발견된다.

균형 잡힌 감사의 품성 키우기

균형 잡힌 감사의 품성은 용서, 신실, 정의의 품성과 함께 키울 수 있다.

용서하는 관점으로 바라보라
용서는 "사람들이 나에게 저지른 잘못을 깨끗이 잊고, 더는 원한을 품지 않는 것"이다. 원한을 품고 있는 한, 잘못을 저지른 사람이 내 삶을 지배하면서, 감사의 이유들을 무색하게 만든다. 우리에게 상처를 준 사람들을 용서하여 지금껏 원한으로 가려진 안목을 선명하게 만들어라. 그러면, 심지어 좋지 않은 상황에서도 지금까지 누린 혜택으로 말미암아 충분한 감사를 표현할 수 있게 된다.

진심어린 감사를 표현하라
성실성은 "투명한 동기로 옳은 일을 하려는 열망"이다. 겉으로는 감사를 표시하면서도 마음속에 다른 불순한 동기를 숨기는 순간, 그것은 곧장 교묘한 속임수로 변한다. 이처럼 성의 없는 감사는 배은망덕한 행동만큼이나 거슬리는 태도다. 이기적인 동기로 감사를 표현하지 않도록 자기 자신을 훈련하라.

정의감으로 감사를 갈고 닦아라
정의감은 "순결, 공의, 진리를 지키려고 자기 본분을 다하는 것"이다. 이런 품성 능력을 지닌 사람은 자기 책임을 완수하기 위하여 다른 사람들의 권리를 용감하게 변호하며, 옳은 일에 헌신한 사람들에게 감사를 표현할 것이다. 강한 정의감에 불타는 사람은 때때로 여러 가지 혜택들이 마치 불쾌한 경험인 것처럼 가장하여 다가올 때에도 그와 같은 혜택을 알아차리고 감사하는 태도로 반응한다.

점검 질문

	질문	
	매일 아침에 새로운 날을 감사드리며 시작하는가?	□
	평소에 당연하게 생각했던 것들을 찾아보고 그에 대해 감사드리는가?	□
	다른 사람에게 그때그때 곧바로 감사를 표현하는가?	□
	다른 사람에게 감사를 표현할 창의적인 방법을 생각하는가?	□
	통상적으로 불평할 만한 상황에서 얻게 될 유익들을 찾아보는가?	□
	나를 도와준 사람에게 공개적으로 감사를 표하는가?	□
	나의 권위자들(특히, 부모님)에게 감사를 드리는가?	□

활동과제

1 가족, 동료, 친구들에게 불평했던 것들을 적어 보기, 가족, 동료, 친구들에게 감사하는 것들을 적으시오, 가정에서의 감사를 적용하고 결과 쓰시오.

2 가족, 동료, 친구들에게 감사하는 것들을 적고 이를 구체적으로 표현할 감사카드 만들어 보기, 카드를 전달하고 함께 인증 사진 찍어 올리시오.

카드 만들기

준비물: 색지, 사인펜, 색연필, 스티커, 가위, 풀

① 색지를 원으로 자른다.
② 색연필로 원의 가장자리를 꾸민다.
③ 스티커나 예쁜 모양을 잘라서 붙인다.
(모양의 1/3만 접은 선 위로 오게 한다.)
④ 접은 선을 기준으로 위쪽에 붙어 있는 모양을 칼로 자른다.
⑤ 원을 펼쳐서 안쪽에 편지를 쓴다.

3 감사의 나무를 만들어 보시오.

감사의 나무

준비물: 항아리, 돌, 흙, 모래, 색종이, 가위, 끈, 테이프

① 먼저 조그만 항아리에 돌멩이, 흙, 또는 모래를 채우고, 잎사귀가 없는 조그만 나무를 심는다.
② 종이를 잘라 여러 가지 다른 모양의 잎사귀를 만든다.
③ 아이들이 각자 자기 인생에 혜택을 베푼 사람들을 기억해 보도록 한다. 각 잎사귀의 한쪽에는 혜택을, 다른 쪽에는 각 사람의 이름을 적도록 한다.
④ 그 잎사귀들을 나무에 끈이나 테이프로 매단다.

4 나쁜 일이 생길 때 불평하기 쉽다. 그러나 그러한 일로 나에게 주어진 유익을 찾아본다면 감사할 것들이 있다.

불평할 일들	유익
예) 차가 막혀 발표 시간에 지각해서 친구들과 교수님에게 미안하고 창피했다.	– 약속 시간보다 좀 더 여유를 두고 출발해야 함을 배움. – 다음 날 일정을 위해 지난밤에 적절한 시간에 잘 자야 한다는 것을 배움.

7. 설득력(Persuasiveness)[25]

정의	상대방이 사고의 한계로 보지 못하는 결정적인 사실로 인도하는 것
반대말	다툼
나의 결심	• 다른 사람에게 올바른 방향을 제시하겠다. • 솔깃하게 하려고 사실을 과장하지 않겠다. • 성품으로 양심에 호소하겠다. • 가장 좋은 때를 기다리겠다. • 논쟁하지 않겠다.
자연의 예 (동물)	사람들의 사랑을 받는 공작은 사실 닭의 한 종류이다. 하지만 아름다운 깃털과 품위 있는 자태로 왕궁에 입성하였다. 사실 아름다운 깃털은 수컷 공작이 가지고 있는데 수컷 공작은 짝이 될 암컷의 관심을 끌기 위해 무지갯빛 깃털을 부채 모양으로 최대한 벌리면서 열정적으로 보여준다. 
가정에서의 설득력	• 부모는 좋은 성품에 헌신하는 삶이 어떻게 가정을 튼튼하게 하고 한 사람 한 사람에게 유익을 주는지 보여 준다. • 가족에게 주의를 줄 때 그것이 자신의 두려움이나 이기심 때문이 아니라 가족의 최대 이익을 생각하는 것임을 설명한다. • 부모는 자녀에게 현명한 결정이 어떻게 우리를 보호하는지를 보여 준다. • 손위 형제는 모범을 보여 동생들을 격려한다.
보상	• 동지애: 가족이 현명하고 옳은 것을 하도록 서로 설득할 때 어려움을 이겨내는 데 한편이 되는 동지애를 깊이 느낀다. • 형통: 좋은 협상의 성공은 모든 당사자에게 유익이 있음을 설득할 수 있는 한 사람의 능력에 달려 있다.
격언 (교훈)	"다른 사람에게 확신을 주려면 우리의 말보다 우리의 삶이 훨씬 더 설득력이 있다."

설득은 사람들이 자기에게 무엇이 필요한지를 깨닫도록 돕고 그것을 얻는 길을 보여 주는 것이다. 사람들을 설득하려면 우리 마음속에 있는 진리와 사랑 못지않은 확신이 목소리에 담겨야 한다. 다른 사람에게 확신을 주려면 우리의 말보다 우리의 삶이 훨씬 더 설득력이 있다. 즉, 삶의 모범을 보여야 한다. 특히 가족 안에서 부모의 삶은 자녀들에게 많은 영향을 미친다.

아리스토텔레스는 『수사학(On Rhetoric)』에서 설득과 논증의 중요한 요소로

25 출처: IBLP-Korea 편집부(2014). 진정한 성공의 길(개정 4판). 경기: IBLP-Korea.

3가지를 얘기한다. 그것은 설득의 지적인 영역인 '로고스(logos)', 정서적 혹은 개인적 영역인 '파토스(pathos)', 사회 · 윤리적 영역인 '에토스(ethos)'이다. 아리스토텔레스에 따르면 '로고스', '파토스', '에토스'는 설득자와 논증의 특징이지만, 청중 안에 있는 요소이기도 하다. 강연자는 잘 다듬어지고 이성적인 형태로 납득할 만한 논증을 해야 한다. 대부분의 청중은 논리적인 논증, 즉 '로고스'에 마음이 움직인다고 말했다. 그러나 그는 사람들을 의미 있고 새로운 시각을 받아들이도록 설득하는 데는 '로고스'만으로는 충분하지 않다는 사실을 알고 있었다. '파토스'는 우리의 내적 자아, 우리의 정서적 · 심미적 욕구에 직접 호소하는 메시지이다. '파토스'는 유머나 비극적인 이야기나 단순한 수사학적 기교로 청중을 움직이는 강연자의 능력이다.

인생에서 중요한 결정들, 즉 집을 사고, 직업을 얻고, 배우자를 선택하는 결정들을 할 때 '로고스'와 '파토스'는 함께 작동한다. 그러나 '로고스'와 '파토스'는 우리가 새로운 메시지를 받아들이는 데 영향을 미치는 두 가지 요소일 뿐이다. '에토스'는 통합성과 진실성과 신뢰성을 전달하는 능력이다. 청중의 입장에서 볼 때, '에토스'는 강연자와 그 메시지를 신뢰할 만한 것으로 받아들이고자 하는 마음에 영향을 미치는 사회적 요소 전체를 가리킨다. 이것은 다시 말하면 "사람들이 인지하고 있는 설득자의 성품은 설득력의 가장 중요한 요소이다." 아리스토텔레스의 체계에서는 이것이 '에토스'이다.[26]

아리스토텔레스의 말대로 '에토스', 즉 설득자의 삶이나 성품이 우리의 설득력을 높이는 중요한 요소로 작용한다. 이런 측면에서 간디의 일화는 우리에게 특별한 시사점을 제공한다.

> 인도의 한 여인이 아들을 데리고 간디를 찾아와
>
> "선생님, 제 아들이 설탕을 너무 좋아해서 걱정입니다. 아들이 선생님을 존경하니 제발 제 아들한테 설탕이 몸에 좋지 않으니 먹지 말라고 한 마디만 해 주십시오."
>
> 하고 간곡히 부탁하였다. 간디는 여인과 아들에게 2주 후에 다시 오도록 하였다. 2주

---

26 존 딕슨, 후밀타리스-위대한 리더십의 완성, 포이에마, 2013.

후에 다시 온 그 아이를 향해 간디는

"얘야, 설탕은 몸에 좋지 않으니 너무 많이 먹지 말라."

하고 말하고는 돌려보냈다. 여인은 그 쉬운 말을 하는 데 왜 2주나 걸렸는지 물었고, 간디는 자신이 원래 설탕을 좋아하여 설탕을 끊는 데 2주가 필요했다고 답하였다 한다. 간디가 실천한 것처럼 설득자가 다른 사람들에게 가르치고자 하는 바를 먼저 실천할 때 그 사람들은 올바른 태도를 내면화하고 실천하게 될 것이다.

설득을 통해 사람들이 실패의 길에서 성공의 길로 돌아오도록 돕는 일의 효과를 높인다. 실패의 고통을 생각한다면 우리는 깨닫지 못하는 사람들을 그것에서 돌아서게 하기 위해 설득의 기술을 개발해야 한다. 우리가 사람들에게 이야기할 때 사람들은 속으로 두 가지 질문을 한다.

① 왜 이것이 내가 들어야 할 만큼 중요하지?

② 이것을 내 삶에 어떻게 적용하지?

우리의 첫 마디가 이 두 질문에 답이 되면 효과적이다.

사실 가장 효과적인 설득은 상대방에게 그 생각이 상대방 자신에게서 나왔다는 확신을 주는 것이다. 사람의 마음속에는 설득을 위한 두 가지 기본 동기가 있는데 첫째, 이것을 하면 어떤 이익이 있을까? 둘째, 이것을 하지 않으면 어떤 손해가 있을까? 이다. 그러므로 우리는 다른 사람에게 옳은 일을 하도록 설득할 때 이 두 질문에 답을 주어야 한다. 얻을 수 있는 이익은 성공이고 생길 수 있는 손해는 실패이다.

설득력에서 나의 결심에 대한 구체적 설명은 다음과 같다.

첫째, 다른 사람에게 올바른 방향을 제시하겠다.

어떤 사람이 팔에 한 아름 짐을 들고 가다가 나무에 충돌하기 직전이다. 이 광경을 보면 아마도 그 사람이 부딪히기 전에 말해 줄 것이다. 마찬가지로 삶에서 사람들은 선택의 결과를 충분히 생각해 보지 않고 결정하는 경우가 있다. 설득력은 다른 사람들에게 옳은 방향을 제시하고, 그 사람이 보지 못하는 '사각지대'를 보여 주는 것이다.

둘째, 솔깃하게 하려고 사실을 과장하지 않겠다. 진실은 중요하다.

"너는 소중해"처럼 사람들이 간절히 듣기를 원하는 진실들이 있다. 그러나 어떤 경우에는 "넌 지금 잘못된 선택을 하고 있어"와 같이, 들으면 마음이 불편해지는 진실도 있다. 진정한 친구나 인도자는 사람들이 듣기 원하는 말만 하는 사람이 아니다. 진실을 말해 주는 사람이다.

셋째, 성품으로 양심에 호소하겠다.

사람은 무엇이 옳고 그른지 판단할 수 있도록 우리 안에 양심을 가지고 있다. 설득력의 가장 강력한 도구 중 하나는 상대방의 양심에 호소하는 질문이다. 사람들은 종종 이렇게 질문한다. "이 행동에서 잘못된 것이 무엇이지?" 그런데 이 질문을 "그것은 진실한 행동이었니?" 같은 양심에 호소하는 성품 질문으로 바꾸면 더 큰 효과를 볼 수 있다.

넷째, 가장 좋은 때를 기다리겠다.

옳은 메시지를 가지고 있다면, 그 메시지를 옳은 태도를 가지고 옳은 방법을 사용해서 전달해야 한다. 적절하지 않은 때에 메시지를 전달하게 되면, 감정적인 반응을 일으키거나 들리지 않는 메시지가 된다. 옳은 방법을 사용하여 가장 적절한 때에 전달한다면 우리의 메시지는 상대방에게 더 잘 전달될 것이다.

다섯째, 논쟁하지 않겠다.

설득력과 논쟁은 정반대이다. 다른 사람들에게 옳은 방향을 제시하는 것이 우리의 책임이지만 그 방향을 선택하라고 강요할 수는 없다. 사실을 전달하고 설득하지만 결정은 본인들이 내리고 결과에 책임져야 한다. 논쟁을 줄이는 방법은 의견을 달리하는 사람에게서 공통점을 찾아내는 것이다.

설득력을 기를 수 있는 핵심개념은 다음과 같다.

첫째, 메시지를 준비한다.

　　내가 할 말을 사람들이 잘 들을 수 있는 시간과 장소를 고른다. 적절한 몸짓을 섞어 온화하게 말한다.

둘째, 증거를 제시한다.

　　다른 사람들이 이해할 수 있도록 건전한 증거와 논리를 제시한다. 이러한 내용을 바탕으로 깨끗한 양심에 근거하여 메시지를 전한다.

셋째, 예화를 들어 요점을 설명한다.

이야기, 그림, 일반적 경험을 예로 들어 다른 사람들이 바른 일을 하고픈 마음이 들도록 한다. 이러한 일들을 통해 나의 삶이 어떻게 변화되었는지를 증언할 수 있도록 준비한다.

넷째, 적용한다.

듣는 사람에게 이 결정이 어떻게, 왜 도움이 되는지 설명한다. 상대방에게 옳은 일을 하겠다는 결심의 중요성을 보여 준다.

다섯째, 행동하도록 동기를 준다.

잘못된 선택을 피하고 옳은 일을 하는 것의 절박성을 전달한다. 내가 지지하는 진리와 일치하는 삶을 살고, 다른 사람들이 좋은 품성의 맥락에서 사물을 보는 데 유익한 질문을 한다.

설득력의 반대는 다툼 또는 논쟁이다. 다툼은 다음과 같은 내용을 포함한다.

① 다른 사람이 나에게 얘기하려는 것을 들으려 하지 않는다.

② 다른 사람이 말을 마치기 전에 결론을 내리는 것이다.

③ 의견을 내고 열정적으로 그것을 방어한다.

④ 다른 사람으로부터 배우기보다 내 생각(아이디어)에 더 관심을 가지는 것이다.

⑤ 문제에 대해 다른 관점이 있을 수 있음을 생각하지 못하는 것이다.

⑥ 상대편의 반대에 섬으로써 논쟁의 정신을 가지는 것이다.

설득력과 자연

공작 이야기[27]

공작은 활짝 펼쳐지는 꼬리와 위풍당당한 걸음걸이로 유명하다. 수백 년 동안, 왕가에서는 아름다운 깃털 때문에 공작을 자신들의 성에서 키웠다. 놀랍게도 공작은 일반적인 닭과 별반 다르지 않다. 깃털이 없다면, 이 두 새는 거의 똑같아 보인다. 공작이 다른 새들보다 돋보이는 것은 인상적인 표현력 때문이다. 짝 짓는 시기가 오면, 수컷 공작은 가장 큰 도전을 맞이한다. 암컷을 설득시킨 수컷만이 짝을 얻을 수 있기 때문이다. 수컷들은 암컷의 관심을 끌기 위해 화려한 깃털을 사용한다. 암컷 공작을 부를 때에도 알맞은 음색으로 조심스럽게 부른다. 수컷 공작들은 장래의 짝을 향해 항상 존중하는 태도를 보인다. 공작들이 마음을 설득력 있게 나타내려고 목소리, 깃털, 태도를 어떻게 사용하는지 보자.

적절한 목소리

공작은 평범하지 않은 목소리를 가지고 있다. 1마일 떨어진 곳에서도 들을 수 있을 정도로 크고 날카로운 음색으로 서로에게 꽥꽥거리고 귀에 거슬리는 소리를 낸다. 사람에게는 매우 성가신 소리인데도 공작에게는 꽤 설득력 있게 들린다. 공작은 울대에 있는 두 개의 막 사이로 공기가 울리거나 후두로 노래한다. 음색을 바꾸기 위해서 이 막의 긴장을 조절한다. 그들은 음색을 바꿔 가며 만족, 불안, 기쁨, 놀람, 정다움, 경고 등의 다양한 메시지를 보낸다. 공작이 음색을 바꾸어 대화를 하는 것처럼, 설득력은 메시지 전달을 위해 적절한 음색을 사용한다. 때로 우리는 힘 있는 음색으로 자신감, 강한 신념, 결심을 표현한다. 또 다른 음색으로 걱정, 당혹감, 실망을 표현한다. 어울리지 않는 음색을 사용한다면 중요한 메시지가 망쳐질 수도 있다. 대부분의 사람들은 상사처럼 굴고, 거만하거나 건방지게 말하는 사람에게는 감사하지 않는다. 오히려 겸손하고, 온화하고, 친절한 사람에게 더 호의적이다. 그래서 공작이든 사람이든 적절한 목소리를 사용해야 한다.

올바른 방향

수컷 공작이 가지고 있는 설득력의 다른 부분은 암컷 공작에게 올바른 방향을 보여 주는 것이다. 수컷이 암컷에게 높고 날카로운 목소리로 노래를 부르면서, 암컷을 위해 준비한 둥지로 인도하기 위해 자신의 거대한 꼬리 깃털을 들어올린다. 그리고 수컷은 암컷 앞에서 암컷을 둘러쌓을 정도로 크게 꼬리 깃털을 펼친다. 꼬리 깃털 하나하나가 조밀하게 붙어 있어 각도에 따라 색이 다르게 보이는 눈처럼 보인다. 화려한 눈들은 모두 암컷을 향하고 있다. 암컷은 그것을 무시할 수 없다. 마찬가지로 설득력은 사람들을 옳은 길로 인도한다. 사람들에게 다가가는 가장 좋은 방법은 양심에 호소하는 것이다. 이것은 성품 정의로 사람들에게 말하는 것을 의미한

---

27 IBLP-Korea 편집부(2011). 성경에 기초한 성품교육과정. 경기: IBLP-Korea.

다. "그것은 순종하는 것이었니?" "그것은 진실한 말이었니?" "다른 사람이 어떻게 느낄 것인지 배려하는 행동이었니?" 양심에 거리낌이 있는 진실을 무시하기란 쉽지 않다. 양심에 호소하는 것은 우리가 무엇을 해야 하는지 보여 주고, 왜 그것을 해야만 하는지도 가르쳐 준다. 이렇게 하는 것은 분명히 다른 사람들이 옳은 길로 가도록 도와준다.

옳은 태도

수컷 공작은 노래를 부르고 깃털을 보이는 것뿐만 아니라 존중하는 태도도 보인다. 수컷은 우스꽝스럽게 앞으로 뒤로 걷는다. 또 왼쪽으로 몇 걸음 가다가 다시 오른쪽으로 간다. 꼬리 깃털을 흔들다가 정중하게 암컷을 설득하기 위해 몸을 숙여 절을 한다. 이 일을 암컷이 자신을 받아 주거나 거절할 때까지 반복한다. 암컷이 결정을 내리면 수컷 공작은 암컷이 마음을 바꾸도록 괴롭히거나 따지지 않는다. 설득력에서 명심할 점은 각자가 자신의 결정에 책임을 가지고 있다는 것이다.

역사에서의 설득력

서희 이야기

거란족은 내몽골 지역, 요하 상류지역에 살던 선비족의 일부였다. 이들은 부족 단위로 유목 생활을 했는데 당나라의 영향을 받아 문명이 진화하면서 세력을 형성했다. 916년 야율아보기가 황제를 칭하면서 거란국을 세우고, 그 뒤 동쪽으로 세력을 확장하면서 926년에는 발해를 멸망시키고 만주지역을 차지하게 된다. 이후 만리장성 이남, 황하 이북의 연운 16주를 확보하고 국호를 요나라로 고친다.

고려는 건국 직후부터 북진 정책을 세우고 고구려의 옛 땅을 되찾고자 했다. 당시 만주 일대에는 거란이 강성하여 발해를 멸망시키고 고려와의 화친을 맺고자 하였다. 고려는 바다 건너 송나라와는 친선 관계를 유지했으나, 북방의 거란이나 여진 등 문화 수준이 낮은 민족과는 국교를 거부했다. 고려는 발해를 계승하고자 했으므로 거란과의 충돌은 불가피했다. 서경(평양)을 재건하고 이곳을 북진정책을 위한 거점으로 삼는다. 정종 때는 30만 명의 광군을 조직하기도 했다.

이에 불만을 품은 거란에서는 성종 12년(993) 소손녕이 80만 대군을 이끌고 압록강을 건너 고려에 침입한다. 이때 고려 조정에서는 여러 신하들이 겁에 질린 나머지, 항복하자는 측과 서경 이북의 땅을 거란에게 내주고 화평하자는 측으로 갈렸다. 그러자 서희가 "제가 적진에 가서 담판을 짓겠습니다." 하며 반대하고 나섰다.

서희는 당당히 적진으로 소손녕을 찾아갔다. 그러나 소손녕은 "고려는 신라에서 일어난 나라이니 고구려의 옛 땅을 내놓으시오. 또한 송나라와의 관계를 끊고 거란을 섬기시오." 하고 요구하였다. 이에 서희는 "우리는 고구려의 옛 땅에서 일어났고, 그래서 나라 이름도 고려라고 했소. 땅의 주인을 따지자면 오히려 거란의 동경도 우리 땅이오. 그리고 거란과 국교를 맺지 못한 것은 여진이 길을 막고 있기 때문이오. 여진을 쫓아내고 길을 통하게 하면 거란과 국교를 맺지 않을 리가 없지 않겠소?" 하고 주장했다.

서희의 입에서 거침없이 흘러나오는 조리 정연한 말에, 소손녕은 마침내 청천강에서 압록강까지 이르는 280여 리의 땅(강동 6주)을 고려의 영토로 인정하고 대군을 철수시켰다.

서희의 협상과 강동 6주

균형 잡힌 설득력의 품성 키우기

균형 잡힌 설득력의 품성은 솔선, 겸손, 존중의 품성과 함께 키울 수 있다.

본보기(솔선)를 보이라
솔선은 "누군가 처리해야 할 일을 요청 받기 전에 먼저 알아서 하는 것"이다. 다른 사람의 삶에 영향을 미치는 설득력을 가지려면 자기가 설득하려는 것을 먼저 실행하고 본을 보여야 한다. 전쟁 중에 '말한 대로 행동하는' 군대의 지휘관들은 평생 부하들의 충성과 신뢰를 얻는다. 학생들의 솔선과 본이 되는 교수는 학생들에게서 최선의 것을 이끌어 낸다. 내가 하기 싫은 것은 다른 사람도 하기 싫은 법이다.

겸손을 통해 효율을 높여라
겸손은 "내가 성취한 것은 다른 사람 덕분임을 인정하는 것"이다. 우리는 무엇을 이루었을 때 우쭐하기 쉽다. 겸손은 유능한 리더들이 갖춘 중요한 성격적 특성이다. 겸손은 설득력을 높여 준다. 우리가 사람들로부터 감화를 받는 순간은 그들이 겸손의 품성을 보일 때이다. 겸손은 공동체의 구성원 모두가 그 공동체의 핵심 목표를 이루는 쪽으로 방향을 맞추게 한다.

존중을 훈련하라
존중은 "주위 사람의 기호를 거스르지 않기 위해 내 자유를 제한하는 것"이다. 존중은 다른 사람을 약하게 만들거나 넘어뜨릴 상황을 막는 것으로 다른 사람을 존중하고 잘난 척을 하지 않는 사람은 다른 사람에게 적절한 질문을 한다거나 자신의 이익보다 다른 사람의 이익을 우선시 한다는 것을 알려주는 것이다. 예절은 존중의 일상 표현으로 특히, 어린이나 여자들을 존중하여 그들의 양심을 보호하는 것이 중요하다.

점검 질문

	질문	
	다른 사람이 잘못하는 것을 볼 때 나는 어떻게 반응하는가?	□
	사실을 말하는가, 아니면 의견을 말하는가?	□
	상대방에게 어떤 이야기와 이미지를 전달할지 생각해 본 적이 있는가?	□
	다른 사람들이 옳은 일을 하도록 설득시키는 가장 효과적인 방법은 무엇인가?	□
	어떤 사람에게 이야기할 때, 가장 적절한 때를 찾으려면 무엇을 고려해야 하는가?	□
	무엇이 옳은지에 관심을 갖는가, 아니면 다른 사람이 내 말에 동의하길 원하는가?	□
	형제자매에게 잘못된 결정을 내리지 않도록 설득하는가?	□
	잘못된 행동을 정당화하는 사람들에게 그것이 오용된 것임을 깨닫도록 증거를 모으고 설득하는가?	□
	다른 사람에게 나의 의견을 강요하는가? 아니면 사실을 전달하고 의견의 공통점을 찾아내어 논쟁을 줄이며 설득하는가?	□

활동과제

1 가정에서의 설득력을 적용하고 결과를 쓰시오.

2 가족이나 친구들 중에 잘못된 사실을 믿고 잘못된 방향으로 가고 있다면 그들을 설득하기 위해 어떻게 해야 할지 생각해 보고 적용해 보시오.

3 미디어나 SNS에서 널리 퍼져 있는 잘못된 것들을 알아보고 이를 반박할 수 있는 정확한 사실을 찾아서 자료(이야기, 이미지 등)로 만들어 보시오.
(예: 스트레스를 줄이기 위해 담배를 피운다)

4 개인 또는 조별로 실생활에서 경험할 수 있는 다양한 잘못된 경우들을 쪽지에 적어 종이 가방에 넣는다. 각 조별로 종이가방에서 쪽지를 하나 꺼내서 내용을 읽고 어떻게 양심에 호소하여 옳은 일을 하도록 설득력 있게 말할지 토론하고 발표해 보시오.

사례	설득 내용
자살하려는 친구	
삶의 의욕을 잃고 우울증에 빠진 친구	
게임, 도박이나 주식에 빠져 큰돈을 잃은 경우	

8. 끈기(Endurance)[28]

정의	정신적, 육체적 중압을 견디며 최선을 다하는 내면의 힘
반대말	낙담, 비겁, 포기
나의 결심	• 포기하지 않겠다. • 목표에 집중하겠다. • 한 번에 한 걸음씩 나아가겠다. • 비판을 받아도 낙심하지 않겠다. • 지쳐도 계속하겠다.
자연의 예 (동물)	오랫동안 낙타는 횡단이 불가능한 지역의 유일한 교통수단이었다. 거친 사막에서 다른 동물들은 대부분 여행 도중 죽지만, 낙타는 사막의 스트레스를 잘 견디도록 코끝에서부터 꼬리 끝까지 독특하게 만들어졌다. 
가정에서의 끈기	• 부채를 갚기 위해 꾸준히 노력한다. • 부모는 불순종하는 자녀에게도 끝까지 희망을 잃지 않고 믿음을 갖는다. • 숙제, 집안일, 계획한 일을 포기하자 않고 계속한다. • 서로의 짐을 져주며 함께 견딘다.
보상	• 기회:힘들어도 옳은 일을 계속하면, 중도에 그만두었으면 놓쳤을 생각지도 않은 기회를 얻게 된다. • 힘:고난이나 어려운 관계 가운데서도 배우려는 의지가 있으면, 모든 일에서 가치를 찾는 성품의 힘이 길러진다.
격언 (교훈)	"지속적인 경계가 자유를 위해 지불해야 할 대가라면 지속적인 끈기는 탁월함을 위해 지불해야 할 대가이며 아울러 조국을 사랑하는 모든 사람의 의무이다.." –제임스 T. 화이트

설거지나 청소, 학교 과제, 직장 업무 등 정기적으로 해야 할 일들이 있는가? 시작할 때는 의욕이 넘치지만 해도해도 끝이 없는 일처럼 느껴지면 어느새 몸과 마음은 지치고 흥미를 잃고 만다. 이처럼 잘못된 자세로 경주를 달리다가 중도에 포기하는 사람이 많다. 경주를 끝까지 견디며 마치려면 올바른 방법을 따르고 유혹을 물리치고 결승선에서 기다리는 상에 초점을 맞추는 자세가 필요하다. 매일 해야 할 일을 해내 것은 성실히 최선을 이루는 인생의 출발점이다. 무슨 일이 있어도 시작한 일을 끝까지 열정을 잃지 않고 잘 마무

28 출처: IBLP–Korea 편집부(2014). 진정한 성공의 길(개정 4판). 경기: IBLP–Korea.

리하겠는가?

어떻게 견디는가?[29]

'끈기'는 달리기에 필요한 몸의 활동력과 관련된다. 그러나 품성으로서 끈기는 몸의 활동력보다 훨씬 더 깊다. '끈기'는 목표가 이루어질 때까지 끈질기게 붙드는 것이다. 끈기는 소망에 기초한다. 달리기 선수가 경주에서 이기리라는 희망 때문에 혹독하고 고통스런 훈련을 견딘다. 경주를 포기하지 않는 한 상을 받는다는 사실을 알면 끈기가 생긴다. 달리기 선수가 피하고 싶은 결과는 무엇인가?

1. 목표 지점에 이르기 전에 힘이 소진되는 것
2. 결승점을 통과할 때 기운이 남아 있는 것

끈기는 중간중간의 방해물보다 더 큰 목표에 집중하는 것이다. 우리에게 있는 힘의 한계를 알면 기운과 자원을 아끼기 위해 불필요한 요구를 사절할 것이다.

> "아무리 단단한 바위라도 작은 파도가 천 년간 끈질기게 내리치면 침식될 수밖에 없다." — 알프레드 테니슨 경

끈기의 품성 정의는 "스트레스를 견디며 최선을 다하는 내면의 힘"이다. 무거운 것을 들거나 힘이 많이 드는 일을 하려면 육체의 힘이 필요하지만 육체의 힘만으로 극복할 수 없는 어려움에 직면할 때는 내면의 힘이 필요하다. 오랫동안 병을 앓거나 친구들에게 놀림을 당하거나 사랑하는 사람을 잃거나 일에 집중할 수 없는 상황에서는 더욱 그렇다.

끈기의 반대는 낙담 또는 포기이다. 사람들은 어려운 상황에서 벗어날 희망

---

29 진정한 성공을 위한 능력, , 경기:IBLP-Korea.

이 보이지 않을 때 낙담하고 포기한다. 문제를 해결할 방법이 없다고 극단적 선택을 하거나 불평을 늘어놓기도 한다. 상황을 바꿀 수 없기 때문에 눈물을 터뜨리거나 화를 내기도 한다. 최선을 다하고 나면 육체와 정신이 매우 지쳐서 내면의 힘이 거의 남지 않는다. 이럴 때 '아무도 너에게 관심이 없어.' '이건 아무런 가치가 없어.'라는 거짓말이 사실인 것 같다. 올바른 사실에 초점을 맞추고 이런 파괴적인 생각을 꽁꽁 묶어 놓지 않으면 패배할 수밖에 없고 끈기는 불가능해진다.

당신의 내적 힘을 모아두는 '끈기 탱크'가 있다고 상상해 보자. 이 탱크 안에 있는 힘은 당신의 생각과 느낌과 행동에 영향을 받는다. 당신이 시련을 당할 때 불평하거나 말싸움하거나 자기 힘만을 의지하면 끈기 탱크에서 아무것도 꺼내지 못한 채 낙담하고 만다.

스트레스를 이기려면 생각의 초점을 올바른 것에 맞추라. 규칙적으로 조용한 시간을 갖고 자신의 내면을 강하게 하는 것으로 당신은 끈기 탱크에서 힘을 공급받을 수 있다.

끈기의 구성요소[30]

스포츠에서 운동선수는 힘, 속도 및 기량을 위해 훈련할 뿐만 아니라 끈기(지구력)도 훈련한다. 목표에 도달하기 위해 장시간 훈련을 통과할 수 있는가? 표면적으로 끈기는 단순한 개념으로 보일 수 있지만 실제로는 몇 가지 구성요소가 관련되어 있다. 우리가 일상생활에 직면할 때 끈기는 우리 각자에게 무엇을 의미하는가? 정의를 세 부분으로 나누어 보자.

1) 내면의 힘

최종 목표에 도달하는 데는 힘이 필요하다. 체력이 일부일 수도 있지만, 반드시 그것만 필요한 것은 아니다. 힘은 머리와 마음의 강함을 포함한다. 즉,

[30] CTI 품성시리즈 끈기

당신의 내면의 힘, "계속 노력하십시오. 당신은 그것을 할 것입니다."라고 말하는 작은 목소리이다.

2) 스트레스를 견뎌라

스트레스는 우리의 힘, 결심, 통제를 빼앗고, 우리를 고갈시키고 약화시킨다. 끈기 있게 견딜 수 있으려면, 무엇이 스트레스를 주는지 파악한 다음, 그 스트레스에 대처할 수 있는 전략을 개발하여 목표를 향해 진전할 수 있는 "충분한 힘"이 될 수 있도록 하는 것이 중요하다.

3) 최선을 다해

인생에서 우리는 두 가지 선택을 할 수 있다. 최소한의 노력으로 "슬쩍 지나가려고" 시도하거나, 우리가 성취하고자 하는 것에 온 마음과 정신을 집중할 수 있다. 우리의 목표를 달성하고 우리의 진정한 잠재력을 온전히 실현하기 위해서는, 우리가 하는 일에 자신을 쏟아붓는 것이 중요하다. 우리가 성취한 것을 되돌아볼 때 우리의 노력에 대해 기분이 좋을 수 있도록 항상 최선을 다하는 것이다.

끈기를 키우는 5가지 열쇠

우리가 어디로 가는지 그리고 결승선이 어떤 모습인지를 아는 것은 우리에게 계속할 수 있는 에너지를 준다. 대부분의 사람들은 목표를 볼 수 있고 자신의 희생에 목적이 있다고 믿는다면 어려운 시기를 견딜 수 있다. 목표를 잘 보이게 하고 긍정적인 태도를 유지하라.[31]

끈기를 키우는 5가지 열쇠는 다음과 같다.

1) 목표 파악(Know the Goal)

목표를 시각화하는 사람은 장애물을 극복하는 데 필요한 관점을 유지할 수 있다. 당신의 어려움이 단기적인 목표든 더 큰 관심사든 간에, 당신의 목표와

---

31 CTI 품성시리즈 끈기

좋은 성품의 가치에 초점을 맞추어 희망과 경로를 유지하라.

2) 한 번에 한 걸음씩(Take One Step at a Time)

한 걸음에 목표를 달성하려고 하면 금방 좌절하게 된다. 큰 그림을 구상했다면, 목표에 더 가까이 다가갈 수 있는 매일의 선택을 할 수 있도록 그것을 순차적인 단계들로 분할하라. 프로세스에 집중하고, 결과가 스스로 처리되도록 하라.

3) 지원 찾기(Find Support)

인간은 공동체가 필요하다. 각 사람이 다른 사람을 지원할 수 있도록 같은 방향으로 달리는 동료를 찾아라. 의식적으로 성실한 사람들로 자신을 둘러싸라. 동기부여를 위해 앞의 사람들을 보고, 뒤를 따르는 사람들에게 당신의 모범과 경험을 투자하라. 건설적인 조언과 정서적 지원을 해 줄 수 있는 사람들을 찾아라.

4) 에너지를 갱신하라(Renew Your Energy)

업무를 수행하는 데 필요한 신체적, 정신적, 정서적 에너지를 인식하고 이러한 요구사항을 충족하는 데 시간을 할애하라. 자신의 능력을 넘어서면 현재의 생산성과 내일에 최적으로 기능하는 능력이 저하된다. 필요할 때 휴식을 취하라.

5) 잘 마무리하라(Finish Well)

큰 프로젝트가 완성에 가까워지면, 결승선이 눈에 보일 때처럼 긴장을 푸는 것이 자연스러운 경향이다. 이러한 유혹은 세부사항이 간과되고 주의가 산만해지고 마감 기한이 갑자기 다가오면서 전체적인 노력을 위협한다. 일관된 노력을 기울이고, 완료될 때까지 꾸준히 작업할 수 있도록 미리 계획하라.

끈기와 자연

낙타 이야기

사막에 최적화된 신체 및 생리 구조

낙타과에는 등에 혹이 하나인 단봉낙타와 둘인 쌍봉낙타가 가장 많이 알려져 있다. 낙타의 특징으로 알려진 '물과 먹이 없이 오래 견디고 열대 사막에 적응을 잘하는' 종은 단봉낙타다. 단봉낙타(Dromedary)는 아프리카 북부 아라비아 반도 서아시아와 호주에 분포한다. 단봉낙타는 강렬한 햇빛과 더위, 세찬 모래바람, 물이 귀한 사막에 적응하도록 최적화된 신체구조와 맞춤 생리작용을 한다.

조밀하고 긴 눈썹은 눈 밑의 검은 피부와 함께 햇빛을 차단하고 반사를 방지한다. 콧구멍은 마음대로 여닫을 수 있어 눈썹과 더불어 모래바람을 막을 수 있다. 후각이 매우 발달해 10km 밖의 동료 냄새를 맡을 정도라 무리에 흐트러짐이 없다. 발바닥에는 두텁고 탄력 있는 결합조직과 지방조직이 있어 모래의 뜨거움을 막아 주고 발을 디딜 때 발바닥을 넓혀 줘 사막의 걸음을 가볍게 한다.

물 없는 환경에서 수분 소모를 최소화하기 위한 시스템도 작동한다. 신장에서는 다른 포유류보다 오줌을 5배 이상 농축해 극소량만 배설케 하고, 대변도 건조한 상태로 만들어 신선한 변도 즉시 연료로 사용할 수 있을 정도다. 체온을 주변 온도에 맞춰 36°C에서 42°C까지 조절해 땀에 의한 수분 손실을 막고, 피부의 털도 조밀해 피부를 통한 수분 손실도 최소화한다. 콧구멍을 닫을 수 있는 능력도 수분 보전을 도와준다.

사막의 극한 상황을 견디는 끈기

낙타는 '사막의 극한 상황들'을 견디기 위해 몸속에 에너지를 비축함으로써 끈기의 비결을 보여준다. 약 230kg의 짐을 싣고 3일 동안 물 한 모금 마시지 않고 하루에 40km를 갈 수 있다. 몸과 등의 혹에 물을 저장하고 넓은 발은 모래 위를 걷는 데 이상적이다. 등의 혹은 에너지원의 저장창고가 된다. 먹이가 풍부할 때 충분히 섭취해 혹에 지방으로 저장하고, 먹이가 없을 때 분해해 이용한다. 350kg의 짐을 싣고 16일 동안 447km를 물도 없이 이동한 후 하루 쉬고 240km를 더 이동했다는 기록도 있다. 강인한 다리가 지구력을 더해 준다.

출처: 중앙일보, "16일간 물 안 마셔도 살 수 있다, 나는 누구일까?"

낙타는 나뭇잎과 마른풀, 다른 동물이 잘 안 먹는 거칠고 가시가 있는 사막식물과 소금기 있는 식물 등 거의 모든 식물을 잘 먹는다. 한 곳에서 식물을 다 먹어 버리지 않고 넓은 지역을 이동하면서 조금씩 먹는다. 척박한 토양에서도 식물이 황폐하지 않도록 섭식하는 지혜를 가지고 있다. 풍부할 때 앞날을 위해 저장하고 없을 때는 저장한 것을 아껴 쓴다. 환경이 열악해도 자신의 강점을 총동원하면서 적응한다. 척박한 사막지대에서 더위와 추위, 목마름과 기아를 스스로 견디며 오아시스를 맞이한다.

역사에서의 끈기

대동여지도를 만든 김정호 이야기

김정호는 1800년대에 황해도에서 태어났고, 지리학자이며 실학자이다. 당시 청나라는 서구의 과학과 문화를 받아들이고 있었는데, 그 영향이 조선에 와서 실학으로 연구되고 있었다. 지인들의 기록에 의하면 스무 살 때부터 지도 제작에 관심이 많았던 것으로 나타난다. 김정호의 호인 '고산자'의 뜻은 옛 고, 메 산, 아들 자로 되어 있다(古山子).

대동여지도란 한자는 조선(大東) 여지(輿地) 도(圖)이다. 큰 조선의 땅을 그린 지도라는 뜻이다. 여지는 수레라는 의미에서 파생해서 땅이라는 의미로도 쓰였다. 규모가 클 뿐 아니라 정확도 또한 높다.

대동여지도는 10리마다 표시를 해 두어서 실용적인 목적을 꾀하였고 여러 지방에 대한 다양한 정보를 삽입하는 등 단순한 지도가 아니라 조선 시대 당시의 생활상을 꼼꼼하게 알 수 있는 훌륭한 정보지이기도 하다. 10리는 직선거리 10리가 아니라 실제 거리 10리이고 산이 험할수록 촘촘하게 찍혀 있다. 대동여지도 실물의 크기는 높이 7미터에 가로 3미터 반인 만큼 거대하며 3층 높이 정도의 공간이 있어야만 전체를 펼칠 수 있다. 축척은 실물의 16만분의 1 크기이고, 그래서 김정호는 대동여지도를 200여 개의 조각으로 나눠서 제작한 후 다시 연결하여 접었다가 펼칠 수 있도록 고안하였다.

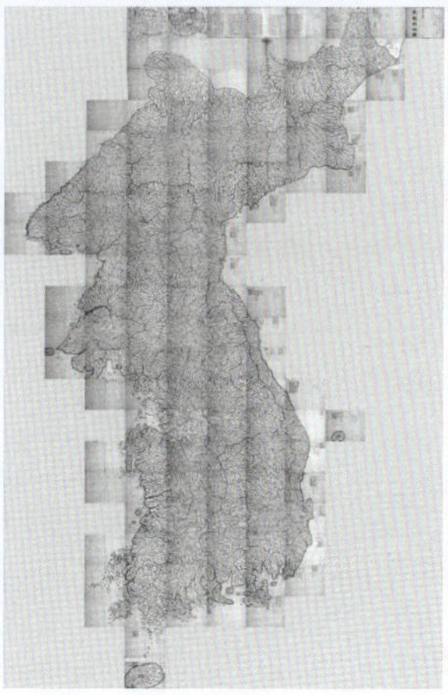

일설에 의하면 고산자 김정호가 지도의 필요성을 인식하고 전국을 돌아다니며 겨우 대동여지도를 완성했더니, 이를 본 흥선 대원군은 대로하여 김정호를 옥에 가두고 고문했다는 얘기가 있다. 쇄국 정책을 하던 흥선 대원군의 눈에는 국내의 군사, 지리 정보를 유출하려고 했던 것으로 보였다는 이야기다. 최근의 연구에 따르면 이는 사실이 아닌 것으로 드러났다.

김정호는 인생의 많은 시간을 정확한 지리정보를 위해 헌신한 인물이다. 그의 헌신 덕분에 우리는 대동여지도라는 세계적인 지도를 가질 수 있게 되었다.

균형 잡힌 끈기의 품성 키우기

균형 잡힌 끈기의 품성은 지혜, 기쁨, 솔선의 품성과 함께 키울 수 있다.

지혜롭게 나아가라
지혜는 "현재 상황을 초월하는 관점에서 삶의 상황을 보고 반응하는 것"이다. 현명한 사람은 목표의 덕행을 이해하고 불필요한 비용 없이 목표를 달성하는 최선의 방법을 찾는다. 개인의 성실성에 헌신하고 목표를 달성할 수 있는 효율적인 방법을 찾아라.

기쁘게 지속하라
기쁨이란 "불쾌한 상황에 직면하더라도 좋은 태도를 유지하는 것"이다. 기쁜 사람들은 즉각적인 편안함과 편리함보다 목적을 더 크게 인식하기 때문에 긍정적인 태도를 보인다. 상황이 어떠하든 긍정적인 기여를 할 수 있는 방법을 찾아라.

솔선을 보여라
솔선은 "요청을 받기 전에 해야 할 일을 인식하고 수행하는 것"이다. 솔선은 끈기와 중단을 구별되게 한다. 목표를 설정하고 합리적인 세부 목표들로 세분화하면 일을 시작하라. 어려움에 대한 두려움 때문에 프로젝트를 시작하거나 하던 중간에 조정하지 않도록 하라.

점검 질문

	질문	
	우리 가족이 어려운 시간을 보낼 때 기뻐할 수 있는 이유가 있는가?	☐
	스트레스를 받는 상황에서 포기하고 마는가?	☐
	어려움, 고통 중에 걱정이 생길 때 나에게 희망을 주는 것이 무엇인지 생각해 보는가?	☐
	사람들이 나를 비웃거나 욕할 때 낙심하지 않고 이기는가?	☐
	현재의 어려운 상황에서 나에게 최선이 무엇인가 생각하는가?	☐
	내가 삶을 계속할 수 있는 동력은 무엇인지 생각하는가?	☐
	목표를 이루기 위해 유혹에 저항하고 나쁜 생각을 버리는가 아니면 나쁜 욕망에 쉽게 굴복하는가?	☐
	어려운 상황에서 어떻게 긍정적인 태도를 유지할까 생각하는가?	☐
	직장이나 집에서 스트레스가 많은 상황에 어떻게 반응할지 생각해 보는가?	☐

활동과제

1 가정에서의 끈기를 적용하고 결과를 쓰시오.

2 연초나 학기 초에 세웠던 목표들을 적어 보고 꾸준히 실행하지 못하는 목표들이 있다면 이유를 적고 다시 끈기 있게 할 수 있는 방안을 찾아보시오.

3 목표를 실천하는 과정에서 또는 실행 중인 프로젝트에서 현재 겪는 어려움을 적어 보고 모범으로 따를 수 있도록 그 어려움을 극복한 사례를 찾아보시오.

4 인간은 네 가지 영역(육체/정신/사회/영적)으로 이루어져 있다. 우리가 원하는 목표를 이루기 위해 각 영역의 적절한 균형과 성장이 중요하다. 최근에 네 가지 영역에서 겪고 있는 어려움을 써 보고 해결책을 생각해 보시오.

신체적(운동, 영양, 스트레스 관리)	사회적/감정적(봉사, 공감, 시너지, 내적 안정)
정신적(독서, 상상, 계획 수립, 저술)	영적(가치명료화와 몰입, 학습과 명상)

9. 용기(Courage)[32]

정의	어려운 환경이나 두려움에도 불구하고 옳은 일을 행하고 알리는 내면의 힘 또는 태도
반대말	비겁(cowardness), 두려움(fearfulness)
나의 결심	• 옳은 행동을 하고 그것을 고수하겠다. • 기꺼이 홀로 서겠다. • 두려울 때 도움을 받겠다. • 다른 사람 때문에 낙심하지 않겠다. • 괴롭힘을 당하거나 학대당하는 사람을 돕겠다.
자연의 예 (동물)	벌꿀 오소리는 싸우기 위해 잘 무장되어 있다. 강한 근육, 5센티미터의 발톱, 날카로운 이빨 그리고 강력한 다리로 4배나 큰 약탈자를 물리친다. 한 번에 사람 100명을 죽일 수 있는 독을 가진 5미터가 넘는 킹코브라도 벌꿀 오소리를 보면 도망을 간다. 표범을 제외하고는 천적도 없다. 벌꿀 오소리는 세상에서 제일 겁 없는 동물로 알려져 있다. 성격이 사납고 겁이 없지만 머리도 좋다. 
가정에서의 용기	• 우리 가정이 세운 올바른 기준을 남이 이해하지 못해도 꾸준히 실행한다. • 부모는 자녀와 인격적이고 좋은 관계를 가짐으로써 자녀가 낙담할 때 다시 올바른 방향으로 갈 수 있도록 도와준다. • 부모는 자녀가 자신을 있는 그대로 받아들이고 어려움을 극복하도록 축복한다. • 힘든 일이 생길 때 서로의 짐을 져주며 격려한다. • 부모가 살아오면서 겪었던 어려움이나 성공했던 경험담을 자녀에게 들려준다.
보상	• 만족: 어려움을 극복하고 옳은 일을 행하여 이룬 성취의 쾌감만큼 큰 보상은 없다. 힘든 싸움일수록 승리의 쾌감은 크다. • 존경: 사람들은 자신의 신념을 위해 용감하게 행동하는 사람을 지지하고 존경한다. 역사에 지울 수 없는 흔적을 남긴 모든 위대한 사람은 어려움에도 불구하고 전진하는 용기를 가졌다. 이러한 사람이 생을 마감하면 세상은 진심으로 슬퍼하고 애도한다.
격언 (교훈)	"진정한 힘은 타고난 재능에서만 나오지 않고, 어려움과 용기 있게 맞서 싸울 때 나온다. 승리한 사람은 누구나 진정한 힘을 얻는다." – 알프레드 아들러 "진정으로 용기 있는 사람은 선을 위하여 두려움을 견딘다."

용기는 마음(heart)을 의미하는 라틴어 "cor"에서 유래한다. 용기는 마음에서

32 49가지 품성에 해당되지 않지만 교육부 선정 핵심 인성 덕목 10가지, 군 인성교육 7대 핵심덕목 등에 포함되므로 개정판에 추가함.

나오는 동기로 용감한(위험하거나 어렵거나 불쾌한) 무언가를 할 수 있는 능력이다. 심장이 뇌와 팔다리로 피를 보냄으로써 신체 기관이 작동하도록 하듯 용기는 정신의 모든 미덕이 가능하도록 하는 근원이다. 용기가 없다면 삶의 가치들을 실천하거나 이행할 수 없다. 우리가 한 걸음 성장하기 위해서 반드시 필요한 것도 용기이다.

용기는 무기력이나 절망감의 반대 개념이 아니다. 키르케고르, 니체, 사르트르 등 많은 철학자가 용기를 '절망감에도 불구하고 앞으로 나아갈 수 있는 능력'이라고 정의했다. 개인이든 사회이든 우리를 둘러싼 환경이 늘 불안하거나 절망적이기 때문이다. 진정한 용기에는 성찰과 저어함이 동반된다. 머뭇거림 없이 돌진하는 행동은 만용이며, 무의식의 공포를 감추기 위한 행위이다.[33] 용기는 두려움이 없는 상태가 아니다. 용기가 두려움을 사라지게 하지도 않는다. 오히려 두려움에도 옳은 일이기 때문에 하는 것이다.

용기는 두려움을 맞닥뜨리는 불굴의 노력이며, 지성, 참을성, 인내심을 필요로 한다. 용기는 위험을 평가하고 기술을 습득하고 문제를 해결하도록 하는 많은 특성이 연결되어 있다.[34]

[그림 4-9] 두려움의 환상

33 소중한 경험, 김형경, 사람풍경, 2015.
34 용기의 심리학, Julia Yang 외, 학지사, 2015.

모든 사람은 자신만의 두려움을 가진다. 우리 모두는 두려워하며, 종종 우리에게 맡겨진 일들에 대해 자신이 부적당하다고 느낀다. 그래서 매일 작은 용기를 내고 무서워하는 습관을 버리는 것이 중요하다. 용기는 선택이다. 우리 모두가 할 수 있는 선택이다. 이러한 매일의 용기를 내는 데 우리를 가로막는 걸림돌은 두려움과 열등감이다.

용기의 걸림돌[35]

1) 두려움

20세기를 두려움의 세기라고 한다.[36] 21세기에는 두려움을 주는 요인들이 더 많아지고 강도가 커졌다. 경제, 사회, 정치, 보건, 기후 등의 영역에서 복잡한 많은 일들이 일어나고 발달된 미디어로 인해 그러한 소식은 금방 전파되어 두려움을 배가시킨다. 2008년의 금융위기, 기후변화로 인한 초대형 태풍의 잦은 발생, 각 나라들 간의 국지전 및 경제 전쟁, 코로나-19로 인한 두려움 등이다.

용기는 위험, 절망, 두려움에 대한 반응이다. 우리가 위험을 감지할 때, 두려움은 우리에게 즉시 자기보호가 필요함을 알린다. 두려움이 우리의 직관과 함께 작용하여 우리를 생존하게 하는 신호의 역할을 할 때, 두려움은 선물이다.

두려움이 위험보다 커지기 전까지는 두려움은 기본이며 정상적이고 필요하다. 두려움이 위험보다 커지면, 두려움은 불안이 된다.

실존적으로 두려움은 궁극적으로 죽음에 관한 것이며, 일상적인 삶에서 회의와 무의미감으로 드러난다. 우리가 죽음의 두려움을 벗어날 때 얼마나 용감할 수 있는지 한 사례가 있다.

---

35 용기의 심리학, Julia Yang 외, 학지사, 2015.

36 The meaning of anxiety, May, R., Norton & Company, 1977.

어떤 남자가 암에 걸려 몇 개월밖에 살지 못한다는 진단을 받았다. 얼마 후 강도가 근처 가게에 들어갔다가 갇히는 사건이 있었는데, 이 남자가 자원하여 가게에 들어가 강도를 체포했다. 그냥 병으로 죽느니 강도를 잡다가 죽으면 영웅이라도 되지 않겠냐는 생각에서였다. 강도는 이 남자의 담대함(용기)에 기가 질려 항복했다.

이 남자는 다른 일에도 자원하여 용감한 행동으로 모든 사람을 놀라게 했다. 그때 암 진단이 오진이었다는 통보를 받았다. 암이 아니어서 이제 살 수 있게 된 것이다. 그런데 도리어 매사에 두려움이 찾아왔고 용기와 힘을 잃게 되었다.[37]

2) 열등감

용기는 두려움에 대한 답이기도 하지만 열등감에 대한 답이기도 하다. 생물학적으로 우리는 모두 작고, 의존적이고, 무기력함을 느끼며 태어난다. 신체적인 열등감은 실재하는 반면, 심리적인 열등감은 가정 및 학교에서 돌보는 사람, 형제자매로부터 시작하여 성격형성기에는 놀이 친구와 또래와의 상호작용에서 비롯된다. 열등감은 우리가 어떤 일이나 위치에 있어서 느끼는 부적당감과도 연관이 되어 있어서 우리가 필요한 용기를 내려고 할 때 방해가 된다. 두려움과 마찬가지로 열등감은 우리에게 해가 되기도 하고 성장의 동력이 되기도 한다.

심리학자인 아들러는 모든 인간의 추구가 열등감에서 비롯되는데, 열등감은 권력에의 의지에 대한 추구를 그럴듯하게 몰고 간다고 얘기했다. 권력에의 의지는 생애 문제를 극복하는 데 자신의 의지를 발휘하고자 하는 창조적 에너지 또는 심리적 힘의 과정이다. 이는 열등감을 극복하고 자기이상의 목적인 우월감으로 나아가는 과정이라 볼 수 있다. 개인이 열등감을 사로잡혀 열등감의 지배를 받는 상태가 열등감 콤플렉스다.

아들러는 사람이면 누구나 적어도 세 가지 주요 인생 과제인 '일과 여가', '우정이나 사회적 관심', '사랑과 결혼'에 직면하게 된다고 믿었다. 나중에 '영성(개인의 영적자아)'과 '자기지향성(주체와 객체로서의 나를 다루는 개인의 성공)'을 추가하였다.

---

37 출처: IBLP-Korea 편집부(2014). 진정한 성공의 길(개정 4판). 경기: IBLP-Korea.

아들러는 우리의 독특한 열등감을 극복하기 위한 노력으로 네 가지 생활 양식이 결정된다고 보았는데 여기에 두려움과 용기, 열등감이 작용한다. 사회적 관심은 인간 각 개인에 대한 공감, 개인의 이익보다 사회 발전을 위해 다른 사람과 협력하는 등 타인과의 소통과 관련이 있다. 이는 심리적 성숙의 주요 기준이 되며 보통 이기적과는 상반되는 개념으로 볼 수 있다. 한편, 활동 수준은 인생 문제를 다루는 데 있어 개인이 보여 주는 에너지의 양이라고 할 수 있다. 우리는 용기를 내어 사회적 관심으로 방향을 움직여야 하고, 과잉 협력(활동 수준)으로 자신과 사회문제 해결을 위해 협동, 타인의 안녕에 공헌하려는 의지를 가져야 한다.

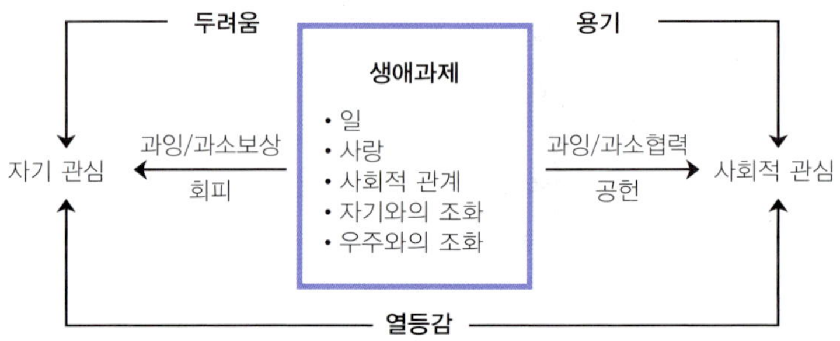

[그림 4-10] 용기의 개인심리학적 모델(Yang, Milliren & Blagen, 2010)

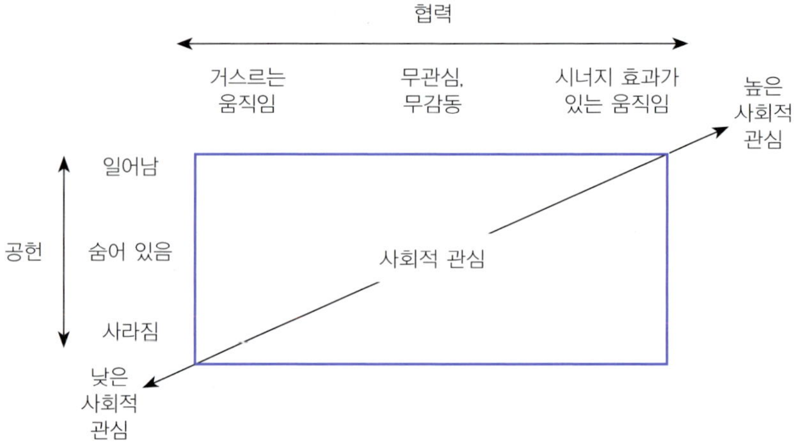

[그림 4-11] 정신건강의 척도로서의 사회적 관심

출처: 용기의 심리학, Julia Yang 외, 학지사, 2015.

우리에게 필요한 용기[38]

1) 고통을 직면할 수 있는 용기

이 세상은 고통으로 가득 차 있다. 고통은 피할 수 없고 삶의 일반적인 모습이다. 종교는 이 고통의 원인을 다양하게 규정하며 해법을 내놓는다. 이러한 해법을 통해 고통을 직면할 용기가 필요하다.[39]

〈표 4-5〉 고통의 원인과 해법

종교(신념체계)	원인	해결책
유교	불공정	모두를 위한 윤리적 행동
도교	만물을 소중히 여기지 않음	만물을 소중히 여기기
불교	탐욕/집착	탐욕을 없애기(해탈)
기독교	세상에 들어온 죄	예수의 구원과 사랑
실존주의	실존적 불안	삶의 의미
인본주의	낮은 자아존중감	자기실현

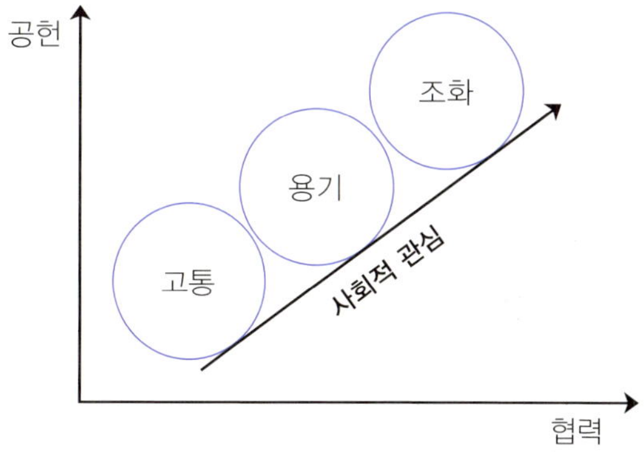

[그림 4-12] 치유 과정

38 소중한 경험, 김형경, 사람풍경, 2015.

39 용기의 심리학, Julia Yang 외, 학지사, 2015.

고통을 극복하기 위해 우리는 치유가 되어야 하고 치유의 용기가 필요하다. 그림 4-12는 그림 4-11을 기초로 하는데 사회적 관심을 가리키는 화살표로 묘사된 움직임을 개인의 협력과 공헌의 상호작용으로 생성된다. 이는 개인이 앞으로 나아가고, 자기 긍정적인 삶의 힘인 용기에 의해 작동하는 변화의 과정을 묘사한다. 이러한 과정을 치유라고 부른다. 치유는 사회적 관심에 대해 yes태도를 가지고 긍정적 방향으로 협력하는 용기로 시작해야 한다(Adler, 1979). 따라서 치유의 용기는 역경에도 불구하고 자신, 타인, 우주와의 조화로운 관계를 향하여 움직이는 과정을 통해 괴로움을 초월하는 용기다.

2) 불안을 이겨낼 수 있는 용기

두려움은 우리 삶에 경보장치로서 긍정적인 작용도 한다. 반면에 불안은 두려움이 고착된 형태이다. '불안' 또는 '불안감'이란 신체적 혹은 정신적으로 분명한 위협을 인지하였을 때 나타나는 공포와는 다른 감정일 뿐만 아니라 안정이 되지 않는 심리적인 상태나 감정을 의미한다. 불안은 우리 존재 자체에 해악을 끼친다. 불안은 우리를 움츠러들게 하고 발걸음을 내딛지 못하게 한다.

하인츠 부데는 『불안의 사회학』(2015)에서 현대사회에서는 누구나 불안하다고 말한다. 우리는 타인 없이 살 수 없는 사회적 존재들이다. 그러나 타인을 의식할 때, 불안은 우리를 엄습한다. 이러한 일상에서의 관계부터 잠재된 빈곤·질병·재난까지, 불안을 유발하는 여러 크고 작은 요소들이 우리를 둘러싸고 있다. 최근에는 코로나19로 인한 질병이 가장 큰 불안 요인이 되고 있다. 우리는 어떻게 불안을 마주해야 하는가?

불안은 우리 자신의 손으로 통제할 수 없다는 데서 시작한다. 이것은 다시 말하면 자신의 손에 무언가가 달려 있다는 것에서 오는 불안이다.

"불안은 모든 가능성이 열려 있는 상태에서 그 어떤 것도 중요하지 않은 게 없다는 사실에서 비롯된다."[40]

---

40 불안의 사회학, 하인츠 부데, 동녘, 2015.

또한 타인과의 관계에서 오는 불안도 크다.

"타인은 천국이면서 동시에 지옥이기도 하다. 타인들은 나를 단단하게 만들어주기도 하지만 거부하고 시기하고 거리를 둠으로써 불안하게 하고 망가뜨릴 수도 있다. 외부지향적인 성격의 사람들에게는 자기 삶을 의지할 대상이자 자기가 누구인지 알게끔 해주는 타인의 존재만이 중요하다. 바로 이와 같이 근본적으로 속을 들여다 볼 수 없는 타인처럼 위험하고 불안정하며 예측할 수 없는 존재를 자신의 준거로 삼고 있다는 것이 불안의 근원이다.

타인이 없으면 자아도 없고, 애매함이 없으면 정치성도 없으며, 절망이 없으면 희망도 없고, 끝이 없으면 시작도 없다. 그 사이에 불안이 있다."[41]

불안은 이 외에도 다양한 원인이 있으며 긍정적인 측면과 부정적인 측면을 모두 지니고 있기도 하다. 하지만 우리는 불안을 안기는 대상의 실체가 명확하지 않을 때 두려움을 느낀다. 불안의 원인들을 파악하는 것 자체로 자신들이 가진 불안이 일정 부분 해소되는 경험을 할 수 있을 것이며, 나아가 불안과 의연하게 마주할 수 있는 용기를 얻을 수 있을 것이다.

3) 실패를 감당할 수 있는 용기

스위스의 의사이자 '인격 의학'으로 유명한 상담가인 폴 투르니에는 그의 책 『모험으로 사는 인생』에서 위험을 무릅쓴 모험을 인간 특유의 본능으로 보았다. 그는 사람의 가치가 성공에 의해서보다는 부당한 실패를 견디는 방법에 의해 더 잘 측정될 수 있음을 얘기한다. 인류 역사는 실패에도 굴하지 않고 새로운 의미와 목적을 위해 전진했던 많은 사람들의 이야기로 가득 차 있다.

미국에서 가장 존경받는 대통령은 16대 대통령으로 남북전쟁에서 승리하고 노예제도를 폐지한 에이브러햄 링컨(1809~1865)이다. 켄터키주 시골에

41 같은 책 208~212.

서 가난한 구두공의 아들로 태어난 그는 학교를 9개월밖에 다니지 못했고 인생에서 수많은 실패를 경험했다. 9세에 어머니가 세상을 떠났고 23세에 주 의회 낙선, 29세에 의회 의장직 낙선, 31세에 대통령 선거위원 낙선, 34세와 39세에 국회의원 낙선, 46세에 부통령 낙선, 49세에 상원 의원 낙선 등 무수히 많은 실패를 겪지만 51세에 드디어 미국 대통령이 된다.

4) 자기 자신으로 존재할 수 있는 용기

우리가 용기를 발현시키기 위해서는 내면에 확고한 자기 개념과 자기 존중감이 있어야 한다. 용기는 미덕이나 충성심 같은 정신 가치가 아니다. 그 모든 것의 밑바닥에 존재하면서 미덕과 충성심에 현실감을 부여하는 뿌리가 된다. 용기가 없으면 사랑은 단순한 의존이 되고, 용기가 없으면 충성심은 순응주의에 불과해진다.

닉 부이치치(Nick Vujicic, 1982~)는 사실상 팔과 다리가 전혀 없는 상태로 태어났다. 닉에게 세상은 온통 두려움이었다. 또래 친구와 다른 자신을 확인하기 시작한 닉은 초등학교라는 작은 세상에서 무서웠고, 아주 외롭고 쓸쓸했다. 그는 세상에 이런 모양으로 자기를 내보낸 신에게 화가 났고, 사람을 생각하면 온통 씁쓸한 기분이어서 삶은 암담했다. 학교는 가기 싫었고, 살아갈 의미도 미래도 없어 보였다.

10살의 닉은 욕조에 가득 물을 채웠다. 두 번의 자살 시도를 거쳐 세 번째 또다시 '감행'하려는 순간, 부모님이 떠올랐다. 그를 사랑했고 그가 사랑한 닉의 부모가 학교를 보낼 때나 잠자리에서 늘 해 주던 말도 생각났다.

"닉, 하나님은 너를 사랑하시고, 너를 위해 놀라운 계획을 가지고 계시단다!"(Nick, God loves you, and God has a great plan for you!)

자신이 사랑하는 부모에게 상처를 남길 수 없다고 생각한 닉은 마음을 고쳐먹었고, 그 덕분에 지금은 전 세계 많은 나라들을 다니며, 수천 회가 넘는 강연회에서 수십만의 청소년에게 용기를 심어 주고, '닉 부이치치 재단'을 설립해 고아 · 장애인 · 청소년들을 후원하는 일을 하고 있다.

평온을 비는 기도

하느님, 바꿀 수 없는 것은 받아들이는 평온을,
바꿀 수 있는 것은 바꾸는 용기를,
또한 그 두 가지 차이를 구별하는 지혜를 주옵소서.

-라인홀드 니버 -

용기를 촉진하는 도구: 격려[41]

우리 자신과 다른 사람이 용기와 사회적 관심을 가지도록 어떻게 촉진할 수 있을까? 용기 촉진자는 자기 자신과 타인과의 관계에서 용기를 주는 사람이다. 아들러는 사람들의 주요 문제가 3가지 측면에서의 결여, 즉 사회적 관심, 상식, 용기의 결여라고 얘기했다. 용기 촉진자는 낙담한 사람에게 용기, 자신감을 갖도록 격려한다. 격려란 긍정적인 생애 운동을 향한 개인의 용기를 촉진하는 과정이다(그림 4-10 참조). 심리학적 개념으로 살펴보면, 격려는 '심리적 근육'을 강화하는 용기를 주는 과정이다. 실제적인 사용 면에서 보면, 격려는 일련의 기술이고 과정 또는 결과다. 영성적인 개념으로 보면, '영감 주기, 육성하기, 자극하기, 지지하기 또는 용기와 자신감을 주입시키기'를 위하여 이용하는 정신 또는 태도다. 식물에 물이 필요한 것처럼 인간에게는 격려가 필요하다.

우리는 두려움으로부터 영향을 받으면 자기관심을 향하여 움직이고, 경쟁하고 비교하며 과잉보상을 하거나 과소보상을 한다. 이러한 보호기제들은 그림 4-13의 왼쪽 열에서 보여 주는 것처럼 낙담의 지각, 태도, 행동 또는 사회적으로 무용한 부정(No)의 태도를 만들어 낸다. 반면 우리는 사회적 관심으로 나아가도록 용기를 가지고 적절한 보상을 이용할 수 있다. 즉, 오른쪽 열에 있는 것처럼 격려의 지각, 태도, 행동으로 이어지는 협력하고 공헌하며 사회적

41 용기의 심리학, Julia Yang 외, 학지사, 2015.

으로 유용한 긍정(Yes)의 태도를 발달시킬 수 있다. 격려하는 것은 낙담한 사람이 왼쪽 열에서 오른쪽 열로 생애운동을 재정향할 수 있도록 힘을 북돋는, 즉 용기를 주는 것이다.

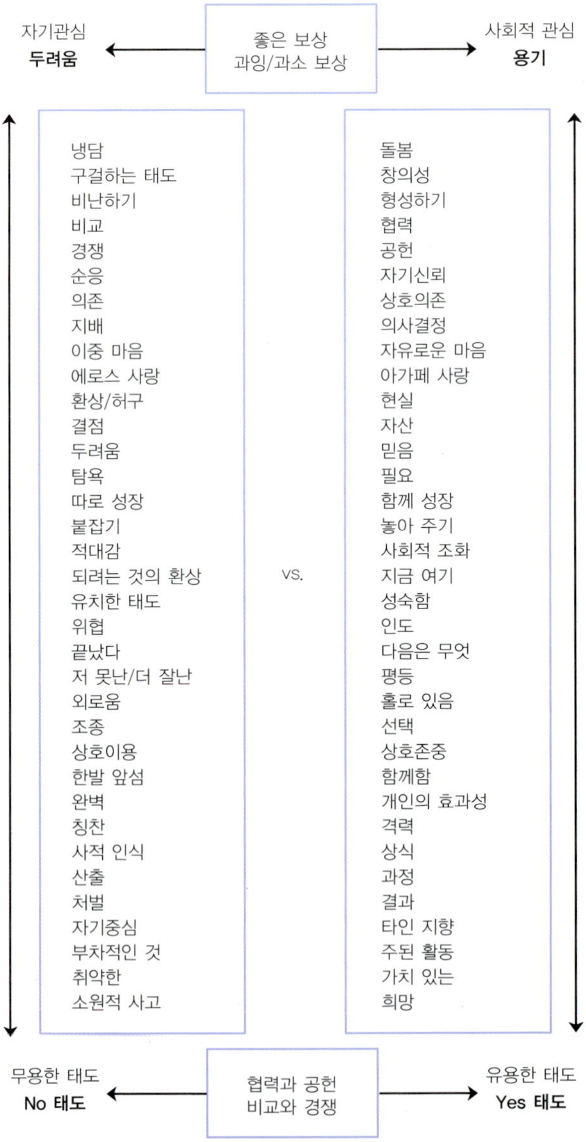

[그림 4-13] 생애운동과 생애태도

출처: 용기의 심리학

리더에게 필요한 용기

갤럽(Gallup) 연구자들은 100명의 리더를 연구하고 성공의 7가지 핵심요소를 확인했다. 그 이후로 조직과 산업 전반에 걸친 리더들의 관찰이 그 연구 결과를 증명했다. 갤럽의 수석 리더십 컨설턴트인 배리 콘치(Barry Conchie)는 한 기사에서 "리더십의 7가지 요구사항"을 다음과 같이 나열한다.

1. 현재 상황을 넘어 미래의 가능성을 전달하라.
2. 옳은 것과 매일의 결정 사이의 명확한 연결 관계를 끌어내라.
3. 어려운 상황을 경험할 때, 문제를 피하는 대신 상황에 대해 책임을 져라.
4. 현명한 조언자에게 조언을 구하라.
5. 다양한 사람들 간에 관계를 구축하라.
6. 경험을 통해 배우고, 어떤 상황에서든 필수적인 문제(issues)를 식별할 수 있도록 진실과 정의로운 것에 대한 이해를 바로잡아라.
7. 강점과 약점을 인정하여 자신과 팀이 서로의 장점을 활용할 수 있도록 하라.

역사에서의 용기

홍순칠과 독도의용수비대 이야기[42]

1945년 광복과 함께 우리나라는 일제에 빼앗긴 영토를 되찾았지만 독도의 영유권을 주장하며 갖은 술수를 부리는 일본에 계속 시달렸다. 일본은 미군에게 독도를 폭격연습장으로 제공하거나, 우리나라가 세워 놓은 표석을 훼손하는 등 불법행위를 빈번하게 자행했다. 한국전쟁 중이었던 당시의 우리나라 정부는 독도 수호를 위한 군인과 경찰 파견이 불가능했다. 그러자 울릉도 주민들이 독도를 지키기 위해 직접 나섰다.

한국전쟁 참전 후 부상을 입고 제대한 홍순칠은 고향인 울릉도로 돌아와 미역을 따기 위해 독도에 갔다가 일본이 독도를 침입하는 것을 목격하고 1953년 독도의용수비대를 조직했다. 홍순칠을 포함한 총 45명으로 구성된 독도의용수비대는 사비를 모아 무기를 구입하거나, 일본을

42 해양수산부 해양역사 인물, 독도를 지킨 사람들.

위협할 수 있는 모형 무기를 직접 제작했다. 일본의 수산학교 연습선을 독도 주변에서 나포하고, 독도에 접근하는 일본 순시선을 격퇴하는 등 1956년 12월 30일 독도 경비를 국립경찰에 넘길 때까지 독도의용수비대는 목숨을 걸고 독도를 지켜 냈다.

독도의용수비대가 해산될 때 남은 대원은 홍순칠을 포함해 총 33명이었다. 일부는 경찰의 요청에 따라 경찰관으로 특채됐고, 대장 홍순칠은 1966년 국가로부터 5등 근무공로훈장을 받았다. 독도의용수비대의 헌신과 용기는 현재까지 대한민국 독도에 대한 영토주권을 굳건히 지키는 데 결정적인 역할을 했다.

점검 질문

	질문	
	죽음을 두려워하지 않을 인생의 목적을 가지고 있는가?	□
	사람들이 나의 행동을 비웃을 때 내가 하는 일이 옳은 일인가 확인하는가?	□
	올바른 일을 하기 위해 현명한 사람의 조언을 구하는가?	□
	어려움에 직면하여 낙심될 때 나 자신을 격려하는가?	□
	낙심하고 있는 가족이나 친구들이 옳은 일을 계속하도록 격려하는가?	□
	내가 가지는 두려움이 실제로 그런지 확인하고 극복 방안을 마련하는가?	□
	목표를 이루기 위해 그것을 작은 세부 목표들로 나누고 하나씩 실행해 나가는가?	□
	용기를 얻기 위해 좋은 책을 읽고 어려움을 극복한 사람들의 사례를 공부하는가?	□

활동과제

1 가정에서의 용기를 적용하고 결과를 써보시오.
(예, 최근에 가정에서 어려운 일이 있으면 서로 얘기하고 격려해보자.)

2 내가 가지고 있는 두려움과 열등감을 적어보고 이를 극복할 수 있는 합리적인 방안을 적으시오.

3 닉 부이치치의 이야기를 인터넷(유튜브)에서 찾아보고 그가 얼마나 많은 사람들에게 용기와 삶의 희망을 주는지 알아보시오.

4 용기와 만용의 차이점을 알아보고 만용의 사례를 찾아보시오.

2부 셀프리더십 계발

CHAPTER

5

리더십 계발

1. 리더십의 정의 및 종류

리더십 정의

리더십의 개념은 리더십의 발휘 과정에서 어디에 초점을 두느냐에 따라 달라져 왔다. 근대적 리더십 초기에는 리더십을 군대에서 지휘 통솔하는 행동의 관점에서 통제, 복종, 충성 등의 개념 범주로 정의하였다. 그러다가 특성, 행동, 공동의 목표, 의사결정의 스타일과 참여, 카리스마를 통한 혁신적 행동, 자아 중심의 개념 시스템이나 네트워크 등으로 이어지다가 최근에는 리더의 윤리성과 올바른 가치를 중시하는 리더십의 정의까지 이르렀다. 리더십은 조직의 긍정적 변화를 만들어 내며 과거와는 다른 차이를 만드는 것이다.

리더는 타고나는가, 육성되는가?[1]

리더에 대한 이론으로 탄생론, 육성론, 선택론이 있다. 백기복은 '리더십의 이해'에서 탄생론의 세 가지 차원을 설명하였다.

첫째, 리더의 자격을 타고나는가의 문제

둘째, 리더의 능력이나 자질, 특성을 타고나는가의 문제

셋째, 리더들만이 갖는 유전인자나 생화학적 물질이 있어 이것이 그들의 성격적, 심리적 또는 행동적 특성을 규정하는 것인가의 문제이다.

1) 탄생론

리더의 자격을 타고나는가?

리더의 직위가 출생과 혈통의 자격기준에 의해서 대물림되는 과정 속에서 실제로 리더와 추종자들의 신체적 특성도 달라지는 현상이 나타나게 되었다.

리더는 태어날 때부터 특정 유전자가 존재한다는 이론이다. 어떤 사람들은

1 리더십의 이해, 백기복, 창민사, 2016.

리더십에 영향을 미치는 특수 유전자가 존재한다. 예를 들어, 영국 유니버시티 칼리지 런던의 네브(Jan-Emmanuel De Neve) 박사는 영국과 미국에서 수집된 약 4,000명 쌍둥이의 유전자 데이터와 직업, 건강 데이터를 분석해서 rs4950이라는 특정 유전자형을 발견했다. 예로 재벌 2세, 북한 김정은, 왕이나 황제 세습 등이 있다.

특화된 생물학적 특징도 있다. 스포츠에서는 신체 상태가 필수적이다. 간단히 말해서, 더 나은 신체 상태, 더 나은 결과, 키와 근육 구성과 같은 신체적 특성은 많은 스포츠 게임에서 중요한 역할을 했다. 예를 들어, 생물학적으로 흑인은 다리에 근육이 추가되어 다른 인종보다 더 빨리 달릴 수 있다.

따라서 올림픽에서 볼 수 있듯이 대부분의 100m 또는 200m 달리기 선수는 흑인 운동선수들이다.

2) 육성론

육성론은 리더십을 후천적으로 습득시킬 수 있다는 입장이다.

개인이 성장하는 과정에서 다양한 경험을 통하여 자연스럽게 리더십을 체득하게 되는 자연적 육성(발달론)과 교육훈련 과정과 같은 인위적 수단을 통해서 원하는 리더십을 학습시키는 인위적 육성(개발론)이다.

재능이 있더라도 노력 없이는 성공할 수가 없다. 주변 환경에 대한 지원은 성공하기 위한 중요 요소이다. '성공'을 달성하기 위한 노력, 적절한 교육, 다른 사람들의 실질적인 지원과 같은 많은 포괄적인 요소가 있다.

리더는 타고나기도 하고 육성되기도 하지만, 리더십은 경험과 훈련에 의해서 육성되는 면이 강하다. 리더는 사람을 뜻하지만, 리더십은 행동이고 과정이기 때문이다.

난세에 영웅이 나온다

"난세에 영웅이 나온다"는 말이 있다. 전 세계는 코로나-19로 인류 최대의 위기를 맞고 있다. 그 위기 속에 전 세계에서 인정받은 "K-방역"에는 영웅,

정은경 본부장이 있다. 그녀는 2015년 메르스(MERS · 중동호흡기증후군) 사태 당시 징계를 받기도 했지만 문재인 정부 초기인 2017년 7월 질병관리본부장에 임명됐고, 본부장에 오른 첫 번째 여성이 됐다.

코로나-19 첫 확진자가 발생한 2020년 1월 20일 브리핑에 나섰던 정 본부장은 3개월 동안 총 62차례 코로나-19 관련 브리핑을 했다. 방송을 통해 국민들은 브리핑을 지켜보면서 그의 얼굴은 야위어 가는 것이 보였고, 머리는 검은 머리가 새치가 많이 늘어 흰머리가 많아져 가는 정 본부장의 모습에 그가 사안에 대해서 긴급하고 절체절명의 심정으로 최선을 다하고 있는지 알게 되었다. 그의 브리핑의 특징은 차분한 말투와 어떤 상황에서도 침착함이었고 과학적 근거와 정확한 데이터를 기반으로 국민들에게 앞으로의 예측 가능성을 말할 때도 그의 전문성 그 자체로 국민들에게 '신뢰'를 받게 되었다.

리더십의 종류

1) 카리스마 리더십[2]

카리스마 리더십이란 현실의 문제점을 비판하고 이상적 비전을 제시하며 비전을 달성할 수 있다고 추종자들에게 강력하게 심어 줌으로써 그들의 충성과 복종 그리고 높은 성과를 확보하는 과정이다.

막스 웨버의 카리스마에 대한 핵심사항은 다음과 같다.

① 카리스마 리더는 항상 숭고한 사명을 믿게 한다.

② 카리스마 리더는 카리스마를 성과로 지속적으로 입증해야 한다.

③ 카리스마 리더가 이끄는 집단의 추종자들 중 몇 명은 그들의 리더에 준하는 카리스마를 갖게 된다.

④ 카리스마 리더의 영향력은 시간이 지나면서 '카리스마의 일상화'를 통해

---

2 리더십의 이해, 백기복, 창민사, 2016

서 대체된다.

⑤ 카리스마는 가치 중립적이다. 카리스마의 결과는 긍정적일 수도 있고 부정적일 수도 있다.

카리스마는 충성된 추종자들이 없으면 리더의 카리스마는 형성되지 않는다. 배우 배용준 씨가 그의 일거수일투족이 뉴스거리가 될 정도의 카리스마를 갖게 된 것은 그에게 몰입하고 있는 충성스런 팬들이 있기 때문이다.

카리스마를 형성하는 데 있어 외적으로 보이는 리더의 모습은 큰 역할을 한다. 예) 맥아더 장군의 담배파이프, 마틴 루터 킹의 언변, 존 에프 케네디의 제스처 등이다.

세계는 다시 "스트롱맨 시대", 카리스마 리더들이 등장한 시대이다. '미국우선주의' 도널드 트럼프 미국 대통령, '중국몽' 시진핑 중국 국가주석, 전쟁 가능 국가로 향하는 아베 신조 일본 총리, 장기집권으로 '원조 스트롱맨' 블라디미르 푸틴 러시아 대통령, '마약과의 전쟁' 두테르테 필리핀 대통령 등 세계는 이전에 볼 수 없었던 강한 리더, 힘을 중시하는 리더, 자국의 이익을 위해서는 세계의 경제 질서 등은 부정해 버리는 예측하기 어려운 경제 환경을 만들어 가고 있다.

하지만 공통되게도 이들 스트롱맨 대통령들은 위기를 맞고 있다. 도널드 트럼프는 재선 실패와 소송, 파산 위기, 시진핑 국가주석은 미·중 무역전쟁의 경제 위기, 아베는 각종 부정부패 의혹으로 최장수 총리에서 건강상의 이유로 퇴진했다. 이들은 명령, 신성, 영웅주의, 심벌, 용모, 옷차림 등에서 특징이 있다. 카리스마 리더는 조직이나 사회가 위기에 직면했을 때 드러난다. 위기극복을 하고 조직을 바꿔야 할 상황일 때 카리스마 리더십이 발현된다. 카리스마 리더는 조직원들에게는 명확한 비전과 목표를 제시하고 뛰어난 언변과 동기부여로 탁월한 지도력을 발휘하고 구성원들이 믿고 따르는 리더십을 발휘하여 조직에 짧은 시간에 효과적으로 목표를 달성해 가는 효과가 있다.

카리스마 리더십은 긴급하고 어려운 환경에 적합한 리더십이다. 리더는 비전을 제시하고 구성원들이 효과적으로 단기성과를 낼 수 있도록 하는 특징이 있다. 카리스마 리더의 사례로는 맥아더, 칭기스 칸, 히틀러, 대처, 박정희, 이건희 등이 있다.

하지만 카리스마 리더십의 한계점으로는 카리스마 리더가 구성원 중에서 예스맨을 모으는 경향이 있고 또한 예스맨은 전문성이 떨어지는 사람들일 수 있다. 자기도취, 현실감각 결여, 타인에 대한 무감각의 우려가 있으며 개인의 판단이 중심이 되기에 예측이 어려운 부분이 있다.

요즘같이 개인의 창의성과 그들에게 동기를 부여하는 일이 중요해진 세상에서, '나를 믿고 따르라'는 행동대장식 리더십은 4차산업 혁명처럼 다양하고 복잡한 시대 속에서는 장점과 단점을 생각해야 할 리더십이다.

카리스마 리더십 사례

2002 월드컵 4강의 신화
히딩크 감독의 카리스마 리더십

한국은 이전까지 본선에서 단 한 번도 1승을 올리지 못했다. 5회 진출에 14전4무10패. 그런 팀을 하루아침에 세계 4강에 올려놓았다. 히딩크 감독은 초창기 그의 한국 이름이 오대영이라고 비아냥거릴 정도로 2002년 4월까지 10승10무9패에 불과한 좋지 않은 성적을 거두고 있었고, 그에 따른 비판적 여론이 우세했다. 그동안 한국 축구는 전반전에 잘하다가도 후반에 급격한 체력저하와 골 결정력 문제, 혈연·지연·학연이 만연하는 축구계 파벌 등 보이지 않는 한국 축구의 문제를 해결하기 위한 히딩크 감독을 선임 하였다. 1998년 차범근 감독의 경우는 선수 임용의 전권을 부여받지 못하였지만 히딩크는 전권을 위임받는 조건으로 감독직을 수락하고 연고나 명성에 구애받지 않고 자신의 리더십을 발현하여 한국 축구를 이끌었고 그 결과 2002 월드컵 4강 신화와 함께 새로운 스타플레이어 박지성, 안정환, 이천수를 등장시켰다.

히딩크 감독은 본선 진출이라는 정확한 목표를 제시함으로써 미래에 대한 비전을 제시하고 그 목표의 중요성을 강조하는 리더십을 보여 주었다. 히딩크 감독은 실력과 현재 상태만으로 소신 있게 선수를 선발하는 등 능력 위주의 선수 선발을 통하여 선수들을 동기 유발하고 예전의 행동방식에 대한 새로운 시각을 제공하고, 선수들에게 새롭고 기발한 방식으로 문제를 접근하여 선수 개개인이 팀 내에서 효과적으로 목표 달성에 이바지할 수 있도록 이끌어 주었고, 선수들로 하여금 히딩크 감독의 전술 및 선수 선발 방법을 신뢰하도록 하였다.

히딩크 감독은 선발한 선수에 대해서 절대적인 신뢰를 가지고 있다. 또한 기존의 관행을 무너뜨리고 훈련 및 선수에 대한 선발 정보 등을 공개하지 않는 등 새로운 권력으로 활용하여 외부 사람들로 하여금 자신을 쳐다보도록 길들였다.

히딩크 감독은 선수들의 특성에 맞는 개별화된 전략으로 지도하여, 선수들에게 있어서 바람직한 코치이자 조언자의 역할을 다하였다. 즉, 선수들에게 '즉석강의'와 '길들이기 방식'을 병행하면서 목표 달성을 위한 동기 유발을 할 수 있도록 하고, 궁극적으로 선수 하나가 모인 팀이 자연스럽게 성장해 나갈 수 있도록 하였다.

선수들에게 자신감, 신뢰감, 존중감 및 사명감을 주입해 주었다는 측면에서 카리스마적 요소를 보유했다. 모든 선수들을 평등하게 대우하며 선수들을 각각 다른 욕구와 능력을 가진 개성적인 인간으로 대우했다는 측면에서 개인적 배려의 요소를 보유했다. 마지막으로 선수들이 행동하기 전에 스스로 합리적으로 생각하도록 만들며, 예전의 행동방식에 대한 새로운 시각을 제공하고, 선수들에게 새롭고 기발한 방식으로 문제를 접근하도록 했다는 측면에서 지적 자극의 요소를 보유하였다.

특히 선수 선발에는 더욱 엄격하였다. 주장이었던 홍명보를 체력을 문제로 제외시키고, 골키퍼 김병지가 실수하자 가차 없이 버렸다. 그는 "유명세는 필요 없다! 중요한 것은 오로지 그라운드에서 보여 주는 실력이다"라며 기존에 볼 수 없었던 대표팀을 대폭 물갈이하고 젊고 실력 위주의 선수들로 구성하여 일신하였다.

히딩크 감독은 선수들을 무한 경쟁시켰다. 경쟁이야말로 선수들의 긴장을 늦추지 않고 실력을 배가할 수 있는 가장 효율적인 방법이었다. 히딩크 감독의 능력에 따른 선수 선발은 선수들로 하여금 스스로 노력하고 선의의 경쟁을 하도록 만들었다.

2) 팔로워십

팔로워십(Followership)은 리더십(Leadership)과는 비교되는 개념이다. 리더십이 상사가 부하에게 영향력을 행사하는 것을 지칭한다면, 팔로워십은 부하로서 상사에게 지녀야 할 바람직한 특성과 행동을 의미한다. 다시 말해, 단순한 예스맨이 아닌, 상사가 바람직한 리더십을 발휘하고 유지할 수 있도록 그의 리더십을 유도하고 지원해야 한다. 그러기 위해서는 상사에 대해 물론 동조해야겠지만, 건전한 비판도 할 줄 알아야 한다고 전문가들은 입을 모으고 있다.

상황에 맞게 자신의 의견을 제시해 주는 부하, 왜 상하 관계가 명확한 회사에서 팔로워십이 조명받고 있을까? 회사에는 상사보다 부하 직원이 더 많다. 그리고 사회에도 리더보다 팔로워들이 더 많다. 또 이 팔로워들이 나아가 리더가 되기 때문에 아래 자리에 있을 때부터 리더들에게서 최선을 이끌어 낼 책임이 있다.

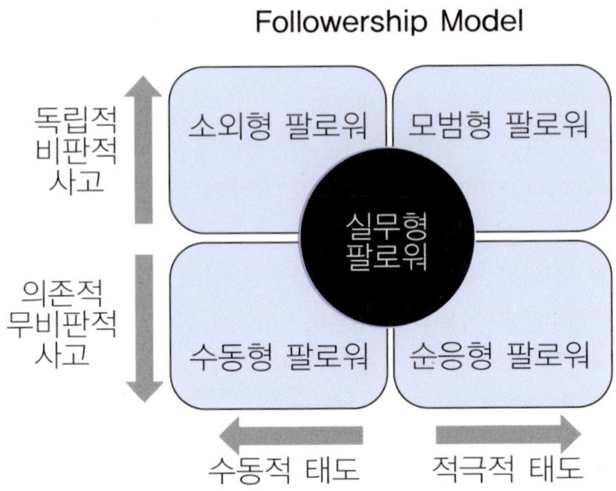

[그림 5-1] 팔로워십 모델

켈리는 팔로워들을 대상으로 집중 면담을 실시한 뒤, 위와 같은 팔로워십 모델을 개발하였다.[3]

[그림 5-2] 기러기의 비행

기러기는 한 번 비행하면 거리가 무려 4만km 정도라고 한다. 기러기는 리

3 리더십의 이해, 백기복, 창민사, 2016.

더를 중심으로 V자 대형을 그리며 비행을 하는데 앞서가는 기러기가 만들어 내는 상승 기류를 이용해서 비행에 소요되는 에너지를 약 70% 절약하기 위한 것이라고 한다. V자형의 리더의 역할을 하는 기러기는 바람의 저항을 가장 크게 받기 때문에 기러기 중에서 가장 힘이 세고 경험 많은 새가 그 역할을 맡게 된다고 한다. 그리고 가장 앞에 있던 리더가 지치면 그를 살펴보던 다른 기러기가 자리를 교대해 주고 리더인 기러기가 일정 시간 힘을 비축하면 다시 앞으로 가서 무리를 이끌어 간다.

3) 슈퍼 리더십

슈퍼리더십은 리더의 입장에서 구성원들에게 일방적인 지시를 내리기보다는 구성원 각자가 스스로를 통제하며 필요한 결정을 내리고 리드하는 능력을 촉진하고 지원하는 것이다. 한 마디로 다른 사람들이 셀프리더십을 개발하도록 도와주는 리더십이다. 카리스마, 서번트, 변혁적 리더십은 리더가 영향력을 미치는 수준이었다. 슈퍼리더십은 한 마디로 '부하를 셀프리더로 만드는 것'이다.

슈퍼리더십을 발휘하려면, 상사부터 끊임없는 자기계발을 통해 셀프리더가 되어야 하고, 부하 직원들이 성장하며 자신을 이끌도록 유도해야 하며, 구성원들이 스스로 결정하는 팀워크를 살려나가도록 분위기를 조성하며 임파워먼트(권한 이양)가 이루어져야 한다.

만츠(Manz)와 심스(Sims)는 슈퍼리더십의 실행에 이르는 과정을 7단계로 나누었다.

① 셀프리더가 됨: 일단 리더 스스로가 자신을 이끌 수 있어야 한다.
② 셀프리더십 모델링: 셀프리더십 행동을 타인이 따라 할 수 있도록 모범을 보인다.
③ 자기목표 설정: 스스로 목표를 설정하는 법을 가르친다.
④ 긍정적 사고방식 전수: 자신감과 기대감을 불어넣는다.
⑤ 보상과 건설적 비판(질책)을 통한 육성: 부하직원에 맞게 직무를 배치하고 보상과 질책은 학습효과를 최대한 누릴 수 있도록 건설적으로 한다.

⑥ 자율관리식 팀워크 배양: 구성원 각자가 셀프리더가 되도록 하여 판단과 결정, 행동을 스스로 하는 자율적으로 관리되는 팀의 성격을 도모한다.
⑦ 셀프리더십 문화 창달: 셀프리더십이 조직 전체로 옮겨간다. 최고경영자의 역할과 서포트가 있어야 가능하다.

슈퍼리더십과 셀프리더십의 차이점은 다음과 같다.

- 셀프리더십: 자기 자신의 변화, 자신에 영향을 미치기 위한 행동과 사고방식에 초점, 외부적 통제나 권한에 대한 위협보다 높은 성과를 위한 자유방임적 효과를 위해 노력
- 슈퍼리더십: 타인의 변화, 부하가 자신감과 능력, 기술을 갖도록 하여 그들에게 자율권을 부여하는 데 초점, 자유방임이 아니라 구성원들이 스스로 자신을 지휘하도록 고무하는 적극적 리더십

슈퍼리더십의 약점으로는 x형 인간(일하기 싫어하는)에 대한 동기부여가 약하고 셀프리더들에 대한 집단 간의 조정 문제가 발생할 수 있다는 점이다. 반면에 구성원들의 개인 역량을 키우고 주인의식과 혁신을 불러일으키는 효과를 기대할 수 있다.[4]

4) 서번트 리더십

> 서번트 리더십은 '타인을 위한 봉사에 초점을 두며, 종업원, 고객 및 커뮤니티를 우선으로 여기고 그들의 욕구를 만족시키기 위해 헌신하는 리더십
>
> 네이버 국어사전

4 리더십의 이해, 백기복, 창민사, 2016.

테레사수녀	슈바이처	넬슨만델라

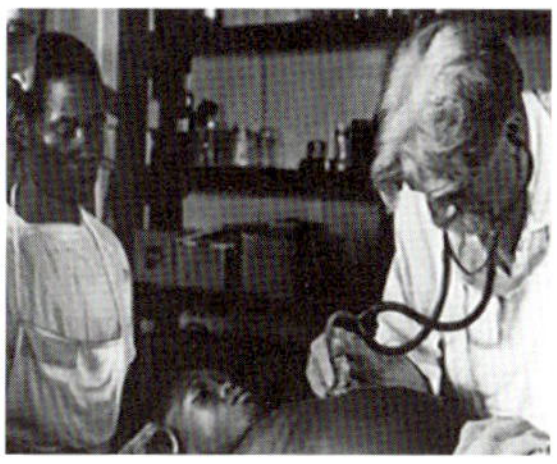

서번트 리더십(servant leadership)은 AT&T의 임원이자 미국학자인 로버트 그린리프(Robert K. Greenleaf)가 1977년에 주창한 이론이다. 서번트(servant)는 하인이란 의미가 있는데, 서번트 리더십은 말 그대로 '섬기는 리더십'을 의미한다.

서번트 리더는 권위보다는 수평적, 합의, 분권적 조직구조, 적응을 중시하며 구성원과 파트너 관계를 형성해 간다. 부하 직원을 진심으로 신경 써 주며 그들이 잠재력을 발휘할 수 있는 환경 조성을 위해 힘쓴다.

린리프 연구소장인 스피어즈(Spears)는 서번트 리더의 주요 특성을 다음과 같이 제시했다.

① 경청

구성원을 존중하고 수용하는 태도이며, 적극적이고 능동적으로 경청해 구성원이 바라는 바를 명확히 안다.

② 공감

리더는 구성원의 감정 등을 깊이 이해한다.

③ 치유

구성원들에게 보살펴 주어야 할 문제가 있는지 살핀다.

④ 스튜어드십(stewardship)

서번트 리더는 구성원들을 위해 봉사하고 자원을 관리한다.

⑤ 구성원의 성장을 위한 노력

구성원 개인의 성장, 전문 분야에서의 발전, 정신적 성숙을 위한 기회와 자원을 제공한다.

⑥ 공동체 형성

리더는 구성원들이 서로 존중하고 봉사하는 진정한 의미의 공동체를 만들어 간다.

이와 더불어 서번트 리더십의 특성은 인내, 친절, 겸손, 존중, 공동체 의식, 정직, 성실, 헌신으로도 표현할 수 있다. 피터 드러커는 지식 시대에서는 기업 내의 상사, 부하의 구분이 없어지고 지시와 감독이 통하지 않게 된다고 했다. 이런 시대의 흐름을 볼 때 리더가 우월한 지위를 통해 이끄는 기존의 리더십에서 리더가 부하를 위해 헌신하며 능력을 길러 주는 리더십으로의 전환이 필요하다.[5]

서번트 리더십 사례. 잠들지 않는 톤즈의 병원, 그곳의 유일한 의사 이태석 신부

한국의 슈바이처라 불린 그의 투혼이 살려낸 소중한 생명들!

의사로서의 평탄한 삶을 포기하고 사제의 길을 택한 이태석 신부의 몸과 마음은 아프리카의 가장 척박한 땅, 톤즈로 향했다. '내가 많은 것이 부족하지만 무언가 할 수 있을 것 같은 느낌이 있었다'라고 그는 이야기했지만 실로 그가 톤즈에서 일궈 낸 성과는 대단했다. 한국의 슈바이처라 불린 이태석 신부는 누구도 가고 싶어 하지 않는 아프리카의 가장 가난한 땅 톤즈로 향하게 된 것을 하느님의 뜻이라고 생각했다. 그는 자신의 삶이 독립된 혼자만의 삶이 아닌 톤즈 사람들의 삶이기도 하다는 것을 주님의 거대한 사랑 안에서 실감하며, 내전과 전염병으로 병든 톤즈에 병원과 학교를 짓기 시작했다. 병원

---

5 서번트리더십, 제임스 C. 헌터, 김광수 역, 시대의 창, 2013.

이 생겼다는 소문을 들은 톤즈 사람들은 며칠 밤을 새며 걸어와 치료를 받았고, 그런 환자들을 돌려보낼 수 없었던 신부님은 잠을 줄여 가면서 환자를 맞았다. 하루 종일 쉬지도 않고 치료를 하는 신부님의 투혼으로 많은 사람들이 목숨을 건질 수 있었고 병원은 나날이 많은 환자들로 가득 차기 시작했다.

이태석 신부는 병원까지 오지 못하는 환자들을 치료하기 위해 높은 온도에 약한 백신을 아이스박스에 넣어 직접 환자를 찾아가 접종을 해 주었다. 백신을 보존하기 위해서 필요한 냉장고를 사용하기 위해 전기가 없는 톤즈의 건물 지붕에 태양열 집열기를 설치하여 전기의 혜택을 누릴 수 있도록 했다.

그는 환자들의 아픔을 좀 더 잘 듣기 위해 그들의 말인 딩카어도 열심히 배웠다. 모든 것을 혼자서 꾸려 가야 했던 이태석 신부의 진료는 그렇게 밤을 새워 가며 계속되었다. 병과 싸울 힘조차 없었던 사람들이 그의 사랑과 노력으로 인해 소중한 생명을 이어 갈 수 있게 되었다.

5) 공동체 리더십

공동체는 사람들이 모여 하나의 유기체적 조직을 이루고 목표나 삶을 공유하면서 공존하는 조직으로 단순한 결속보다 질적으로 강하고 깊은 관계를 형성한다. 상호의무감, 정서적 유대, 공동의 이해관계, 공유된 이해력을 바탕으로 한 사회적 관계망으로 볼 수 있다.

미국의 교육자인 파커 팔머는 '공동체는 내가 가장 함께하고 싶지 않은 그 사람이 있는 곳입니다. 그런데 그 사람이 떠나면 또 비슷한 사람이 나타나 그 자리를 메우더군요.'라고 말했다.

현대 사회에 이르러 예전의 혈연, 지연 중심의 공동체가 점차 사라지고 도시화, 개인화로 인해 공동체가 와해되어 왔다. 이에 따라 공동체를 다시 일으키고 함께 살아가려는 다양한 시도가 이루어져 왔다.

대안 공동체의 발전 역사는 다음과 같다.[6]

---

6 더 나은 삶을 향한 여행:공동체, 은혜공동체, 생각비행.

시대구분	형태
원시사회	가족공동체
고대사회	① 동양의 아슈람공동체 대안적 공동체의 뿌리는 고대 동양의 영적인 아슈람에서 스승과 제자들이 함께 살면서 공부하는 공동체의 전통이 있었다. ② 기독교공동체 & 기독교수도원 영적 수행, 채식과 검소한 생활
1620	미국 최초의 공동체 "폴리머스 순례자" 함께 공유하고 나누는 이상적인 기독교 공동체 모델
18C	① 유토피아 운동 더 나은 사회를 꿈꾸는 공동체 수백 개 만들어짐 산업화에 따른 불공평과 비인간성 반발 ② 뉴하모니 공동체 미국 최초의 유치원, 무료공립학교, 무료도서관 설립 ③ 키부츠 운동 집단농장에서 일하며 모든 수입과 물자를 함께 나누고, 자녀양육도 공동으로 하면서 모든 구성원이 강력하고 독립적인 작은 사회 건설 모든 구성원들에게 식량, 주택, 오락, 교육, 의료 서비스 제공
1960	히피공동체 급격한 산업화와 물질 만능주의, 치열한 경쟁으로 인간성이 말살되어 가고 과소비, 자연 파괴의 문제를 지속가능한 사회 친환경적인 사회 운동
1980	계획공동체 도시를 재생하고 새로운 마을 공동체를 구현 주거문제 해결, 돌봄문제, 교육문제, 생태마을 공동체
2000	대안적 주거 공동체 건설사 중심에서 협동조합이 중심이 되어 주거문제 해결

인간관계의 발전 단계는 다음과 같다.

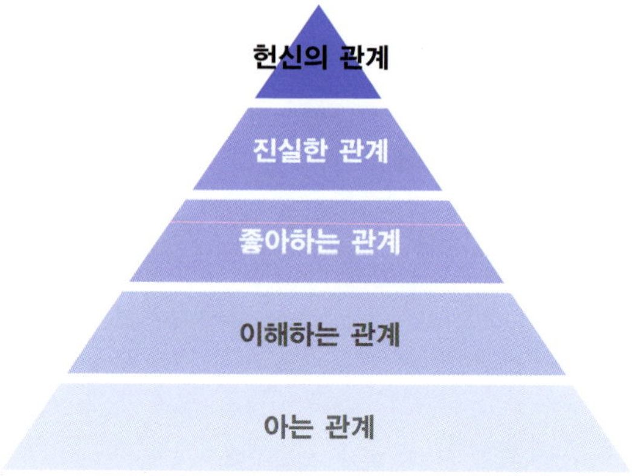

인간관계는 아는 관계에서 헌신의 관계로 발전해 간다. 공동체 리더십은 이러한 인간관계의 발전단계에서 공동체를 이루어가며 발현된다.

6) 공동체 리더십 철학

① 공동체 중심의 공동선

공동체에는 다양한 사람들이 존재한다. 자기의 자아를 낮추고 공동체의 목적을 향해서, 진리를 향해 나아갈 수 있는 공동선을 추구한다.

② 진실한 관계

공동체의 리더는 람보식 리더가 아니다. 공동체 구성원과의 속도를 맞추어 나아가야 한다. 속도가 아니라 방향이다.

공동체 구성원을 알아가고 친분을 쌓고 신뢰를 쌓아야 한다. 마음을 알아차리고 자신의 생각과 행동을 주민의 마음으로 일치한다.

③ 사람을 세우는 사람

공동체의 리더는 사람을 발굴하고 사람을 성장시키는 사람이다. 공동체 리더는 사람을 동기부여하고 문제해결을 같이해 나아가야 한다. 공동체 리더는 미래에 대한 비전을 제시해야 한다.

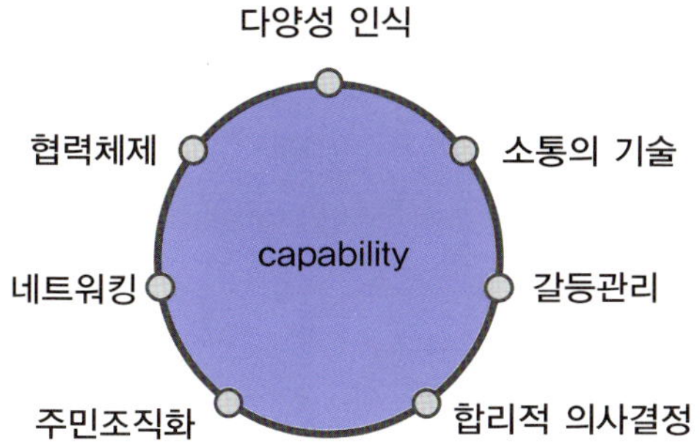

[그림 5-3] 공동체 리더 역량

7) 공동체 리더의 기본자세

① 상대를 존재론적으로 본다

공동체 리더는 공동체 구성원을 있는 모습 그대로를 존중해야 한다. 서로가 다름을 인정하고 용서와 용인할 수 있는 용기를 가져야 한다. 프로젝트를 위해서 정보를 과대포장하거나 상대를 이용하기 위해서 조작해서는 안 된다. 공동체 리더는 나 혼자만의 독선적 판단이나 생각보다는 자기 자신만이 모든 문제를 책임지고 해결할 수 있다는 생각에서 벗어나 수직적이 아닌 수평적 소통과 토론으로 구성원들과 함께 나아가야 한다. 끊임없는 자기 성찰이 필요하다.

② 중심 있는 자세

공동체 리더는 자신의 문제나 연약함을 항상 자기 성찰을 통해서 발견하고 인정할 수 있는 자세가 필요하다. 오랫동안 살아오면서 형성된 고정관념과 사고에서 벗어나기 위한 학습과 성장을 지속해야 하고 끊임없는 자기 성장을 위해서 노력해야 한다. 그럼으로써 공동체 관계가 형성되고 공동체의 리더로서 성장하게 된다. 항상 열린 마음으로 구성원 한 사람 한 사람을 존중하고 구성원들의 가치와 삶을 알고 존중하고 수용하는 언행일치의 삶을 지향해야 한다.

전통적 리더십		공통체 리더십
수익	목적	사회적 문제
성과 중심	중심	사람 가치 중심
지시 · 통제	업무방식	동기부여
수직적 소통	소통	수평적 소통
위계	문화	협력 · 연대
소수 독점	의사결정	토론과 합의

[그림 5-4] 전통적 리더십과 공동체 리더십 비교

사례

역사 속의 리더

동서고금을 막론하고 모든 조직의 성패는 리더가 어떻게 구성원들의 마음을 얻어 공동의 목표를 향해 열정적으로 일할 수 있도록 하는가에 따라 좌우되어 왔다. 최근 들어 구성원들의 마음을 얻기 위한 경영이 큰 흐름으로 자리 잡으면서 실제 경영 현장에서 감성경영의 중요성이 강조되고 있다. 우리 역사상 가장 탁월한 리더라고 할 수 있는 세종대왕은 500년도 더 전에 이미 이러한 감성경영으로 조선의 르네상스를 열었다.

[그림 5-5] 세종대왕

리더십학회 회장을 역임하고 그동안 리더십에 관한 많은 저서를 냈던 국민대 백기복 교수(경영학)가 최근 저술한 '대왕 세종'은 신하들을 진심으로 아끼고 위함으로써 그들의 마음을 얻어 위대한 업적을 이루어 낸 세종대왕의 마음경영법을 통해 오늘날 사회가 요구하는 감성경영을 실현해 나갈 수 있도록 유익한 길잡이 역할을 하고 있다. "마음경영의 1단계는 스스로를 절제하고 내면의 평정을 유지함으로써 스스로의 마음을 이끄는 것입니다. 2단계는 다른 사람의 마음을 이끄는 것입니다. 행동은 마음의 그림자로 마음이 움직이지 않으면 사람들은 스스로 노력하지 않는다는 것을 세종은 누구보다 잘 알고 있었기 때문에 신하들의 마음을 움직임으로써 자신이 이루고자 하는 목표를 이루어 나갔습니다. 세종대왕이야말로 마음경영 1단계와 2단계를 충실히 실행한 탁월한 감성경영자였습니다."

'노랫소리가 듣기 싫다 하여 새를 죽이려 하는 것은 옳지 않다'는 신념에서도 알 수 있듯이 세종은 진심으로 인재를 아꼈고 마음을 열어 안티를 수용했다. "철저한 자기 논리로 무장한 최만리가 훈민정음을 반대하며 무례하리만큼 맞섰음에도 불구하고 세종은 그를 벌하지 않고 끝까지 경청하며 설득하려 했습니다. 그의 안티가 진심임을 가슴으로 느끼고 있었기 때문이죠. 세종의 마음경영의 핵심은 탁월한 능력과 함께 스스로 겸손하여 최만리 같은 안티를 항상 옆에 두고 자신의 생각과 내면을 거울처럼 그에 비추어 살펴보려 했던 태도에 있습니다."

무소불위의 권력을 가진 조선 시대의 군주라면 여러 가지 탐닉에 빠지기 쉬웠을 텐데 세종대왕은 스스로 절제하는 모범을 보임으로써 신하들의 탐닉을 경고했고 자기계발을 위해서도 노력을 아끼지 않았다. "세종이 성군이 된 데는 스스로를 갈고닦는 끊임없는 자성이 그 바탕에 있었습니다. 실제로 세종은 미색에 젖어 자신을 망친 당 현종과 양귀비의 일을 그림으로 그린 '명황계감'을 만들게 하여 자신을 비롯한 후대의 임금들이 미색에 빠지지 않도록 경계했습니다. 이처럼 스스로 자기경계에 철저했던 세종의 자세는 신하들에게도 그대로 전달되었습니다. 또한 세종은 특히 자기계발에 있어서도 탁월했는데 세종의 자기계발에 대한 열정은 유럽의 르네상스를 이끌었던 레오나르도 다빈치에 못지않았다고 할 수 있습니다."

세종대왕은 폭넓은 시각으로 인재를 알아보고 그들을 적재적소에 배치함으로써 인재들이 자신만의 독특한 재능을 마음껏 발휘하도록 한 명감독이라고 할 수 있다. "세종은 진심으로 인재를 아꼈습니다. 그래서 능력은 탁월하지만 인간성에 문제가 있는 신하들에 대해서도 감정에 치우치지 않고 내면의 균형과 평정을 유지하여 적재적소에 활용했습니다. 또한 당시의 유교적 사회에서 이론적 학문에 치중하지 않고 천문, 역법 등 실용학문도 중시하여 각 분야의 전문가들을 신분을 가리지 않고 발굴하여 중용한 실용의 군주라고 할 수 있습니다."

신하들을 진정으로 위하고 아끼는 마음경영으로 신하들의 마음을 얻은 세종대왕의 마음경영법을 통해 오늘날 갈수록 치열해지는 경쟁 환경 속에서 고심하는 모든 리더들이 구성원들과 함께 상생의 문화 속에서 지속가능한 발전을 이루어 나갈 수 있기를 소망한다.[7]

---

7 세종대왕, 백기복, 크레듀, 2007.

<실습> 한국형 리더십 자가진단표

각 항목에 1~5의 값을 입력한 후 자신의 리더십 요인을 점검해 보시오.

리더십 자가진단표

GUIDE 아래의 각 항목에 동의하는 정도를 〈응답 양식〉을 참고하여 답하시오.

응답 양식

1	2	3	4	5
전혀 그렇지않다.	그렇지않다.	보통이다.	그렇다.	매우 그렇다.

01 나는 매사에 자기확신이 강한 편이다. ( )
02 나는 어려운 상황에도 잘 적응한다. ( )
03 나는 추진력이 있다는 평가를 받는다. ( )
04 나는 일에 대한 열정이 있다. ( )
05 나는 내가 하는 일에 대하여 자부심을 갖고 있다. ( )
06 나는 일을 할 때 높은 책임의식을 느낀다. ( )
07 나는 모든 면에서 윤리의식이 강한 편이다. ( )
08 나는 다른 사람들을 위해서 인내할 줄 안다. ( )
09 나는 솔선수범 하려고 노력한다. ( )
10 나는 윗사람을 잘 모신다. ( )
11 나는 윗사람의 의중을 파악하여 미리 대응하는 스타일이다. ( )
12 나는 윗사람과 동행할 때 의전 관리를 잘한다. ( )
13 나는 대인관계가 좋다는 평을 듣는다. ( )
14 나는 모나지 않게 행동하려고 애쓴다. ( )
15 나는 다른 사람들과의 협력을 중시한다. ( )
16 나는 부하들을 인정해 주고 칭찬을 자주 한다. ( )
17 나는 부하들을 공정하게 대우 한다. ( )
18 나는 부하들이 문제에 직면했을 대 바람막이가 되어 준다. ( )
19 나는 항상 도전적인 목표를 추구한다. ( )
20 나는 조직의 핵심가치를 전파한다. ( )
21 나는 올바른 경영철학을 가지고 산다. ( )
22 나는 우리기업(또는 조직)이 속한 산업에 대하여 잘 이해하고 있다. ( )
23 나는 외부로부터 정보를 수집하는 능력이 있다. ( )
24 나는 조직의 환경변화에 민감하다. ( )

진단법

요인	해당항목	세항목평균	커트라인	나의 스타일
자기긍정	(1)+(2)+(3)	( )	평균이 3.5 이상	고 저
성취열정	(4)+(5)+(6)	( )	평균이 3.6 이상	고 저
솔선수범	(7)+(8)+(9)	( )	평균이 3.3 이상	고 저
상황적응	(10)+(11)+(12)	( )	평균이 3.6 이상	고 저
수평조화	(13)+(14)+(15)	( )	평균이 3.4 이상	고 저
하향온정	(16)+(17)+(18)	( )	평균이 3.2 이상	고 저
미래비전	(19)+(20)+(21)	( )	평균이 3.3 이상	고 저
환경변화	(22)+(23)+(24)	( )	평균이 3.5 이상	고 저

퀴즈) 아래 1만 원권에서 다음 항목들을 찾으세요.

일련번호(알파벳+숫자), 숫자 만 원, 한글 만 원, 세종대왕, 세종대왕 출생~사망년도, 홀로그램(사각형-대한민국 지도), 숨은 그림(빛에 비추면 세종대왕 보임), 돌출은환, 요판잠상, 일월오봉도(임금병풍-해, 달, 폭포, 다섯 봉우리, 소나무), 용비어천가

2. 대학생의 리더십

한국 대학생의 특성

대학생은 생애 주기별 발달 단계인 영아기, 유아기, 아동기, 청소년기, 성년기, 중년기, 노년기로 보면 성년기에 속한다. 좀 더 정확히 나누면 청소년기(만 12~19세)와 성년기(만 20~39세)에 걸쳐 있다. 보통 대학 1학년 때 일부 대학에서는 성년식을 한다. 그러므로 대학생은 청소년기에서 성년기로 옮겨 가는 발달 과정상 과도기로 볼 수 있다. 또는 청년기(13~22세)에 속해 있다고 볼 수도 있다. 대학생은 부모에게 많은 것을 의존하는 어린이도 아니고 경제적이나 정서적으로 완전한 독립을 이룬 성인도 아닌 상태이다.

개인 생활 주기의 측면에서 대학생은 청소년기의 특징인 신체의 변화와 정서, 자아, 대인관계, 이성관계 등 행동에 변화를 갖는 과정에서 긴장과 혼란을 경험하고, 성인으로서 신체적, 심리적으로 성숙되는 과정을 겪으며 앞으로 직업, 배우자, 부모로서의 새롭고 중요한 역할에 대한 준비를 하는 시기이다. 또한 사회와 문화, 진로 및 직업과 미래에 대한 불확실성에 따라 개인별 발달의 특성이 다르게 나타나기도 한다.

입시 중심의 학창 시절을 보내고 대학에 입학한 한국의 대학생들은 심리학자들이 일반적으로 주장하는 발달심리학적 측면의 청년기의 특징과는 다소 다른 면을 나타내고 있다. 한국 특유의 교육문화와 사회적인 현상이 청년기 대학생들의 다양한 방면의 성장을 저해하기도 하지만 긍정적인 영향을 미치기도 한다. 일례로 청년들의 취업난은 교육과 사회, 경제 등의 전 분야에서 해결되어야 할 고질적인 문제로 지적되고 있다. 이러한 청년 실업의 문제는 대학생들의 졸업 연령을 증가시키고 있으며, 이는 곧 사회·경제적으로 독립을 하는 성인기로의 이행이 점차 지연되고 있음을 가리킨다.[8]

이와 같이 성인기에 접어든 대학생은 다음과 같은 특징을 가지고 있다.

첫째, 자립심을 가진 독립된 성인으로 성장하는 과정에 있다.

둘째, 자신의 정체성을 수립하는 단계로 독특성과 일관성을 갖고 있다.

셋째, 중요한 사건이 발생되는 시기로 진로 선택 등을 예로 들 수 있다.

넷째, 개개인의 자발성과 적극적 참여의식이 발휘되는 시기이다.

〈표 5-1〉 개인 생활 주기

영아기	생후 24개월까지로, 자기 몸을 스스로 움직이고 이동할 수 있게 되는 시기이다. 일생을 통해 신체와 운동 발달에서 가장 급속한 발달을 보이며, 의사소통 수단이 되는 언어를 습득하기 시작하여 기본적인 상호작용을 할 수 있게 된다.
유아기	만 3~5세까지로, 대근육 운동능력이 발달되어 움직임이 많아진다. 유아기는 언어를 습득하고 발전시키는 시기로, 인지 지능이 급속하게 발달한다. 자기주장이 강해지고, 주변 환경에 대한 탐색을 하며 기본 생활 습관과 사회 규칙을 습득하기 시작한다.

8 인성과 리더십, 구자억 등, 양서원, 2019.

아동기	만 6~11세까지로, 초등학교에 다니는 시기이다. 양육자 외의 다른 사람들과 어울리면서 사회성이 발달하기 시작하고, 운동 기술이 발달하며, 논리적 사고가 가능해 진다.
청소년기	만 12~19세까지로 급속한 신체적 변화에 따라 정서, 자아, 대인관계, 이성에 대한 태도와 행동에 변화를 갖는 발달 단계이다. 성장 급등과 2차 성징이 나타나고 추상적 · 가설적 사고를 통해 효율적으로 지적 과업을 성취한다. 또한 또래들과 어우리면서 부모로부터 독립하려는 마음이 생겨난다.
성년기	만 20~39세까지로, 신체적 · 심리적으로 성숙되며 일생 중 가장 활력이 넘치고 활동적인 시기이다. 직업인, 배우자, 부모로서의 새롭고 중요한 역할을 담당하게 된다.
중년기	만 40~59세 이르는 시기로, 감각 능력의 감소로 지각 능력이 악화되고 기억력도 감소하며 여성 폐경기와 남성의 갱년기 같은 중년의 위기가 나타나기도 한다.
노년기	만 60세 이후부터 사망할 때까지를 말한다. 신체 능력과 감각 · 지각능력이 쇠퇴하며 의존성이 증가한다. 이러한 변화에 융통성 있게 대처하면 건강에 주의를 기울여야 한다.

출처: Zum 학습백과

정창우는 인성회복을 위한 실천과제 10가지를 제시하며 그중에 '생애 단계별 인성교육 실시의 필요성'을 주장하였다. 인간은 개인 생활 주기별로 발달 특징과 발달 과업이 다르다. 개인이 각 단계의 발달 과업을 제때에 성취하지 못하면 다음 단계의 생활에서 많은 어려움을 겪게 된다. 손승남은 대학의 인성교육의 방향을 다음과 같이 제시했다. 개인적 관점에서는 각 개인마다 타고난 내적 고유성과 능력을 최대한 발휘하도록 도와야 하며, 사회적 관점에서는 자신을 둘러싼 이웃과 더불어 사는 공동체에 기여할 수 있는 그런 인간을 형성하는 데 일조해야 할 것이다. 요컨대, 대학 인성교육의 궁극적 목적은 자기 자신과 타인(공동체)에 대한 '배려'와 한 걸음 더 나아가 사회적 불의와 불평등에 당당히 맞서는 '정의'의 역량을 길러 주는 데 두어야 한다. 인성교육에서 추구해야 할 가치덕목 혹은 인성역량으로 '배려'와 '정의'를 설정하였을 때 그 안에 인성의 하위요소로서 포함될 수 있는 내용은 배려의 요소로 자기존중, 타인존중, 관용, 책임, 협력, 공감, 수용 등을, 정의의 요소로 대화와 소통능력, 문제와 갈등해결능력, 헌신, 준법, 공정 등을 고려해 볼 수 있다.

이와 같이 인간은 각 발달 단계별로 이루어야 할 과업이 다르다. 교육자, 인간 발달 및 노화 전문가인 하비거스트(Havighurst)는 대학생이 속해 있는 청년기

(13~22세)의 발달 과업을 다음과 같이 정의한다.

- 남녀 간의 새롭고 보다 더 성숙한 관계를 이루기 시작한다(이성 간의 교제).
- 남성으로서의 역할과 여성으로서의 역할을 감당한다.
- 자기의 체격을 인정하고 자기의 신체를 효과적으로 구사한다.
- 부모와 다른 성인으로부터 정서적으로 독립한다(심리적 이유기).
- 경제적 독립의 확신을 얻는다.
- 직업의 선택과 준비를 한다.
- 결혼과 가정생활을 준비한다.
- 시민적 자질로서의 지적 기능과 개념을 발달시키기 시작한다(민주 시민의 가치관).
- 사회적으로 필요한 지적 기능과 개념을 발달시키기 시작한다(사회생활준비).
- 행동의 지표로서의 가치관과 윤리체계를 습득하는 일이다(자아가치관 형성).

대학생은 또한 발달 단계에서 성인 초기(22~30세) 넘어가는 과정이기도 하다. 따라서 앞으로 살아가야 할 성인으로서의 발달 과업의 기초를 쌓아야 하는 시기이기도 하다. 하비거스트는 성인 초기의 발달 과업을 다음과 같이 정의한다.

- 배우자를 선정한다.
- 결혼 후 배우자와의 동거 방식을 배운다.
- 가정생활을 준비한다.
- 아이 기르기를 배운다.
- 가정관리를 배운다.
- 직업 관련 기술 및 적용을 배운다.
- 시민적 책임의 수행을 배운다.
- 적합한 사회집단을 발견한다.

따라서 대학생이 된 시기에 개인은 자기인식 및 자기계발이 반드시 병행되어야 한다. 타인에게 의미 있는 영향력을 끼치기 위해 먼저 자신을 명확하게 되돌아보고 개발해야 하므로 대학 생활 동안 이러한 과업들의 기초가 되는 리더십을 배우고 자신의 리더십을 계발할 필요가 있다. 이러한 과업들을 성공적으로 완수하지 못하고 셀프리더십을 통해 지속적인 성장을 경험하지 못한다면 다음 단계에서 온전한 성인으로서 효과적인 미래의 삶을 살아가지 못하고 제대로 자신의 역량을 발휘하기가 어려워진다.

대학생의 셀프리더십 계발

대학에서의 교육은 개인에게 필요한 전문지식의 전공역량뿐만 아니라 각 발달 단계에서 필요한 발달 과업을 이루는 교육이 되어야 한다. 그러나 한국의 대학생들은 중·고등학교부터 이어진 입시와 성적 위주의 교육이 좋은 스펙과 취업이라는 현실로 이어져 학교에서의 이러한 교육이 제대로 이루어지지 못했다고 얘기된다. 다행히 최근 대학은 지식 추구의 상아탑 역할을 넘어 새로운 사회적 가치를 창출하여 사회 발전에 이바지할 수 있는 실용적이고 자율적인 인재양성을 추구하고 있다. 대학에서는 학생들의 특정 전문지식, 기술의 습득뿐만 아니라 다양하고 복잡한 상황에 맞추어 자신의 지식, 태도, 가치를 활용하는 역량을 키우고, 스스로 설정한 목표에 능동적으로 대처하는 자기주도적인 인재양성을 목표로 하고 있다(김동일 외, 2009). 또한, 목표 달성을 위해 자기주도적인 행동을 발현함에 있어 리더십의 역할이 어느 때보다 중요하며 이는 여러 리더십 유형 중 스스로 세운 목표 달성을 위해 자신의 잠재력과 역량을 개발하여 경쟁우위를 만들어 내는 셀프리더십과 관련이 있다. 셀프리더십은 지시, 통제 등 관리 중심의 전통적 리더십이 아니라 스스로 목표를 설정하고 리드해 나가기 위해 자기 자신을 동기부여하는 능동성에 기초한 리더십으로(Manz & Sims,2001), 최근 급변하는 환경에 대응하고 다양성과 창의성을 갖춘 자기주도적인 인재를 요구하는 사회와 기업에서 그 필요성이 높아지고 있다. 즉, 기업에서는 과거 리더의 지시에 의존하던 리더십에서 조직 구성원 스스로 리더십을 발휘하여 능동적, 자율적으로 자신에게 필요한 역량을 키우고 주도적으로 조직 내 삶을 리드해 나가는 셀프리더십을 갖춘 인재를 추구하고 있다(송영수, 2011).

셀프리더십은 학습을 통해 개발이 가능하며, 성인이 되어 사회 진출을 앞둔 대학생 시기는 교육을 통해 셀프리더십을 개발하기에 최적의 시기이며(김경화, 2013; 김미경, 2012; Manz &Sims, 2001), 이에 대학에서는 개인의 능동성과 자아정체성을 구축하고, 책임감을 바탕으로 사회에서 요구하는 인재를 양성하기 위해 셀프리더십 향상을 위한 교육을 강화하고 있다(신의항, 2007). 그러나 국내 대학에서 진행되고 있는 셀프리더십 교육은 사회적 필요에 비해 아직 교육과정 수가 부족하고 셀프리더십 역량 개발을 위한 사회적 요구가 실증적으로 반영되지 못하고 있다(김미경, 2010). 즉, 대학생들이 셀프리더십을 발휘하기 위해 요구되는 구체적인 지식, 스킬, 태도의 통합적 제시를 통해 개인의 목표 달성을 위한 실제적인 행동 발현을 강조하는 역량 중심의 교육적 접근보다는 셀프리더십의 이론적 고찰 및 인지, 태도 전략 중심의 연구가 대부분이다(정준호, 송영수, 2011).[9] 본서는 이러한 실제적인 필요에 부응하기 위해 성품에 기반한 셀프리더십 계발의 실용서로서 대학생의 성품리더십 계발에 도움이 되기를 바라며 집필하였다.

1부에서 리더십을 가진 인재를 이루는 두 기둥은 성품(Character)과 역량(Competence)이라고 하였다. 우리는 성품(인성)을 갖추고 역량 있는 유능한 리더가 되기 위해서는 자신이 일하는 전문 분야에서 지식과 기술을 습득하고 연마하며 이를 위해 노력해야 한다고 얘기했다. 또한 이러한 리더가 되기 위한 단계별 성장과정으로 건강한 철학과 핵심 가치관, 셀프리더십(Self-Leadership), 팀워크(Teamwork), 팀리더십(Team-Leadership), 레거시 리더십(Legacy-Leadership)을 제시하였다.

이를 바탕으로 본서에서 추구하는 리더십 계발 단계는 그림 5-6과 같다. 1단계는 건강한 철학(Philosophy)과 핵심 가치 및 덕목으로서 성품(Character)을 바탕으로 하는 셀프리더십 계발, 2단계는 팀워크, 3단계는 팀리더십, 4단계는 대학생으로서 길러야 하는 글로벌리더십으로 구성된다. 1단계의 철학과 성품

---

9 대학생 셀프리더십 역량에 대한 교육요구도 분석, 송영수 외, 2015.

은 1단계에서 4단계까지의 각 단계에서 모두 기초를 이룬다. 인성과 성품 계발에 대한 내용은 49가지 품성에서 추출한 8가지 품성을 기반으로 1부에서 다루었다. 2부 리더십 계발에서는 대학생으로서 길러야 할 셀프리더십에 대한 내용을 다룬다.

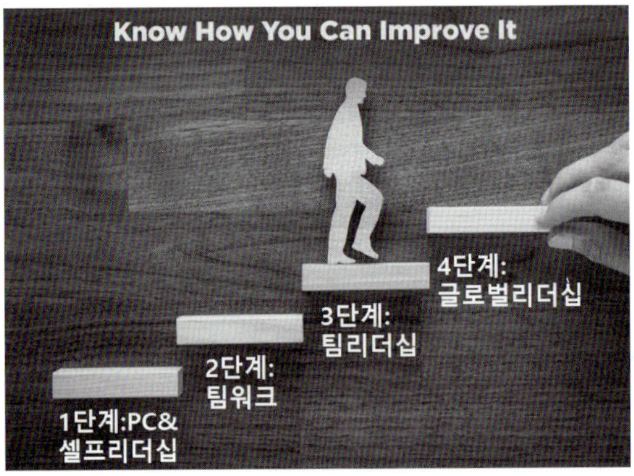

[그림 5-6] 리더십 계발 단계

최근 사회적으로 셀프리더십을 갖춘 인재에 대한 요구가 증가하면서 셀프리더십을 역량 중심적으로 개발하는 접근법이 나오게 되었다. 셀프리더십 역량 개발은 셀프리더십 발휘를 위해 요구되는 역량을 지속적이고 체계적으로 개발 및 관리하여 목표를 달성하는 데 도움을 주는 자신의 바람직한 변화를 이끌어 가는 사고 및 행동전략을 의미한다(송영수, 2011). 셀프리더십을 역량 중심적으로 개발하는 접근은 대학생들이 셀프리더십을 발휘하는 과정에서 나타나는 구체적인 행동을 제시하고 교육목표를 명료하게 하며, 관련 행동의 관찰 및 측정을 가능하게 하는 것을 의미한다(한승록, 2008). 이에 송영수(2011)는 기업 교육에 있어 역량 중심적 접근의 필요성에 의해 표 5-2와 같이 조직구성원의 셀프리더십 역량 개발을 위한 과업 수행 및 성과 창출, 자기 및 관계 인식, 자기관리의 세 가지 영역 및 17개 하위 필요 역량을 규명하는 연구를 진행하였다.

기존의 셀프리더십 개발 전략은 자기 대화 및 신념을 통해 자신의 사고패턴 및 태도 중심의 접근을 취하고 있다면 셀프리더십 역량 개발은 지식기반 사회, 글로벌 시대의 도래와 함께 보다 개인의 목표 달성을 위한 실제적인 행동 발현 및 변화를 강조하고 자신에게 필요한 역량을 지속적으로 개발하여 개인 경쟁력 향상을 통한 직접적인 성과 향상에 초점을 두고 있다(송영수, 2011).

〈표 5-2〉 셀프리더십 역량

영역	역량	내용
과업 수행 및 성과 창출	커뮤니케이션	자신의 의사를 표현하고 경청/질문/요약/피드백을 통해 효과적으로 의사소통함
	업무책임감	성과달성을 위해 자신에게 주어진 임무와 역할에 대해 열정을 가지고 완수하고자 노력함
	업무전문성	성과달성을 위해 필요한 능력을 이해하고, 효과적으로 수행할 수 있는 지식을 축적하고 발휘함
	정직성	내적/외적 일관성으로 불의와 타협하지 않으며 성실한 자세를 견지함
	도전정신	목표달성을 위해 성과창출의 방향으로 적극적으로 임함
	창의성	다양하고 입체적인 관점을 가지고 새로운 사고로 혁신적인 아이디어를 도출함
자기 및 관계 인식	문제해결	문제 발생 시 최선의 결과를 위해 신속히 문제를 규명하고 다양한 대안을 제시함
	긍정적 사고	자신감과 신뢰를 바탕으로 주어진 상황과 미래에 만족하고자 함
	대인관계	긍정적 상호작용을 통해 인적 네트워크를 형성하고 유지함
	자기주도성	자신의 주체성을 바탕으로 스스로 이끌어 가며 능동적으로 사고하고 행동함
	자기개발	자신의 강약점을 명확하게 파악하여 이를 보완하고 발전시키기 위해 지속적으로 노력함
	자기통제	어려운 상황에서도 자신의 감정, 행동을 상황에 맞게 제어하고 조절함
	자아성찰	철저한 자기분석을 통해 자신의 현재 상태를 객관적으로 돌아보고 목표와의 차이를 확인함
자기 관리	동기부여	목표달성을 위해 스스로를 성과지향으로 고취시킴
	목표수립	자신의 비전과 가치체계를 연계한 목표를 설정하고, 그 목표를 달성하기 위한 세부계획을 세움

자기 관리	시간관리	목표달성 및 성과창출을 위해 우선순위에 따라 효과적/효율적으로 자원 및 일정을 배분 및 계획하고 실천함
	자기보상	자신의 사고와 행동에 대해 스스로 정신적/신체적으로 보상함

출처: 송영수(2011). pp.51-74.

최근 대학에서는 대학생들의 졸업 후 성공적인 삶과 사회에서 요구하는 인재를 양성하기 위해 셀프리더십 향상을 위한 리더십 교육을 강화하고 있다. 이러한 대학들의 셀프리더십 교육 현황을 살펴본 결과, 셀프리더십 교육 내용에 있어서는 표 5-2의 셀프리더십 역량 중 '자아성찰', '목표수립', '커뮤니케이션', '대인관계'가 상대적으로 높은 비중을 보였다.[10]

송영수는 표 5-2의 역량을 이용하여 모 대학의 셀프리더십 교육과정에 참여한 대학생들이 요구하는 셀프리더십 역량을 추출하였다. 그 결과 17개의 셀프리더십 역량에 대해 '커뮤니케이션', '도전정신', '자기개발', '동기부여', '목표수립', '시간관리', '대인관계'가 교육요구도가 높은 역량으로 도출되었다. 최우선 육성역량으로 '시간관리', '도전정신', '목표수립', '자기개발', '대인관계'가 도출되었으며, 이 중에서도 대학생들에게 '시간관리'와 '목표수립'에 대한 교육 우선순위가 가장 높았다. 가장 중요도가 높다고 인식한 역량은 '책임감', '긍정적사고', '커뮤니케이션'이었다.

본서에서는 이러한 연구 결과 및 타 대학 사례 등을 고려하여 셀프리더십 역량 중에서 목표수립, 시간관리, 대인관계, 커뮤니케이션에 대해 7장에서 기술하였고, 자기 성찰, 자기통제, 자기개발, 동기부여, 도전정신 역량은 6장 "셀프리더십:자기이해"에서 통합적으로 다루었다. 그리고 요즘 새롭게 부각되고 있는 협업능력과 취업 역량은 8장에서, 9장에서는 계속 성장해 나가기에 대해서 기술하였다. 책임감, 정직성, 창의성, 자기통제(절제)는 1부 인성과 성품 계발에서 일부 다루었다.

---

10 대학생 셀프리더십 역량에 대한 교육요구도 분석, 송영수 외, 2015.

생각해 볼 문제

1 리더십의 종류를 찾아서 정리해보고 자신은 어떤 리더십에 가까운지 얘기해보시오.

2 대학생의 셀프리더십 계발을 위해 요구되는 역량을 살펴보고 자신에게 가장 필요한 역량 3개를 생각해 보시오.

3 대학생의 최우선 육성역량으로 '시간관리', '도전정신', '목표수립', '대인관계' 등이 있다. 자신에게 필요한 역량과 비교해 보고 이러한 역량을 계발하기 위한 방법을 얘기해보시오.

CHAPTER 6

셀프리더십: 자기이해

1. 정체성

남을 아는 것은 현명하다
그러나 자신을 아는 것은 더 현명하다.

- 노 자 -

자기 자신이 누구인가? 자신이 누구인지 스스로가 답을 해야 한다. 정직한 질문에 정직한 답변을 할 수 있다. 멈추어야 질문을 시작할 수 있고, 멈추어야 볼 수 있다. 멈춤은 아무리 강조해도 모자라지 않다. 그러나 멈춘다는 것은 무엇인가 정체되는 듯한 인상을 받는다. 반면에 바쁘면 왠지 유능해 보일 거라고 생각하기 쉽다. 물론 선입견이다. 일종의 착시 효과다. 뇌가 바쁘다고 인지하는 순간, 뇌는 비상사태를 선포한다. 논리적인 생각이나 감성을 발휘하지 않는다. 뭔가 활발하게 돌아가는 듯하다. 하지만 알고 보면 정말 유능한 사람일수록 바쁘지 않다. 자기관리가 안 되거나 시간 관리가 안 되는 사람, 게으른 사람이 오히려 더 바쁘기 마련이다. 바쁨의 실체를 깨닫고 멈춤의 미학을 알아야 한다. 바쁨은 더 이상 그 사람의 능력을 대변하지 않는다. 바쁘다는 핑계로 학업도 자기계발도 등한시하고 다른 것에만 매진하는 학생은 더 이상 능력 있는 사람이 아니다.

그러나 시간은 다시 돌아올 수 없다. 그러므로 질풍노도와 같은 인생에서 지금이라도 브레이크를 밟아야 한다. 멈춤으로써 지나온 시간을 돌아볼 수 있고, 돌아봄을 통해 나의 모습을 발견해야 한다.

멈춤은 곤두서 있는 모든 신경들을 제자리로 돌려놓는 것부터 시작한다. 분주함과 바쁨은 뒤로하고, 고요를 찾아 나 자신을 만나라. 바쁜 일상생활을 하면서도 얼마든지 멈출 수 있다. 방법은 자기 자신에게 알맞게 찾아내면 된다. 토,일요일 한가한 시간을 떼어서 활용할 수도 있고, 아니면 평일 새벽 시간을 아니면 저녁 시간을 활용할 수도 있다.

자신에게 질문을 던져 보라! 그 질문으로 자기 성찰이 시작된다. 너무 철학적으로 생각하지 말자. 자기 성찰을 통해 행복했던 시간, 일어났던 일, 좋았던 기억, 추웠던 기억, 슬펐던 기억들을 떠올려 보자. 자신의 경험 그리고 그것이 의미하는 바에 대해 성찰한다. 또한 자신이 품고 있는 꿈에 대해 성찰하며, 그 꿈에 비추어 경험을 성찰해 본다. 이러한 성찰을 통해 자신의 경험이 꿈에 반영된다.

자기 성찰

자신을 점검하고 객관화하는 과정이다. 자기를 스스로 진단하는 데는 한계가 있다. 객관적인 수치로 판단할 수 있어야 한다. MBTI(마이어스-브릭스 성격유형지표), 애니어그램, 스트렝스 파인더(Strength Finder) 등을 활용하면 도움이 된다.

자기 성찰에는 먼저 자기이해가 필요하다. 누구와도 비교하지 않고 있는 그대로의 자신을 이해해야 한다. 이것은 좋다 나쁘다 판단하지 않고 객관적으로 자기 자신을 이해하는 작업이다. 그래서 자기 성찰에는 자기 수용도 필요하다. 자기 자신의 모습 중에서 단점이나 약점으로 보이는 것도 그대로 받아들여야 한다. 세 번째는 자기 개방이다. 그래야 이기주의에서 이타주의로 전환할 수 있다.

'나는 누구인가?'

정체성을 바로 세워야 앞으로 갈 수가 있다. "내가 내 인생의 주인이다!"라는 주체적 인생과, "내 인생은 내가 설계하고 주도한다!"는 주체적 자립심이 생긴다. 그래야 정체성, 자존감, 자신감, 자기 주동성을 발현할 수 있다.

자기 정체성을 바로 세움으로써 비로소 나와 우리와 사회를 향할 수 있다. 세상에 대한 책임감이 생기고, 내가 소속된 공동체를 바라보는 세계관이 확립될 수 있다.

또한 정체성이 확고한 사람은 다른 사람의 생각이나 모방을 하지 않기 시작한다. 왜 "내 인생의 주인은 나" 정체성이 작동되고 있기 때문이다.

다른 사람의 의견을 듣는 일은 중요하다. 하지만 자신에게 질문하는 일은 더 중요하다. 정체성을 찾는 일이 최우선이다. 우리 세대는 자신에게 질문하는 것을 어색해하고 어렵게 생각한다. 사실 우리는 스스로 질문하고 고요 속에 있을 시간이 절대적으로 부족했다. 지금 젊은 세대라고 별반 다를 바 없어 보인다. 젊은 사람들은 늘 스마트폰에 자신을 빼앗겨 살고 있다. 걸어가면서도 스마트폰을 하고, 언제 어디서나 스마트폰이 대기하고 있다. 결국 기성세대나 젊은 세대 모두 자신과의 시간을 극단적으로 줄여 버렸다. 자아 성찰의 시간은 사라져 버렸다. 그런 만큼 스스로의 목소리를 듣고, 자신의 정체성을 찾는 일은 더 중요해지고 있다.

자기 성찰하기

나의 삶을 이끄는 원동력은 무엇인가?[1]

모든 사람은 무엇인가에 이끌려 살고 있다.

대부분의 사전은 이끌다(drive)라는 동사를 '길을 인도하다, 통제하다, 또는 방향을 제시하다'라고 정의 내리고 있다. 자동차를 운전하든, 못을 박든, 골프 공을 치든 우리는 그 순간 그것을 인도하고, 통제하며, 그것에게 방향을 제시하고 있는 것이다. 그렇다면 우리의 삶을 이끄는 원동력은 무엇인가?

우리는 지금 특정한 문제, 중압감 혹은 마감 시간에 쫓기면서 끌려가듯 살아가고 있을지도 모른다. 과거의 아픈 기억, 계속 떠오르는 두려움, 혹은 무의식적인 신념에 의해 끌려가고 있는지도 모른다. 우리의 삶을 이끌어 가는 수백 가지의 상황들, 가치 그리고 감정이 있다. 그 가운데 가장 보편적인 것 다섯 가지를 살펴보자.

1. 많은 사람들이 죄의식에 의해 끌려다닌다.

그들은 후회에서 벗어나고 수치심을 감추기 위해 자신의 삶 전체를 허비한다. 죄의식에 의해 끌려다니는 사람들은 기억에 의해 조종된다. 그들은 과거가 미래를 지배하도록 내버려 둔다. 그리고 때때로 무의식적으로 자신들의 성공을 파괴함으로써 스스로를 처벌하려고 한다. 이러한 모습은 목적 없이 헤매는 오늘날의 많은 사람들의 삶의 모습을 그려 주고 있다. 우리는 과거의 산물이지만 과거에 갇힐 필요는 없다.

2. 많은 사람들이 원한과 분노에 의해 끌려다닌다.

그들은 상처에 붙들려 있고 그것에서 벗어나지 못한다. 용서를 통해 고통에서 벗어나는 대신, 머리 속에서 그것을 계속 되풀이한다. 원한에 이끌려 사는 어떤 사람은 '침묵하며' 분노를 내면화하는 사람도 있고, 다른 사람은 자신의 감정을 '폭발시켜' 다른 사람들에게 그 분노를 쏟아붓기도 한다. 두 반응 다 건강하지 않으며 도움이 되지 않는다.

원한은 언제나 우리가 분개하고 있는 그 사람보다 우리 자신을 더 아프게 한다. 우리에게 상처를 입힌 사람은 이미 자기가 한 일을 잊고 살아가고 있는데, 우리는 과거를 붙잡고 계속 고통 속에서 괴로워하고 있다.

기억하라. 우리가 원한을 품고 상처를 붙잡고 있지 않는 한, 우리에게 상처를 준 사람은 더 이상 우리에게 상처를 줄 수 없다. 과거는 과거일 뿐이다. 아무것도 우리의 과거를 바꿀 수 없다. 우리의 쓰라린 마음이 우리 자신에게 상처를 주고 있을 뿐이다. 성서는 이렇게 말하고 있다. "분노가 미련한 자를 죽이고 시기가 어리석을 자를 멸하느니라"(성경 욥기 5장 2절).

1 목적이 이끄는 삶, 릭 워렌, 디모데, 2002.

3. 많은 사람들이 두려움에 이끌려 살아간다.

그들의 두려움은 매우 충격적인 경험(트라우마), 비현실적인 기대 그리고 엄격한 가정 환경으로 인해 생길 수도 있고, 또 유전적인 성향으로 생길 수도 있다. 그 원인에 상관없이 두려움에 의해 이끌려서 사는 사람들은 종종 좋은 기회들을 놓친다. 이는 그들이 모험을 두려워하기 때문이다. 대신 그들은 안전한 방향으로, 위험을 피하고 현재 상태를 유지하려고 한다.

두려움은 스스로 만든 감옥으로 우리가 우리 자신이 되지 못하게 한다. 그렇기 때문에 우리는 믿음과 사랑이라는 무기로 반드시 맞서 싸워야 한다.

4. 많은 사람들이 물질주의에 이끌려 살아간다.

무언가 획득하고자 하는 욕구가 그들 삶의 목표가 된다. 항상 더 많은 것을 얻고자 하는 이 욕구는 더 많이 가지면 더 행복해지고, 더 중요한 사람이 되며, 더 안전할 것이라는 잘못된 생각에서 온다. 하지만 이 세 가지 모두 사실이 아니다. 소유물은 일시적인 행복만을 준다. 사물이 변하지 않기 때문에 우리는 결국 그것에 싫증을 느끼고 보다 새롭고, 더 크고, 나은 것을 원하게 된다.

더 많은 것을 가지면 더 중요한 사람이 될 것이라는 것도 잘못된 신화이다. 자아 가치(self-worth)와 소유 가치(net-worth)는 동일하지 않다. 우리의 가치는 우리가 가지고 있는 물건에 의해서 결정되는 것이 아니다.

돈에 대한 가장 흔한 오해는 돈이 많을수록 더 안전하다는 것이다. 그렇지 않다. 부는 다양한 통제할 수 없는 요인들로 한순간에 잃을 수 있다. 진정한 안전은 그 어느 누구도 앗아갈 수 없는 것에서만 발견할 수 있다.

5. 많은 사람들이 인정을 받는 것에 이끌려 살아간다.

그들은 부모나 배우자, 혹은 자식이나 선생님, 또는 친구들의 기대가 그들의 삶을 조종하도록 내버려 둔다. 많은 성인이 별로 만족하지 않는 부모의 인정을 받기 위해 여전히 노력하고 있다. 또 어떤 사람들은 다른 사람이 자신에 대해 어떻게 생각하는지를 항상 걱정하며 주변의 압력에 끌려간다. 불행하게도 군중을 따라가는 사람은 군중 속을 헤매며 길을 잃게 된다.

나는 성공으로 이끄는 모든 길에 대해서는 알지 못하지만 한 가지 분명히 아는 것은 모든 사람을 만족시키려고 노력하는 것은 실패로 가는 길이라는 것이다. 다른 사람의 의견에 의해 통제받는 것은 우리의 삶의 목적을 놓치게 만드는 확실한 길이다.

이 외의 우리의 삶을 이끄는 많은 다른 동력이 있지만, 이 모두가 막다른 골목, 즉 사용하지 못한 잠재력, 불필요한 스트레스 그리고 만족하지 않는 삶을 향해 나아가게 한다.

<실습> 삶의 원동력 찾기

나의 삶을 이끄는 원동력이 무엇인지 생각하고 아래 표에 작성해 보자.

5가지 원동력에 해당되지 않으면 그 원동력을 써 보고 구체적인 내용을 적어 보자.

삶의 원동력	내용
죄의식(미안함)	
원한과 분노	
두려움	
물질주의	
인정받기	
성공	

정체성을 찾으면 사명이 보인다

"하늘이 장차 사람에게 큰 사명을 주려 할 때는 반드시 먼저 그의 마음과 뜻을 흔들어 고통스럽게 하고, 궁핍하게 만들어 하고자 하는 일을 흔들고 어지럽게 하나니, 그것은 타고난 작고 못난 성품을 인내로써 담금질을 하여 하늘의 사명을 능히 감당할 만하도록 역량을 키워 주기 위함이다."(맹자)

가치 있는 삶, 이것이야말로 인생의 핵심이다. 지미 카터(Jimmy Carter, 1924-) 전 미국 대통령이 재선에 실패하고 고향으로 돌아왔을 때, 그에게 남은 건 100만 달러의 빚더미뿐이었다. 인권과 세계 평화를 내걸고 소신껏 정치했지만, 냉전의 두꺼운 벽을 뚫지는 못했다. 말할 수 없는 소외감과 고독감이 밀려왔다. 그러나 그는 굴복하지 않았다. 끝까지 그의 정체성을 지키고 정치 이념을 고수해 나갔다. 재선에는 실패했지만 그의 인생은 실패하지 않았다.

그는 여전히 세계인들에게 많은 존경을 받고, 상당한 영향력을 발휘하고 있다. 중동과 북한, 베네수엘라 등 분쟁이 있는 곳마다 화해의 대사, 평화의 특사 역할을 톡톡히 해내고 있다. 그가 그렇게 될 수 있었던 것은 정체성을 잃지 않았기 때문이다. 인생의 전반전은 실패한 대통령이었는지 몰라도, 후반전은 세계 평화의 전도사가 되어 더욱 의미 있고 가치 있는 삶을 살고 있다.

정체성을 잃지 말아야 한다. 상황이 어렵고 절망적이더라도 정체성만큼은 흔들리지 말아야 한다. 그러면 언젠가는 꽃이 피고 열매를 맺게 될 것이다.

정체성이 명쾌할수록 인생이 명쾌해진다. 내가 누구인지를 모르는데 어떻게 삶의 방향성을 잡을 수 있겠는가? 본연의 모습은 혼자 있을 때 드러난다. 가면을 벗어야 한다. 나의 부족함, 연약함 다 내려놓고 본연의 모습으로 돌아가야 한다. 지금까지 인스턴트로 살았다면 이제 자연의 삶으로 돌아가자. 속도도 떨어지고 생산성도 떨어지지만 돌아가야 한다.

<실습> 정체성 발견_나의 성장사를 정리해 보자.

시기별	특별한 사항
나의 출생 상황	
유년기	
아동기	
청소년기	
청년기	

<실습> 정체성 발견 _ 내 인생의 10대 뉴스를 작성하시오.

번호	10대 뉴스	비고

<실습> 정체성 발견_자신에게 질문하기

자기 자신에 대해서 확실히 아는 것은 앞으로의 삶을 준비하는 데 큰 도움이 되며 자기 발전의 열쇠가 될 수 있다. 자신을 돌아보고 자신을 탐구할 수 있는 핵심 단어 53개를 시간 흐름에 따라 일관성 있게 자신을 평가해 보자.

예시 1: 정체성을 위한 자기 탐색

"다음은 과거 속에서 느낄 수 있는 감정이나 실제 행동을 나타낸 단어들이다. 정답이 존재하지 않으니 자신을 잘 표현할 수 있는 단어에 솔직하게 대답해 보자."

나는 평상시에 ....(은/한) 사람이다.
나는 특정 ____________상황에서 ....(은/한) 사람이다.
나는 ____________에게 ....(은/한) 모습을 보여 온 사람이다.
나의 에너지는 ....(한) 모습에서 온다.

- 신경질적인 / 예민한 / 괴로운 / 마음이 상한 / 쉽게 두려운 / 타인과 적대적인 / 조바심 내는 / 겁에 질린 / 기민한 / 죄책감 드는 / 부끄러움을 타는
- 활기찬 / 열정적인 / 원기 왕성한 / 자랑스러운 / 강한 / 흥미진진함을 즐기는 / 흥 있는 / 단호한 / 사려 깊은
- 고집이 센 / 경쟁적인 / 게으른 / 냉정한 / 다정한 / 변덕스러운 / 보수적인 / 상냥한 / 성급한 / 유머 있는 / 책임감 있는 / 쾌활한 / 편안한 / 예의 바른 / 지적(知的)인 /

이기적인 / 소심한 / 솔직한 / 이해심이 많은 / 수줍은 / 단순한 / 독선적인 / 활동적인 / 인내심이 있는 / 경솔한 / 체계적인 / 진지한 / 성실한 / 자신감이 있는 / 말이 적은 / 우유부단한

<실습> 모닝 페이지 작성하기 (일주일 동안 매일 아침 모닝 페이지를 작성하시오.

모닝 페이지는 줄리아 카메론이 쓴 〈아티스트웨이〉의 12주간의 창조성 워크숍에 나오는 창조성 도구의 하나이다. 매일 아침에 머릿속에 떠오르는 생각, 지나가는 생각 등을 형식에 상관없이 노트에 적고 자신을 억압하는 이성과 외부의 평가에서 벗어난 글을 통해 자신 안에 있는 창조성을 찾아내는 훈련이다.

• 방법: 특별한 원칙이나 방법이 없으며, 어떤 내용이든 상관없다. 자신이 쓴 모닝 페이지는 최소 8주간 읽지 않으며, 다른 사람에게도 절대 보여 주지 않는다.

• 자신의 모닝 페이지 작성(사례)

〈모닝 페이지 Sample 1〉
간밤에 불안함이 엄습했다. 도저히 감사의 글을 쓸 수가 없다. 하지만 습관적으로 펜을 든다. 도저히 감사할 수 없을 때 더 감사 일기를 써야 할 때다. 글을 쓰는 순간 서서히 생각의 파편들이 떠나가고 고요가 찾아들기 시작한다. 생각의 집중을 통해 글을 시작한다. 서서히 감사가 딸려 나오기 시작한다. 이렇게 쓰고 나면 뿌듯함을 느낀다. 감사 일기는 좋은 시간만 함께하는 친구가 아니다. 힘든 시간도 함께하는 친구다.

〈모닝 페이지 Sample 2〉
다른 사람과 비교하고, 나도 모르게 경쟁의식이 발동한다.
비교하는 순간 나는 인정에 목메고 갈망한다. 나는 없고
나의 행복도 떠난다. 최고가 아니라 매 순간 최선을 다하자.

<실습> 자신의 정체성 발견하기

다른 학생들과 그룹을 이루어서 그룹별로 자신의 대답을 작성한 후 돌아가면서 자신의 대답을 나누어 보자. 이러한 활동을 통해 발견한 자신의 정체성을 무엇이라고 생각하는가?

구분	대답하기 (1)	대답하기 (2)	대답하기 (3)
잘하는 것 3가지			
좋아하는 것 3가지			
다른 사람들이 나에 대한 칭찬 3가지			
취미 3가지			
나의 단점 3가지			

2. 가치

베스트셀러 작가이자 사회운동단체인 소저너스의 대표인 짐 월리스는 그의 책에서 가치의 중요성을 얘기한다.

"2008~2009년의 경제 위기는 우리에게 엄청난 기회를 선사했다. 즉, 가족과 신앙공동체, 국가로서 우리의 가치를 재발견할 기회 말이다. 지금은 결코 지나쳐 버릴 수 없는 결단의 시간이다. 잊고 있었던 매우 중요한 것들을 다시 한 번 기억할 때다. 물론 우리는 경제를 회복해야 하지만, 또한 월 스트리트(Wall Street)와 메인 스트리트(Main Street) 그리고 동네길(Your Street)에서 도덕을 회복해야 한다.[2]

전 세계에 영향을 미친 대불황이 현 시대를 규정하고 관심을 온통 사로잡고 있지만, 불황보다 더 심각한 것은 가치의 위기다."[3]

"대구 가겠다", 의사 등 의료인 205명 자원 VS 마스크 매점매석 & 불법 해외 반출

---

2 월 스트리트는 거대 금융기업이 주도하는 금융 경제를, 메인 스트리트는 제조 유통업 중심의 실물 경제를 상징한다. 동네길은 이웃과 더불어 하루하루 살아가는 삶의 공간을 가리킨다–역주

3 가치란 무엇인가, 짐 월리스, IVP, 2010.

[그림 6-1] 봉사하는 의료진과 매점매석한 물건

코로나-19로 모두 어려운 시기에 코로나-19 지역인 대구로 휴가를 내고 자원봉사를 지원한 의사, 간호사, 자원봉사자가 있는 반면에 한편에서는 공동체제의 일원으로서의 가치는 없이 오직 개인주의적으로 개인의 부를 위해 마스크 대란 속에서도 마스크를 매점매석하고, 불법 해외 반출을 하는 사람들이 있었다.

기꺼이 공동체 일원으로서 사회적 가치에 우선을 두고 기쁜 마음으로 자원봉사를 내려가는 사람들은 사회적 가치와 의료인으로서 직업의 가치를 가지고 있기 때문일 것이다. 사람이 무엇에 가치를 두고 사느냐, 무엇을 인생의 주된 목적으로 삼느냐가 그 사람의 행동과 삶을 결정해 준다.

여러분은 국가의 공동체 일원으로서 어떤 판단을 하겠는가?

가치관이란: 옳은 것, 바람직한 것, 해야 할 것 등에 대한 나의 생각이나 기준을 말한다.

사람이 무엇에 가치를 두고 사느냐, 무엇을 인생의 주된 목적으로 삼느냐가 그 사람의 행동과 삶을 결정해 준다.

가치관 유형

Allport(1937)는 인간이 추구하는 다양한 가치를 표와 같이 6가지로 분류하였다.

가치관 유형	특징	관련 직업
이론형	사물의 진리를 탐구하고 연구하며 가르치는 일에 보람과 긍지를 느낀다.	평론가, 수학자, 교육가 등
경제형	가치기준을 자본 형성, 즉 돈을 벌어 부자가 되어야 활동에 큰 비중을 둔다.	소매 · 도매상인, 유통업 종사자, 중소 · 대기업인, 무역업 사장, 회장 등 경제 활동에 종사하는 사람
심미형	미에 대한 가치를 추구하는 것이 다른 분야 직종, 어떤 분야보다 가치가 있다고 인정한다.	음악가, 체육인, 무용가, 음악평론가, 화가, 소설가, 스포츠 해설가 등
사회사업형	남을 위해 봉사하고 돕는 사람으로 타인을 사랑하고 사회 진보와 복지를 위해 헌신하는 것을 최고의 가치로 삼는다.	사회사업가, 서비스업 종사자, 상담사, 재활상담원, 간호사, 사회봉사자
정치형	권력을 잡고 남을 지배해 보며 권리 취득을 최고의 가치로 삼는다.	정당인, 정치가, 국회의원, 장관 관료, 시 · 도의원 등의 각종
종교형	종교적 가치에 의하여 행동하고 성스러운 것을 추구하며 생활의 정신적 의의 및 최고 가치의 신비와 초자연적인 것을 숭배한다.	

많은 학자들이 가치에 대한 정의를 얘기하였다. 쉬나이크(Schnake, M. E.(1990))는 '가치관은 행동 방법에 관한 일반적인 신념이나 선호하는 어떤 최종적인 상태'라고 하였고, 알닥(Aldag. R.J. &T. M. Stearns(1991))은 '가치관은 행동 방법에 관한 광범위하고 일반적인 신념이나 바라는 바의 최종적인 상태'라고 하였다. 그리고 나이스트롬(Nystrom, C.(1990))은 '가치관은 적절한 행동표준과 바라는 결과에 대한 개인의 신념'이라고 했으며, 로빈슨(Robbins, S. P.(1993))은 '가치관은 구체적인 행동양식이나 생존의 최종적인 상태가 개인적으로나 사회적으로 반대되는 그것들보다 선호되는 기본적인 신념'이라고 하였다.

한편, 피터슨(Peterson)은 '가치란 인간이 자신의 인생을 어떻게 살 것인가를 결정하는 방식을 나타내는 요소'라고 인식하여 가치관을 다음과 같이 설명하고 있다.

① 가치는 욕구에서 나오고, 욕구를 일으키며, 부분적으로는 욕구를 만족시키지 못하기도 한다.

② 가치는 목표를 선택할 때 판단기준이 되고, 어떤 상황 속에서 그러한 목표가 갖는 내재적인 의미를 갖는다.
③ 가치는 어떤 가능성에 대한 단순한 궁극적인 신념을 넘어 행동에 관여한다.
④ 가치는 선호의 의미를 내포하면서도, 그러한 선호가 도덕, 이성 등의 판단에 의하여 정당하다고 여겨지는 것이다.

이상에서 살펴본 여러 학자들의 가치관에 대한 개념을 정리해 보면, 가치관이란 사회적 행동을 결정하는 인간 내부의 심층에 속하는 심리적 성향으로서 상대적으로 무엇이 옳고, 그른지를 밝혀주거나, 무엇이 좋고, 싫은지를 명백하게 해 주는 일반적인 신념이라고 할 수 있다.

수단 가치와 목적 가치

실용적인 측면에서 최종적인 지향점에 따라 수단 가치와 목적 가치로 나눌 수 있다.

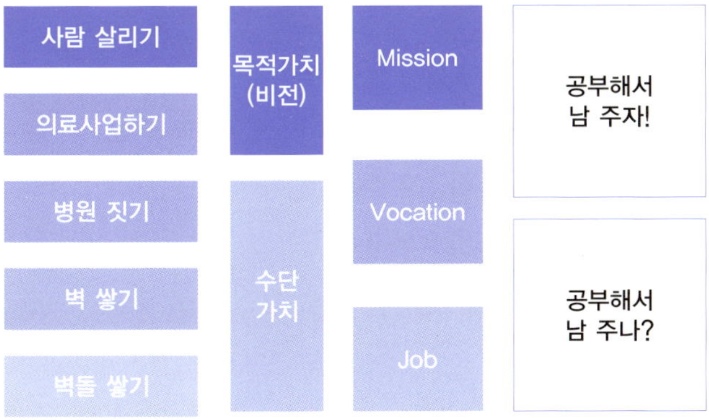

[그림 6-2] 수단 가치와 목적 가치

사람들이 가치가 있다고 여기고 추구하는 것이 '가치관'이다. "부자가 되고 싶다"는 것은 가치관이다.

▶ 갑: "부자가 됨으로써 무엇이 좋아지나요?"
▶ 을: "부자가 되면 가족이 행복해지는 거죠."
▶ 갑: "그렇다면 가족의 행복을 소중히 생각하시는 거군요.
▶ 을: "그렇죠"

더 이상 추구할 것이 없을 때 그것이 목적 가치가 된다. 위의 대화에서 부자가 되는 것은 수단 가치가 되며, 가족의 행복은 목적 가치가 된다. 어떤 직업을 갖는 것은 수단 가치이지만, 그 직업을 통해 궁극적으로 이루려는 것은 목적 가치가 될 수 있다. 목적 가치는 비전이 될 수 있다. 목적 가치가 수단 가치보다 상위 개념이므로, 행동과 삶의 가치를 어디에 두느냐가 중요하다.[4]

가치관을 구체화하는 법?

나의 가치관을 구체화 하는 것은 끊임없는 생각이 필요하다. 분주한 일상에서 잠시 일상을 멈추고 자기와의 직면을 통해 자신에게 질문을 던지고 답을 하면서 자신의 가치관을 찾아갈 수 있다.

• 삶의 우선순위가 무엇인가?
• 나는 무엇을 할 것인가?
• 인생에서 가장 소중한 사람은?
• 인생에서 가장 소중한 순간은?
• 나는 무엇을 할 때 가슴이 뜨거워지는가?

내가 누군지 알게 해 주며, 내가 어디로 가는지를 알게 해 준다. 삶의 기준이 세워지며 앞으로 어떻게 살아야 할지 인생에 대한 비전을 세울 수 있다. 인생의 설계도를 집을 짓는 것에 비유를 하자면 집을 지을 때 가장 중요한

---

4 스무살 나의 비전, 학지사, 2015. 이의용.

뼈대를 세우고 준비하는 과정이라 할 수 있다. 인생의 길에는 올바른 가치관의 확립이 중요하다. 올바른 가치관이란 옳고 그름을 올바르게 판단할 수 있는 인생의 기본 틀을 제공한다.

세월호에서 학생들을 고립시킨 채, 먼저 탈출한 선장을 비난하는 이유가 뭘까? 그가 책임자임에도 승객의 안전을 책임지지 않은 채 자신의 생존만 도모했기 때문이다. 자신의 생존을 추구하는 것은 나쁜 일이 아니다. 하지만 가치를 비교했을 때 승객을 구조할 의무와 책임감보다, 자기 목숨을 우위에 둔 그 판단이 잘못된 것이다. 이런 사례에서 알 수 있듯이 이미 가치관이 형성되어 있어도, 그것이 진정 옳은가에 대한 물음은 계속되어야 한다.

<실습> 내가 추구하고 싶은 가치는?(목적 가치, 수단 가치 각각 10개에 0표)

목적 가치						수단 가치					
결속	공동체	권력	권위	기쁨	깨달음	가족애	감사	겸손	근면	기여	기지
명성	성공	성장	성취	신뢰	아름다움	끈기	너그러움	도움	도전	독립심	동지애
인정	역동성	신상영성	영향력	이상실현	자아실현	뛰어남	명확성	모험	배려	봉사	사랑
자유	재미	전문성	전통	정의	조화	상상력	성실	솔직함	실행	약속	양육
존경	지혜	진실	질서	청결	초연	열정	용기	용서	위임	유머	유연성
평온	평화	행복	화합	활기	힘	인내	자기개발	자기관리	자기표현	자비	자율성
가정	애국	우정	건강	장수	풍요	정직	정확	중용	참여	창의성	책임감
공존	번영	일체감	공익	인간존중	복지안녕	최선	충직함	한결같음	헌신	협력	확신

3. 비전(VISION)

우리의 인생은 수많은 변화 속에서 살아간다. 예기치 않은 일의 연속이다. 코로나-19도 전혀 예기치 않게 찾아왔다. 코로나-19는 전 세계의 모든 것을 바꾸어 놓고 있다. 이런 시대 속을 살아갈 때 목적지가 분명하지 않다면 우리는 어떻게 앞을 향해서 갈 수 있을까? 변수가 많은 시대를 살아가기 위해서는 ① 내가 누구인지에 대한 분명한 자기 자신을 알고, ② 가치를 지향하며, ③ 비전(목적지)을 향해 나가는, ④ 사명의 인생을 살아가야 한다.

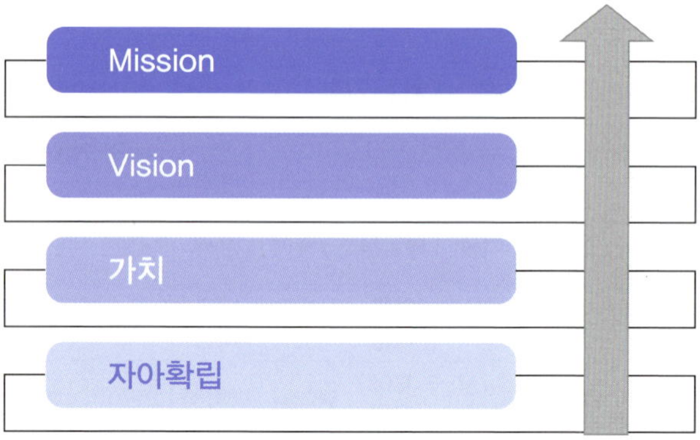

1953년 예일 대학교에서는 졸업생을 대상으로 다음과 같은 질문을 했다.

"지금 현재 당신은 구체적인 목표를 글로 써서 소지하고 있습니까?"

이 질문에 졸업생 중 단지 3%만이 글로 자신의 목표를 써서 갖고 있노라고 대답했다. 10%의 사람들은 마음속으로 확실한 비전을 갖고 있으며, 나머지 87%는 글로도 적지 않고 막연히 생각만 해 본 사람들이었다. 그 뒤로 20년이 지나자 예일 대학교는 1953년 졸업생 중 생존자를 대상으로 이들의 성공 여부를 조사했다. 그런데 충격적인 사실이 밝혀졌다. 3%에 해당하는, 즉 졸업 당시 인생의 목표를 글로 써서 가지고 있던 집단의 재산이 나머지 97%의 재산보다 많은 것으로 조사되었다. 10%의 사람들은 돈과 시간의 자유를 누리는 풍요로운 삶을 살고 있었고, 87%의 사람들은 생계를 유지하기 위하여 매일 힘들게 일하거나 남에게 의존하는 삶을 살았다. 글로 쓴 구체적인 비전이 그 사람의 삶에 성공을 불러온 것이다.

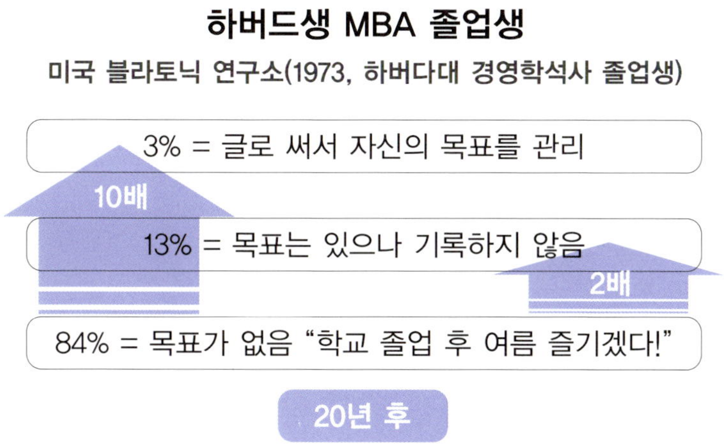

[그림 6-3] 자신의 목표를 작성한 결과

우리는 수많은 생각들은 대부분 휘발성으로 끝나고 만다. 비전을 글로 쓸 때 우리가 받는 영향도 유사하다. 내가 바라는 꿈과 비전을 글로 쓰는 순간 뇌에 무의식적으로 입력되는 효과가 생긴다. 이것이 에너지원이 되어 인생을 그 방향으로 이끌고 가며, 무의식적으로 그 방향을 향해 행동하게 된다.

영화 〈원챈스〉의 기적 같은 실화의 주인공 폴 포츠(Paul Potts), 그는 2007년 영국의 리얼리티 TV 프로그램 《브리튼스 갓 탤런트》에 등장할 때만 해도 배는 튀어나오고 어눌한 말투와 자신 없는 표정으로 무대에 섰고 별 관심을 받지 못했다. 그의 노래가 시작되면서 심사위원과 청중은 깜짝 놀라게 된다. 그의 음색과 발성 가창력은 상상 이상이었다. 결승전에서 푸치니 오페라의 ‘공주는 잠 못 이루고’(Nessun Dorma)를 불러서 우승하였고, 그의 앨범은 영국에서 한 달 만에 40만 장이나 팔렸고, 우리나라에서도 발매 4만 장이 넘게 팔렸다. 그의 영상은 유튜브에서 누적 1억 건이 넘는 조회수를 기록하며 전 세계적인 관심을 불러 모았다. 그는 항상 가슴에 성악에 대한 꿈을 품고 있었다. 그리고 가슴에 살아 있는 비전은 위대한 힘을 발휘한다. 자신이 지향하기를 원하는 꿈, 도달하기를 원하는 최대한의 임계치는 자신의 인생을 이끌어 가는 강력한 에너지로 체화된다.

자신의 비전을 글로 쓰면 놀라운 효과가 일어난다. 앞으로의 인생에 대해 목표 의식과 기대감을 갖고 열정적으로 살아가게 된다. 비전을 글로 써서 제일 잘 보이는 곳에 붙여 놓고 매일 암송하자. 몰입과 열정을 담아서 글을 쓰고 말로 표현하는 것은 성공할 수 있는 엄청난 비결이다.

1) 비전의 조건

① 시간이 흘러도 변하지 않고 간절함이 있는 것이어야 한다.
② 내가 좋아하고 잘할 수 있는 것이어야 한다.
③ 가치 있고 의미 있는 것이어야 한다.
④ 실현 가능하고 사회에 기여하는 것이 있어야 한다.

2) 비전의 명언 사례

물을 이긴다 - 코카콜라의 비전

부자가 아닌 모든 평범한 사람들에게 자동차를 타게 하겠다 - 포드

절제, 침묵, 정돈, 결심, 검약, 근면, 성실, 정의, 중용, 청결, 평정, 순결, 겸손 - 벤자민 플랭클린
'전 세계의 모든 사람에게 책을 읽히게 하겠다' - 알도 마누치오
모든 사람이 잘 읽고 잘 쓰며 잘 말하게 할 것이다. 그리고 똑똑한 자아를 만드는 것이다. - 김미경 강사

좋은 소리를 내지 않는 바이올린은 가차 없이 부숴 버린다. 절대 내 이름을 넣어 팔지 않는다. - 안토니오 스트라디바리

남들이 안전하다고 생각하는 것보다 더 큰 위험에 도전하라. 남들이 합리적이라고 생각하는 것보다 더 큰 꿈을 꿔라 - 하워드슐츠(스타벅스 CEO)

21세기의 문맹자는 글을 읽을 줄 모르는 자가 아니다. 학습하고 교정하고 재학습하는 능력이 없는 사람이다. - 앨빈 토플러

목소리도 힘도 없는 상태에서 시작하여 지금 내가 가진 것을 성취할 수 있었다는 것은 나를 가로막는 것은 오로지 내 비전뿐이라는 뜻이다. - 오프라 윈프리

내가 사는 이유는 빈민을 구제하기 위해서이다 - 마더 테레사

"우리나라 말이 중국과 달라서 중국말을 글자로 쓰도록 만든 한자로는 우리말과 이런 까닭에 어리석은 백성이 말할 것이 있어도 제 뜻을 글자에 담아 나타내지 못하는 사람이 많다. 내가 이것을 딱하게 여겨 새로 스물여덟 글자를 만들었으니, 사람마다 쉽게 익혀서 날마다 글자로 쓰는 것을 편안하도록 하려는 것이다. - 세종대왕

꿈을 기록하는 것이 나의 목표였던 적은 없다. 꿈을 실현하는 것이 나의 목표이다. - 만 레이

비전은 다른 사람들이 보지 못하는 것을 보는 것이다. - 조나단 스위프트

비전은 생존을 위해 필수적이다. 비전은 보기보다 크고, 꿈보다 깊고, 생각보다 넓다. - 척 스윈돌

장기적 비전을 위해 단기적 손해를 감수한다. 이것이 성공이다. - 빌 게이츠
앞이 보이지 않는 사람의 세상은 먼저 본 것에 국한되고 무지한 사람의 세상은 자신이 가진 지식에 의해, 위대한 사람의 세상은 비전에 따라 정해진다. - E.폴 하비

사람들은 맹인으로 테어난 것보다 더 불행한 것이 뭐냐고 나에게 묻는다. 그럴 때마다 나는 "시력은 있되 비전이 없는 것"이라고 답한다. - 헬렌 켈러

반듯한 철학과 비전이 세상 소음에 귀를 닫고 귀한 일에 집중하게 한다. - 공병호

목표를 달성하고자 하는 사람은 아무도 막을 수 없다. 모든 장애물은 목표 달성을 위해 힘과 기량을 키우는 과정일 뿐이다. - 에릭 버터워스

처음에 나는 내가 그림을 그리는 모습을 꿈꾸었고, 지금 나는 나의 꿈을 그린다. - 빈센트 반 고흐

한 번도 해 보지 않은 일에 세 번 도전하라. 한 번은 두려움을 이겨 내기 위해서, 한 번은 방법을 터득하기 위해서, 마지막은 자신이 이 일을 좋아하는지 알기 위해서다. - 버질 톰슨

식욕 없는 식사가 건강에 해롭듯이, 의욕이 동반되지 않은 공부는 기억을 해친다. - 레오나르도 다빈치

사람들이 말하는 것과 사람들이 행동하는 것과, 사람들이 한다고 말하는 것은 별개의 문제다. - 미가렛 미드

꿈만 꾸어서는 훌륭한 사람이 될 수 없다. 자신을 두들겨서 훌륭한 사람으로 만들어야 한다. - 제임스 A. 폴로드

<실습> 비전 지수 진단. 아래의 내용을 보고 숫자에 체크하시오.

S	내 용	그렇다	그런 편이다	반반 이다	아닌 편이다	아니다
1	나는 내가 맡은 일보다 내 능력이 훨씬 뛰어나다고 생각한다.	5	4	3	2	1
2	나에게는 남이 보지 못하는 것을 보고, 남들이 듣지 못하는 것을 듣고, 남들이 잘 알지 못하는 냄새를 맡을 수 있는 특별한 감각이 발달되어 있다.	5	4	3	2	1
3	나는 남들보다 특이하고 경이로운 경험을 많이 가지고 있다.	5	4	3	2	1
4	나는 사랑 이야기보다 위인전을 더 즐겨 읽는다.	5	4	3	2	1
5	나는 창의적인 사람들을 좋아하고, 세상은 그런 사람들이 이끌어 간다고 생각한다.	5	4	3	2	1
6	나는 그림이나 산 또는 벽지의 형태를 보며 마음속으로 소설을 쓴다.	5	4	3	2	1
7	나는 20년 후의 내 모습을 그려 보면서 가슴 뛰는 삶을 그려본다	5	4	3	2	1
8	나는 인생에 분명한 최종의 비전이 있다.	5	4	3	2	1
9	나는 몇 년도에 인생의 최종 목표 지점에 도착할 것인지를 알고 있다.	5	4	3	2	1
10	나는 인생 최종의 비전을 달성하기 위해 무엇을 대가로 지금 무엇을 해야 하는지 알고 있다.	5	4	3	2	1
11	나는 인생 최고의 비전, 달성 시한, 달성 방법들을 노트에 자세하게 기록해 두고 있다.	5	4	3	2	1
12	나는 매일 운동을 함으로써 나의 비전이 몸에 새겨지게 하고 있다.	5	4	3	2	1
13	나는 20년 후의 성공한 나의 모습을 그려 보는 것을 즐긴다.	5	4	3	2	1
14	나는 꿈을 꿀 수 있다면 반드시 이룰 수 있다고 생각한다.	5	4	3	2	1
15	나는 책을 읽거나 영화를 보면서 마치 내가 주인공이 된 것처럼 착각에 빠질 때가 있다.	5	4	3	2	1

*해석

1 ~ 45점 아직 확실한 비전을 세우지 못하셨네요. 비전을 탐구하기 위한 적극적인 노력이 필요합니다.

46 ~ 55점 비전은 있는데 아직 모호한 상태군요. 좀 더 명확한 비전을 확립하도록 노력합시다.

56 ~ 75점 생생하고 명료한 비전을 소유하고 계시네요. 실천만이 남았습니다.

비전과 사명선언서

사명선언서는 자기 인생의 목표와 의미를 표현한 글이다. 이는 자기 자신에게 개인적으로 북극성과 같은 역할을 한다. 어두운 밤 항구에서 배는 등대를 이용할 수 있다. 그러나 폭풍우 치는 먼 바다에서 고대의 항해사들은 선박의 방향을 잡을 때 천체를 어떻게 이용하였을까? 일출과 일몰은 동쪽과 서쪽을 알려 주었고, 선원들은 새벽에 태양의 위치와 흐려져 가는 별들의 위치를 비교하는 방법으로 태양이 얼마나 이동했는지를 파악할 수 있었다. 밤에는 땅거미가 진 후에 거의 북극 바로 위에서 나타나는 북극성을 통해 자신의 위치를 알아낼 수 있었다. 저 멀리 남쪽에는 남십자성이라고 하는 밝은 별자리가 있어 남극의 위치를 파악하는 데 도움이 되었다. 따라서 맑은 밤이라면 선원들은 바다 어디에 있든 적어도 이것들 중 하나의 천체를 참고하여 방향을 확인할 수 있었다.

[그림 6-4] 북극성을 중심으로 회전하는 별들의 모습

우리가 인생에서 가치 있는 목표를 세우는 법은 그 목표가 10년 후에 또는 내가 죽을 때에도 여전히 후회하지 않고 나와 다른 사람들에게 도움이 되는 것일까를 생각해 보는 것이다. 즉, 현재의 관점에서 10년 후와 사망할 때를 연결하여 일관성을 가지고 의미 있는 결과를 얻을 수 있도록 하는 것이다.

[그림 6-5] 가치 있는 목표를 세우는 법

스티븐 코비는 자기사명 선언서에 대해 다음과 같이 얘기한다.[5]

"인생 목표를 확립하고 행동하는 가장 좋은 방법은 자기사명, 즉 자기 자신의 인생철학 내지 신조를 작성하는 것이다. 즉, 자기사명 선언은 우리가 어떤 사람이 되기를 원하는가(성품), 무엇을 하기를 원하는가(공헌 및 업적)를 기술하고, 자신의 존재와 행동이 바탕을 두고 있는 가치와 원칙에 초점을 맞춘다. 그러나 사람은 누구나 나름대로 다른 특성을 가지고 있기 때문에 자기사명 선언의 형태나 내용 역시 각자의 독특성을 반영한다. 나의 친구인 롤페 커(Rolfe Kerr)는 자신의 개인적 신조를 다음과 같이 표현하고 있다.

- 우선 가정에서 성공하라.
- 신의 도움을 갈구하라.
- 정직함을 결코 타협의 대상으로 삼지 마라.
- 인간관계를 맺고 있는 사람들을 늘 기억하라.
- 판단을 내리기 전에 우선 양측의 말을 다 들어라.
- 다른 사람의 충고를 귀담아 들어라.
- 그 자리에 없는 사람을 옹호하라.
- 성실하되 결단력을 가져라.
- 능숙하게 할 수 있는 무언가를 일 년에 하나 정도 계발하라.

---

5 성공하는 사람들의 7가지 습관, 스티븐 코비, 김영사, 1994.

- 내일의 계획을 오늘 짜라.
- 기다리는 동안 시간을 낭비하지 말고 무엇인가를 하라.
- 적극적인 태도를 가져라.
- 유머 감각을 잃지 마라.
- 몸소 정돈된 생활을 하고 정연하게 일하라.
- 실수를 두려워하지 마라. 그 대신 그러한 실수들에 대한 창의적, 건설적 그리고 개선적인 대책의 부재를 두려워하라.
- 부하들이 성공할 수 있도록 이끌어 주라.
- 두 번 듣고 한 번 말하라.
- 현재 하고 있는 일에 최선을 다하라. 다음 일이나 승진에 대해서 미리부터 걱정하지 마라."

자기사명서를 작성함으로써 가지는 이점은 다음과 같다.

- 당신의 삶에 대해 깊이 생각해 보게 한다.
- 당신의 내면 깊숙한 곳에 있는 생각과 감정을 살펴볼 수 있도록 도와준다.
- 당신에게 정말로 중요한 것이 무엇인지를 분명하게 한다.
- 당신의 시각을 확대시켜 준다.
- 당신의 가치관이나 목적을 마음속에 확실하게 각인시켜 준다.
- 가치관에 따른 방향을 제시해 주고 스스로에게 약속하게 한다.
- 장기적인 목 달성을 위해 날마다 진전이 이루어지게 한다.
- 당신의 인생에서 우선하는 것들을 마음속에 그려 보는 정신적 창조를한다.

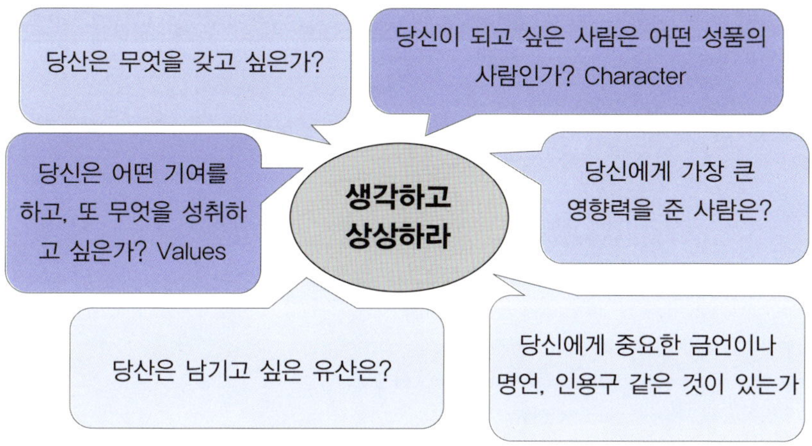

[그림 6-6] 자기사명서 작성하기

1) 나의 비전, 나의 사명을 작성해 보자.

첫째: 당신의 강점은 무엇인가?

둘째: 사명과 비전을 구체적으로 적어 보자.

2) 나의 사명 선언서를 작성해 보자.

사명서	
나의 사명은 정직하게 살고 다른 사람의 삶을 개선시키는 것이다. 본 사명을 수행하기 위해 다음과 같은 역할을 수행 할 것이다.	자비심을 갖는다:상대방의 처지에 관계없이 모두 사랑한다.
	나는 희생한다:시간, 재능, 금전을 비롯한 각종 자원을 바친다
	나는 영감을 일으킨다:우리는 모두 존귀한 존재이고 어떤 어려움도 극복할 수 있다는 것을 몸소 실천함으로써 가르친다.
	나는 영향력이 있다:나는 다른 사람의 삶을 개선시킬 것이다.
역할과 수행	
남편	아내는 일생의 가장 중요한 사람이다/ 조화, 근면, 자비심, 검소함을 위해 함께 노력한다.
아버지	아이들의 인생이 점차적으로 보다 기쁜 삶이 되도록 도와준다
아들/형제	도움과 사랑을 주기 위해 부모님과 형제들을 자주 방문한다.
기독교인	하느님과의 서약을 준수하고 다른 사람에게 봉사한다.
업무개선위원	우리 회사의 높은 업무성과를 이룩하기 위해 촉매자의 역할을 한다.
학자	나는 매일 새롭고 중요한 것을 공부한다.
이웃	다른 사람에 대한 그리스도의 사랑을 행동으로 실천할 것이다.

[그림 6-7] 사명선언서 작성 사례

〈표 6-1〉 사명선언서 작성 사례

나의 사명		관련 성품 및 정의
가능한 많은 사람들과 지혜롭고 사랑하는 관계*를 세움으로써 그들이 스트레스를 해결하고 진정한 건강과 행복 그리고 성공을 경험하도록 돕는 것이다! * 가족 구성원, 친척, 직장 동료, 이웃, 친구 그리고 모든 미래의 친구들과의 관계		사랑: 대가를 생각하지 않고 다른 사람의 기본 필요를 채워 주는 것
		경청: 상대방이나 맡은 일에 모든 주의를 집중하여 그 가치를 보여 주는 것
		책임감: 내게 기대하는 바를 알고 마땅히 행하는 것
		분별력: 사태가 발생하는 근본 원인을 이해하는 것
역할과 수행		
아버지	아버지로서 자녀들을 사랑하고 그들의 행복하고 만족스러운 삶을 살아갈 수 있도록 도와주고 지지해 준다.	
남편	아내가 나에게 주어진 최상의 벗임을 깨닫고 그녀의 필요를 우선시하고 아내와의 관계를 다른 일들을 대체하여 훼손하지 않는다.	
개인	나에게 주어진 육체, 정신, 영적인 모든 자산을 잘 관리하고 나를 사랑함으로써 다른 사람을 사랑할 수 있는 기초를 닦고 하나님이 부여하신 놀라운 일들을 행한다.	
교수		
친구		
사회		
세계		

3) 나의 사명선언서를 작성해 보기.

<table>
<tr><th>나의 사명</th><th>관련 성품 및 정의</th></tr>
<tr><td rowspan="4"></td><td></td></tr>
<tr><td></td></tr>
<tr><td></td></tr>
<tr><td></td></tr>
<tr><td colspan="2">역할과 수행</td></tr>
</table>

<table>
<tr><td></td><td></td></tr>
<tr><td></td><td></td></tr>
<tr><td></td><td></td></tr>
<tr><td></td><td></td></tr>
<tr><td></td><td></td></tr>
<tr><td></td><td></td></tr>
<tr><td></td><td></td></tr>
</table>

생각해 볼 문제

1 자기를 이해하기 위해 자신을 성찰하는 것은 중요하다. 나의 삶을 이끄는 동력은 무엇인지 성찰해 보고 얘기해보시오.

2 우리의 삶에서 올바른 가치관을 가지는 것은 매우 중요하다. 나는 어떤 것에 가치를 두는지 생각하고 얘기해보시오.

3 자기를 이해하고 가치관을 세웠으면 비전을 가지고 사명을 발견하는 것이 중요하다. 자신의 비전을 명확히 하기 전에 비전의 명언 사례를 살펴보고 자신에게 가장 다가오는 것을 생각해 보시오.

4 가치있는 목표를 세우고 사명선언서를 작성하는 것은 성공을 위해 필수적이다. 자신의 사명선언서를 작성하고 얘기해보시오.

CHAPTER 7

셀프리더십: 자기관리

셀프리더십을 계발하기 위해서는 자기이해를 바탕으로 자기 자신이 누구인지를 아는 것이 먼저이다. 속담에 '구슬이 서 말이라도 꿰어야 보배이다'라는 말이 있다. 이러한 자기이해를 바탕으로 실천을 위한 자기관리를 매일매일 성실하게 할 때 비로소 우리가 원하는 목표를 달성할 수 있다. 자신의 비전과 소명을 따라 목표를 세워 구체적으로 행동한다면 누구나 원하는 삶을 살 수 있을 것이다. 대학생의 셀프리더십 역량에 대한 연구조사에 의하면 대학생들의 최우선 육성 역량으로 '시간관리', '도전정신', '목표수립', '자기개발', '대인관계'가 도출되었고, 이 중에서도 '시간관리'와 '목표수립'에 대한 교육의 우선순위가 가장 높았다.[1]

특히, '목표수립'은 최근 취업난으로 대학생들이 진로 준비에 어려움을 겪으면서 대학생들에게 더욱 중요한 역량으로 부각되고 있으며, 단기적인 관심보다 장기적인 관점에서 인생의 목표를 설정하는 것이 중요하다고 인식한다.

1. 목표 수립

'목표'는 목적지를 가기 위해 들러야 하는 정거장에 불과하다. 목표를 현실로 만들기 위해서는 다음 정거장까지 언제, 어떻게 갈 것인지 구체적인 전략이 필요하다. 이를 실행 계획(Action Plan)이라 한다. 이 실행 계획이 실제로 실천되었을 때 비로소 목표가 실현될 수 있다.

1 송영수 외(2015). 대학생 셀프리더십 역량에 대한 교육요구도 분석.

결승점이 있는 경우
끝까지 달린다

결승점이 없는 경우
일어나지 못한다

"목표가 있고 없고에 따라 결과가 달라진다"

달리기를 하는데 결승점이 없다면 어떻게 될까? 우리는 달리면서도 달려야 하는 목표가 없기 때문에 금방 지치고, 금세 멈추고 말 것이다. 목표가 있고 없고에 따라 결과는 달라진다. 결승점을 향해서 최선을 다해 달리는 것은 결승점이 있기 때문이다.

배가 항해 하는데 목적지를 향해서 가는 배는 항해를 하는 것이고 목적지가 없이 가는 배를 우리는 표류라고 한다. 우리 인생도 목적지를 향해 가고 있는가, 아니면 다른 사람들이 가는 방향을 따라가고 있지는 않는가 생각해 보아야 한다.

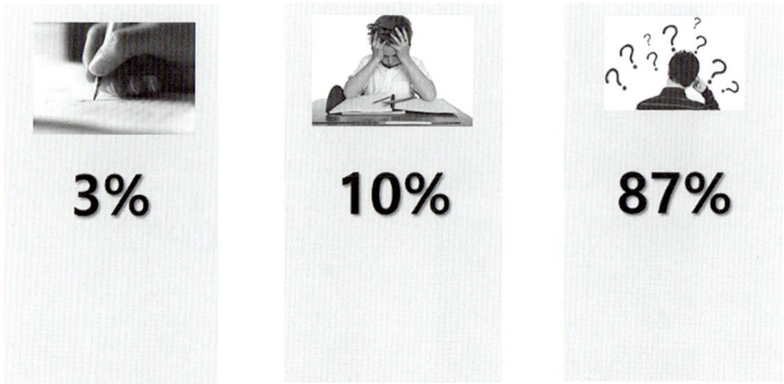

글을 쓴 목표 마음속의 비전 막연한 생각

하버드 대학교에서 거의 동등한 능력의 사람들을 대상으로 연구를 했다. 연구에 의하면 3%는 명확한 목표를 가지고 있었고, 10%는 단기 목표, 60%는 희미한 목표, 27%는 목표가 없었다. 이들을 25년간 추적 조사한 결과 목표가 명확했던 3%는 사회 각계 최고의 능력자들이 되어 있었으며 목표가 없었던 27%는 빈민들이 되어 있었다. 성공은 목표와 정비례한다는 것이다. 성공의 첫걸음은 목표 수립이다. 성공을 원한다연 목표부터 수립해야 한다.

비전과 목표는 구체적으로 세워야 하고 좁히고 좁혀서 작은 단위의 목표를 수립하는 것이 좋다. 큰 목표를 수립해서 목표 달성이 어렵게 하는 것보다는 아주 작은 목표부터 수립하는 것이 좋다. 다이어트를 위해서 5kg 감량보다는 매일 아침, 점심, 저녁 물 한 잔 먹기 등 아주 작고 실천하기 쉬운 목표부터 시작하는 것이 좋다. 작은 목표 달성을 이루면서 동기부여가 되고 더 큰 목표도 이룰 수 있다.

〈표 7-1〉 목표의 단계(브라이언 트레이시, 인성과 리더십에서 인용)

실현 가능성	낮음(추상적) ←→ 높음(구체적)				
구분	이상(꿈, 희망)	비전	목표	계획	과제
특성	• 창의적 상상력 • 대중과 공감	• 마음에 이미지화 • 장기적 핵심 가치 • 명확한 미래 방향 제시 • 실현 가능성	• 구체적 • 측정 가능함 • 달성 가능함 • 결과 지향적 • 달성기한 제시	• 치밀성 • 적시성 • 변화대응성	• 추진력 • 협동성

목표가 없는 사람은 목표가 분명한
사람을 위한 일평생 종노릇 하며 산다.

- 브라이언 트레이시

브라이언 트레이시(2004)는 목표 설정의 원칙 5가지를 다음과 같이 이야기했다.

① 적합성(congruency)**의 원칙**

높은 성과와 자부심은 우리의 목표와 가치가 서로 완벽한 조화를 이룰 때에만 얻을 수 있다.

② 우수 영역(area of excellence)**의 원칙**

우리가 개개인마다 특별한 능력을 가지고 있어서 뛰어나게 잘할 수 있는 독특한 영역을 말한다. 만일 자신의 우수 영역을 아직 파악하지 못했다면 그것을 찾는 것이 가장 시급한 일이다.

③ 다이아몬드 밭(Acres of Diamonds) **원칙**

'자신의 발 밑 논밭이 다이아몬드 밭일지 모른다'라는 말은 우리가 찾고 있는 것은 대부분 우리 옆에 아주 가까이 놓여 있다. 그러나 그것은 외견상 기회로 보이지 않는다.

④ 균형(balance)**의 원칙**

인생을 원만하고 만족스럽게 살아가려면 목표들이 균형을 이뤄야 한다. 건강에 관한 목표, 정신적이고 지적 생활에 관한 목표, 공부와 개인적 성장에 관한 목표, 직장과 일에 관한 목표, 경제적이고 물질적인 목표, 내적인 성장과 영적 생활에 관한 목표 등의 영역에서 균형이 있어야 한다.

⑤ 주된 목표(major purpose) **결정의 원칙**

주된 목표는 그 시점에서 다른 어떤 목표보다 더 중요한 목표를 의미한다.

SMART 법칙

① S: Specific(구체적인) **목표**

구체적이고 분명한 목표는 추상적인 목표보다 잠재의식을 실현시키는 데 더 효과적이다. 막연한 기대에 근거한 목표는 달성되기 어려우며 진행 과정을 구체적으로 확인할 수 있다면 목표 달성의 가능성이 더욱 높아진다.

② M: Measurable(측정가능한) **목표**

목표는 관찰 가능하고 측정할 수 있어야 한다. 명확한 숫자로 측정이 가능하다면 달성할 가능성이 높아진다. 이는 정규적으로 목표 달성의 과정을 확인할 수 있게 하며 피드백을 통해 목표가 달성되었는가에 대한 여부를 판단할 수 있게 한다.

③ A: Achierable(달성 가능) **목표**

목표를 설정할 때 너무 쉽게 달성하거나 또는 달성 불가능한 목표가 되어서는 안 된다. 큰 목표를 성취하려면 실현할 수 있는 수준으로 단계를 구분하고 하나씩 실천하는 것이 좋다. 달성 가능한 목표는 내가 무엇을 어떻게 해낼 수 있는지를 제시할 수 있게 한다. 이것이 목표를 이룰 수 있는 현실적인 방법이다.

④ R: Result-oriented(결과지향적적) **목표**

목표는 달성했을 때 구체적인 결과가 나와야 한다. 결과지향적인 목표는 사고 중심적인 부분이 아니라 행동지향적인 형태를 의미한다. 예를 들면, 졸업 전에 자격증을 취득하기보다 3학년을 마치기 전까지 전공과 관련된 OO 국가 자격증 1개 따기'와 같다.

⑤ T: Time-bounded(달성기한이 있는) **목표**

목표를 달성하고자 하는 기한을 지정해야 한다. 일차원적으로 목표를 달성하기 위해 요구되는 시간을 적절하게 배분하고 즉각적으로 실천하는 것이 중요하다. 달성기한을 지정하게 되면 기한 안에 목표달성을 위해 몰입을 하며 노력을 쏟아 단계적 성취를 하고자 한다.

목표를 구체적으로 세우는 방법 "SMART" 목표 설정

아래 표와 같이 목표를 세우면 비교적 수월하게 목표를 달성할 수 있다.

구분	내용	목표샘플
S(Specific):	목표가 구체적인가?	헬스장을 월,수,금 아침 6시에 1시간씩 운동한다.
M(Measurable):	목표를 숫자로 측정할 수 있나?	푸쉬업을 1회 15씩 3세트를 한다.
A(Action-oriented):	행동 중심적인가?	세트를 2주일에 1세트씩 늘린다.
R(Realistic):	실현이 가능한가?	몸무게를 2kg 감량한다.
T(Time-Limited)	시한이 정해져 있는가?	몸무게 5kg 감량을 2개월 안에 완료한다.

<실습> 목표 수립하기

먼저 하나의 목표를 정하자. 목표를 구체적으로 작성해 보자. 목표를 영어 공부, 운동보다는 구체적으로 요일, 시간, 운동 종류, 횟수 그리고 비가 오거나 헬스장이 휴무인 경우에 대비한 백업 계획도 세워 보자.

구분	내용	목표
S(Specific):	목표가 구체적인가?	
M(Measurable):	목표를 숫자로 측정할 수 있나?	
A(Action-oriented):	행동 중심적인가?	
R(Realistic):	실현이 가능한가?	
T(Time-Limited)	시한이 정해져 있는가?	

My Life MOSAIC

My Life MOSAIC은 인생 계획을 세우는 프로그램이다. 만약 집을 짓는데 설계도가 없다면 집을 어떻게 지을 수 있을까 ? 인생에도 인생 설계도가 필요하다. 이것이 바로 MOSAIC이다. 인생의 방향을 설정하고 세부적 항목을 작성하고 지표를 설정해서 1년 동안 실천할 활동 계획을 세우고 중요한 것 중에 하나는 점검하는 것이다. 분기별로 진행 사항을 점검하고 보완하거나 개선할 사항을 버전업한다. 시간이 지나 1년, 2년 지나다 보면 자신의 인생계획을 이루어 가는 것을 경험하게 될 것이다.

MOSAIC의 의미는 다음과 같다.

Mission statement(사명선언문): 나 자신이나 우리 공동체에 주신 사명
Objectives(목적): 그 사명을 이루어 나가기 위한 목적
Strategies(전략): 어떻게 사명을 이루어 갈 것인지에 대한 전략
Action plan(상세 계획): 그리고 세부적인 상세계획으로 구성되어 있다.
Implementation(실행): 그 상세계획에 따라 실행을 하고,
Control(조정): 평가를 통해 계획의 실행 여부를 점검하고 필요하면 조정한다.

<실습> MOSAIC 수립을 위한 코칭

다음 표는 MOSAIC에 따라 인생사명을 이루기 위한 구체적인 인생계획을 수립하는 양식이다.

〈표 7-2〉 MOSAIC 작성사례

사명	나는 건강한 공동체를 세우기 위해 대안적 주거, 갈등관리, 공동체 문화를 확대하고 리더십코칭을 통하여 인간이 인간답게 살아가는 건강한 공동체를 통하여 삶의 가치를 높이는 공동체 운동가가 되는 것이다.
목적	– 리더십코칭으로 자각과 책임을 일깨움으로써 내면에 숨겨진 그의 꿈과 내적 동기부여를 찾아내고 더 멋진 인생을 살도록 도와주는 사람이다. – 나는 공동체의 리더가 되어 학교, 마을, 도시, 사람과 사람을 연결하고 건강한 공동체를 삶의 가치를 높이는 공동체 마을 활동가가 될 것이다. – 하프타임을 통해 삶을 변화시키고 저술과 강의와 코칭을 통해 개인과 직업, 인생의 성장을 돕는 라이프코치의 삶을 사는 것이다.
활동계획	1. 전문가 성장 – 전문코치 성장하기(KPC 취득, KCLC 자격 취득) – 회복 적정의 80시간(2급 자격 취득) – 갈등조정자문관 자격 2. 성품 성장 – 독서 (독서노트 정리하기, 연 30권 독서) – 매일 아침 묵상하기 – 일주일에 한 번 문안 인사하기 3. 자기관리 – 블로그 (주 1회 글 올리기, 방문자 월 3천 명, 페이스북 1천 명) – 건강관리 : 헬스장 3회/주, 팔굽혀펴기 100회/일, 물 마시기 3잔/일, 만보걷기/일

<실습> 앞의 사례를 참조하여 자신의 MOSAIC을 작성하시오.

20 _ 년 MOSAIC

비전	
목표	

♠ 20_ 년 Action Plan

구분	연간목표	실행계획	비고

2. 시간 관리

만약 여러분에게 하루가 26시간으로 주어진다면 무엇을 더 해 보시겠습니까?

"시간 없어요!", "시간이 모자라!"
변명 중에서도 가장 어리석고 못난 변명은 "시간이 없어서"라는 변명이다. - 에디슨
시간을 최악으로 사용하는 사람들은 시간이 부족하다고 늘 불평하는 데 일인자이다. - 라 브뤼에르
짬을 이용하지 못하는 사람은 항상 짬이 없다. - 유럽의 속담
계획 없이 시작한 날은 혼돈으로 끝난다.
(The day that starts without a plan will end in chaos.)

나의 하루는?

- 비켜~ 지각 노놉~ 오늘도 세이프
- 이거, 저거, 그거, 여기, 저기, 거기… 동동동… 밥은 먹고 일해야지~
- 후아~ 오늘 하루도 하얗게 불태웠다.
- 난 왜 이렇게 시간이 모자라지?

시간관리는 대학생들의 최우선 역량 중 하나로 교육의 우선 순위가 높다. 시간관리는 목표달성 및 성과창출을 위해 우선순위에 따라 효과적으로 자원 및 일정을 배분하고 계획하는 것을 의미하는 것으로, 시관관리를 잘하기 위한 집중 시간 활용, 시간 매트릭스, 우선순위, 시간 낭비 요소 제거, 질적 여가 사용 등을 교육할 필요가 있다[2].

우선순위의 필요성

왜 항상 시간이 부족하고 일에 쫓기는가? 늘 급한 일로 쫓기는 삶이 발생하는 이유는 성공하는 사람들의 7가지 습관을 쓴 스티븐 코비의 말처럼, 우선순위가 뒤죽박죽이기 때문이다. 즉, 일의 우선순위에 따라 일하지 않고 급박함에 따라 일하기 때문이다. 우리가 해야 하는 일은 4가지로 구분할 수 있다. 중요한 일, 중요하지 않은 일, 긴급한 일, 긴급하지 않은 일이다.

우린 항상 별로 중요하지 않으면서 긴급한 일을 처리하기에 바쁘다. 그러나 우리가 인생을 두고 꼭 해야 할 중요하면서 긴급하지 않은 일에는 시간을 많이 쓰지 않는다. 그렇다면 우리는 어떻게 우선순위에 맞는 삶을 살아야 할까.

구체적인 실천 방안은 없을까? 찰스 험멜은 "늘 급한 일로 쫓기는 삶"[3]에서 6가지 실천 방안을 얘기한다.

1. 중요한 것을 정하라.
2. 시간을 현재 어떻게 사용하고 있는지 파악하라.
3. 시간 예산을 세우라.
4. 실천하라.
5. 돌이켜보라.
6. 계속 힘쓰라.

---

2 두경자(2008). 대학생의 시간 관리 수준 및 시간 관리 교육 전후의 관계. 사회과학연구.

3 늘 급한 일로 쫓기는 삶. 찰스 험멜, IVP, 2011.

이러한 방안을 실천하고 지속하기 위해서 요즘 스마트폰에서도 사용할 수 있는 다양한 앱을 다운로드하여 사용하거나, 전통적인 프랭클린 플래너와 같은 다이어리 등을 사용할 수 있다.

일을 할 때 우선순위를 두고 수행하여 생산성을 끌어올릴 수 있다. 일에 우선순위를 부여하는 가장 일반적인 기준으로 업무 중요도와 재능 적합도가 있다. 이 두 가지를 기준으로 삼아서 일을 구분해 보면 다음의 네 영역으로 나눌 수 있다.

출처: 구본향의 필살기

〈이미지_일의 사분면〉

프로젝트(P) 영역은 업무 중요도가 높고 나의 재능에도 적합한 일을 뜻한다. 가장 집중해서 수행해야 할 성격의 일이다. 성취를 내기에 가장 적합한 일로, 무엇보다 이 영역의 일에 역량을 최대한 집중해야 한다. 스트레스(S) 영역은 업무 중요도는 높지만 나의 재능에는 맞지 않아 스트레스를 가장 많이 받는 일이다. 쓰레기(J) 영역은 업무 중요도도 낮고 나의 재능에도 맞지 않는, 한마디로 당장 그만두거나 감소시켜야 하는 일들의 집합이다. 취미(H) 영역은 업무 중요도는 낮지만 나의 재능에는 적합한 일이다. 이것은 취미와 비슷해서, 당장 업무에 도움이 되지는 않지만 향후 자신만의 블루오션을 만들 수도 있는 잠재적인 성격의 일들이다.

E. M. Gray - "성공적인 인간은 실패자들이 싫어하는 일을 기꺼이 하는 습관을 가지고 있다. 그들도 그것이 좋아서 하는 것은 아니다. 그들의 분명한 목적의식이 좋고 싫은 감정을 뒤로 밀어내는 것뿐이다."

시간 매트릭스

스티븐 코비가 말했던 시간 매트릭스에서 어떤 활동을 결정하는 두 가지 요소는 바로 '긴급성'과 '중요성'이다. 긴급한 일들은 보통 눈 앞에 있다. 이것들은 우리에게 압박감을 주고, 행동을 요구한다. 그러나 보통 긴급한 일은 중요하지 않다.

중요성은 결과와 관계 된다. 이것은 우리의 사명, 가치관 그리고 우선 순위가 높은 목표에 기여하는 일이다. 만약 우리가 인생목표나 비전을 세우지 않아서 인생목표가 무엇인지를 알지 못한다면, 급한 일을 처리하는 것에만 주로 시간을 보내게 된다.

	긴급함	긴급하지 않음
중요함	I ○ 위기 ○ 급박한 문제들 ○ 마감이 임박한 프로젝트, 회의, 보고서	II ○ 준비/배움/ 예방 ○ 가치관 확립 ○ 인간관계 구축 ○ 진정한 새 출발 (휴식) ○ 유능하게 되기 위한 노력
중요하지 않음	○ 잠깐이면 될 일(전화, 우편물) ○ 눈앞에 벌어진 일 ○ 갑자기 알게 된 모임 약속 ○ 다른 사람들의 사소한 문제들 III	○ 하찮은 일, 일부 바쁜 일 ○ 일부 쓸데없는 전화 ○ 현실 도피성 소일거리 ○ 지나친 TV 보기 ○ 지나친 인터넷과 휴식 IV

	긴급함	긴급하지 않음
	I	II
중요함	25% **20%**	15% **60%**
중요하지 않음	50% **15%**	10% **5%**
	III	IV

[그림 7-1] 성공한 사람들 對 대부분 사람들의 시간 사용

성공한 사람들은 II 사분면에 60%를 사용하고 I 사분면은 20%, IV 분면은 5%밖에 되지 않는다. 하지만 대부분의 사람들은 III 사분면에 50%, I 사분면에 25%를 사용하고 있다.

우리가 하는 일은 시간 매트릭스 어딘가에 해당된다. 갑자기 시간이 많아졌다는 것은 긴급한 일들이 줄어든 것일 수 있다. 특히 긴급하고 중요한 일, 즉 I 사분면의 일들이 줄어들면 시간이 많아졌다고 느낀다. I 사분면의 일이 줄어든 만큼 여유가 생긴 것이다. 시간 관리의 핵심을 파고들 수 있는 순간이다. 바로 지금 II 사분면에 집중해야 할 때다. 중요한 일이 긴급하지 않아서 미뤄왔던 일을 할 절호의 기회다. 어쩌면 시간이 없어서 못했던 많은 것들을 정말로 할 수 있는 축복의 시간이며, 시간이 없어서 못한다는 것이 핑계인지 변명인지 진심인지 확인되는 엄정한 순간이다. II 사분면의 일에 집중하는 노력은 나중에 닥칠 I 사분면의 일을 줄여줄 것이다. I 사분면의 일이 줄어든다는 것은 앞서 얘기한 것처럼 여유가 생긴다는 의미다. 그때 다시 II 사분면에 집중할 수 있는 시간이 생기는 선순환을 일으킬 수 있는 기회도 지금이다. II 사분면의 일에 집중하지 않다 보면 자주 I 사분면의 일들에 치여 허덕이게 된다. 때로는 III 사분면의 일과 I 사분면의 일을 구분하는 것도 어려운 순간들도 생긴다. 긴급이면 중요하다고 하게 되고, 긴급하지 않으면 중요하지 않다고 착각하기도 한다. 긴급하지도 않고 중요하지도 않은 일들을 하지 않는 것이 시간 관리에 도움이 된다는 것은 누구나 안다. 그러나 우리는 긴급과 중요함을 뒤섞으며 무얼 먼저 해야 할지 모르는 상태에 빠지기도 한다. 정신을 차리고 긴급한 것과 중요한 것을 구분할 수 있어야 한다.[4]

1만 시간의 법칙

말콤 글래드웰(Malcolm Gladwell, 1963-)은 《아웃라이어》에서, 4.8년 동안 1년에 52주 매주 5일을 하루 8시간씩 노력하고 자신의 꿈을 향해 달려간다면 성공

4 성공하는 사람들의 7가지 습관, 스티븐 코비, 김영사, 1994.

한다는 '1만 시간의 법칙'을 소개했다. 미국의 심리학자 앤더스 에릭슨(K.Anders Ericsson)이 〈심리학 평론〉지에 게재했고, 무려 논문 4,400건에 인용된 '전문 역량 습득에 대한 의도적 연습의 역할'에서 주장한 내용을 단순화한 것이다. 말콤 글래드웰은 1만 시간을 연습하면 누구나 전문가가 될 수 있다고 주장한다. 연구 결과에 의하면, 아무리 재능이 있다고 해도 노력하지 않고 연습하지 않는 자들은 결국 노력하는 자, 노력을 통해서 자신의 재능을 발견하고 개발한 자들을 앞서지 못했다. 그리고 개인뿐 아니라 사회도 노력해야 한다. 자신의 재능이 무엇인지 깨닫게 해 주는 환경, 자신의 재능을 투자하고 열심히 노력할 수 있는 환경을 만들어 주어야 한다.[5]

세계 신기록을 11번이나 수립한 김연아 선수는 명실상부한 최정상 피겨 선수다. 하지만 그녀는 하루아침에 신데렐라처럼 등장하지 않았다. 피겨스케이트 전용 연습장도 없는 열악한 환경에서 추위에 떨면서 모진 훈련도 참아가며 자신을 연마한 노력파였다. 김연아 선수는 수천 번의 점프, 수만 번의 회전을 하며, 매번 넘어지고 부상에 시달리면서도 자신의 한계를 극복하기 위해 끝없이 자신과 싸웠다. 3만 번이 넘는 점프로 발목은 기형적으로 휘어졌고, 발가락은 상처투성이고, 허리가 틀어져도 아픔을 참아가며 이어나간 훈련들은 꿈을 이루기 위한 과정이었다. 하루에 6번, 일 년에 1,800번, 10년 동안 1만 8,000번, 그렇게 3만 번을 넘어지면서 이룬 노력의 결과였다.

노력하지 않는다면, 숨겨진 재능을 개발하지 않고 자만에 빠져 있다면 꿈은 꿈으로 끝날 수밖에 없다.

---

5 아웃라이어, 말콤 글래드웰, 김영사, 2010.

<실습> 어제 하루 당신이 15분 이상 했던 모든 일을 아래에 적어 보시오.

시간	한 일	사분면
04:00 – 04:15		
05:00 – 05:15		
06:00 – 06:15		
07:00 – 07:15	예) 아침에 일어나 명상의 시간을 가짐	II
07:16 – 07:30	예) 간단한 운동	II
08:00 – 08:15	예) 아침 식사	I
08:16 – 08:30	예) 출근 또는 등교	I
09:00 – 09:15		

시간	한 일	사분면
10:00 – 10:15		
11:00 – 11:15		
12:00 – 12:15		
13:00 – 13:15		
14:00 – 14:15		
15:00 – 15:15		

시간	한 일	사분면
16:00 – 16:15		
17:00 – 17:15		
18:00 – 18:15		
19:00 – 19:15		
20:00 – 20:15		
21:00 – 21:15		

시간	한 일	사분면
22:00 – 22:15		
23:00 – 23:15	예) TV 스포츠 시청	Ⅳ
	예) TV 스포츠 시청	Ⅳ
	예) TV 스포츠 시청	Ⅳ
23:46 – 23:59	예) TV 스포츠 시청	Ⅳ
24:00 – 24:15		
01:00 – 01:15		
02:00 – 02:15		
03:00 – 03:15		

<실습> 앞 표에서 작성한 항목들을 각 사분면에 써 보아라. 그리고 사용시간의 비율에 의해 각 사분면의 %를 만들어 보시오.

	긴급함	긴급하지 않음
중요함	예) 아침 식사 예) 출근 또는 등교 Ⅰ (관리)	예) 아침에 일어나 명상의 시간을 가짐 예) 간단한 운동 (우선순위 둘 것) Ⅱ
중요하지 않음	Ⅲ (최소화)	예) TV 스포츠 시청 (제거해야 할 것) Ⅳ

3. 대인관계

대인관계:
타인과의 공감을 바탕으로 좋은 대인관계를 맺을 수 있는 능력

- 타인에 대한 이해와 공감 능력
- 환경에 대한 적응력
- 타인과의 관계를 좀 더 효과적으로 해 나갈 수 있는 능력

정직하지 않으면 사람을 움직일 수 없다.
남을 감동시키려면 자신이 마음속 깊이 감동해야 한다.
자신이 눈물을 흘리지 않으면 다른 사람의 눈물을 자아낼 수 없다.
내가 믿지 않으면 남을 믿게 할 수 없다. - 윈스턴 처칠

“세상에서 가장 어려운 일이 뭔지 아니?”
“흠, 글쎄요. 돈 버는 일? 밥 먹는 일?”
“세상에서 가장 어려운 일은 사람이 사람의 마음을 얻는 일이란다.” -소설 <어린왕자>

“데인 관계에서 대인 관계로!” - 어느 대학교 학생상담센터

인간 = 人間(사람 인, 틈 간)

인간의 정의는 혼자가 아닌 사람 사이에 존재하는 존재이다. 즉, 인간은 혼자서는 존재할 수 없는 존재이며 사람 사이에 존재할 때 비로소 인간의 존재가 드러나는 존재이다. 즉, 인간은 사회적 동물이다. 인간은 공동체적 존재이다. 인간의 DNA는 사람과 관계를 맺으며 더불어 함께 살아가도록 설계되었다는 뜻이다. 인간은 다른 사람과 지속적인 관계를 맺으며 발전한다는 뜻이다.

사람과 사람이 서로 연결되어 서로를 신뢰하며 관계의 깊이도 깊어지게 된다. 우리는 나와 다른 사람과 관계를 맺기 위한 노력을 기울여야 한다. 때론

선의의 경쟁도 해야 하지만 서로가 도움을 주고받으며 살아갈 수 있는 사람이어야 한다.

데일 카네기의 인간관계론에서는 성공적인 인간관계를 인간경영 리더십으로 정의하기도 한다. 이는 4단계로 이루어지는데 다음과 같다[6].

1단계: 우호적인 사람이 되라.
자기 자신을 이해하고 감정을 조절하는 능력을 키워라.

2단계: 열렬한 협력을 얻어내라.
타인과 그들의 감정을 이해하고 커뮤니케이션하는 능력을 키워라.

3단계: 리더가 되라.
갈등을 해소하고, 실수하는 사람을 자산으로 만드는 능력을 배양하라.

4단계: 감동 커뮤니케이션 능력이 뛰어난 사람이 되라.
비전을 공유하고 열정을 불어넣는 능력을 키워라.

우리들은 누군가에게 안 좋은 소리를 듣고 싶어하지 않는다. 지금 당장 누군가가 나에게 달려와서 욕을 하거나 투덜댄다면 굉장히 기분이 나쁠 것이라는 사실 또한 알고 있다. 그렇다면 내가 싫은 만큼 상대도 싫어하지 않을까?

인간관계의 3가지의 대전제 중에서 첫 번째가 바로 '상대에게 불평 불만하지 말라'이다.

나도 싫은데 상대도 당연히 싫어할 테니 굳이 기분 나빠하지 말라는 것이다. 기분이 나쁜 사람을 컨트롤하기란 상당히 힘이 들 테니까.

두 번째가 '상대방을 진지하게 칭찬하라'이다.

인사치레로 하는 말일지라도 선해 보인다거나 스타일이 좋다던가 어떤 능력이 훌륭하다는 말을 들으면 괜히 어깨가 치솟는다. 은연중에 그 사람에게는 더 잘해 주려는 심리도 발동하게 된다. 다른 사람도 똑같을 것이다. 좋은 말을 나만 듣고 끝내는 건 너무 이기적이니까 상대에게도 해주자. '칭찬'에 돈 드는 거 아니다.

---

6 카네기 인간관계론, 데일 카네기, 씨앗을 뿌리는 사람, 2004.

세 번째는 '다른 사람에게 동기부여를 시키는 일'이기 때문이다. 도대체 그 사람이 원하는 게 무엇일지, 내가 무얼 해 준다고 말해야 기분이 좋아져서 나에게 이득이 되는 행동을 자발적으로 수행할지를 알아야 한다. 앞에서 좋은 말과 안좋은 말로 상대의 특성을 얼추 파악했다면 그 사람을 꼬셔볼 생각을 가져봐야겠다. 이 방법을 이용하면 주변 지인들은 모두 내 편이 될지도 모르겠다.

인간관계를 잘 맺는 방법 6가지

① 상대방에게 순수한 관심을 가져라.

② 미소를 지어라.

③ 상대방의 이름을 기억하라.

④ 남의 말을 잘 들어 주는 사람이 되자.

⑤ 상대방의 관심사에 관심을 가져라.

⑥ 상대방으로 하여금 중요하다는 느낌을 받게 하자.

감정 은행 계좌(Emotional Bank Account)

은행에 계좌를 만들고 이를 통해 예입을 하며 필요할 때 인출할 수 있도록 잔고를 남기듯, 감정 은행 계좌란 인간관계에서 구축하는 신뢰의 정도를 은유적으로 표현한 것이다.

감정 은행 계좌

- 대인관계에서 존재하는 신뢰의 양
- 예입 : 신뢰 회복
- 인출 : 신뢰 파괴, 감소

예입	인출
친절과 예의	불친절과 무례
약속 이행	약속 불이행
기대 충족시킴	기대 저버림
타인 신의 지켜주기	타인 헐뜯기, 이중성
사과할 줄 앎	타인에게 잘못을 전가함

감정 은행 계좌 6가지 적립 방법

1. 상대방에 대한 이해심 (예입 수단의 핵심)
2. 사소한 일에 대한 관심
3. 약속의 이행
4. 기대의 명확화
5. 언행의 일치
6. 진지한 사과

<실습> 내 감정 은행 계좌 예입 vs. 인출 이야기 나누기

지난 한 주간 동안 있었던 일에 대해 감정 은행 계좌에 예입한 일과 인출한 것을 작성해 보자.

- 누가, 누구의 감정 은행 계좌로 예입과 인출이 일어났는지 떠올려 보자.

* 가족이나 친구와의 관계에서 있었던 일

감정 은행 계좌에서 기억할 것들

1	**5:1의 법칙**
	하나의 인출을 만회하려면 5개 정도의 예입이 필요 – 조직심리학자 마시알 로사다& 로스 페로의 연구결과 –
2	**상호 인식 차이**
	어떤 사람에게 예입이 되는 것이 다른 사람에겐 인출이 될 수 있음
3	**사랑의 법칙과 인생의 법칙**
	조건 없는 사랑, 커다란 인출, 갈등과 직면한 용기의 결과
4	**'생산' 문제는 '생산 능력'의 기회**
	'생산능력'에 있어 감정이 중요한 역할을 함.
5	**상호의존성의 습관**
	감정은행계좌 인식 → 상호의존성의 습관 → 대인관계의 승리

나의 감정 은행 계좌

누가, 누구에게	예입	인출
내가 → A에게	예) 딸과 놀아줌	예) 친구에게 화를 냄
B가 → 나에게		

생각해 볼 문제

1 6장에서 비전을 세웠다면 이를 실현하기 위한 구체적인 목표와 실행 계획을 작성해 보시오.

2 자신의 MOSAIC를 작성하고 얘기해보시오.

3 시간 사용에 있어 우선순위의 필요성을 생각해 보고 시간 매트릭스의 각 사분면에 자신의 일상의 활동들을 구분하여 적어보시오.

4 대인관계의 중요성을 생각해 보고 자신을 힘들게 하는 사람과 도움을 주는 사람에 대한 감정 은행 계좌를 작성해 보시오.

CHAPTER

8

셀프리더십: 취업 역량 계발

1. 성장형 사고

스탠포드 대학의 심리학자 캐롤 드웍(Carol Dweek) 교수는 수십 년 간의 연구를 통해 성공이나 성취에 가장 영향을 미치는 요소를 마음가짐이라고 결론지었다. "성장형 마음가짐(Growth Mindset)"을 가지고 있는 사람들은 열심히 노력해서 능력을 키울 수 있다고 믿는다. 성공하는 사람들은 남다른 마음가짐을 가지고 있다.

드웍 교수는 그녀의 저서 "마음가짐:새로운 성공 심리학(In Mindset: The new Psycology of Success)"에서 의식의 영역 및 무의식의 영역에서 우리의 믿음이 우리 자신이 누구인지를 만들어 주고 우리가 하고 있는 모든 일에 영향을 미친다고 주장한다.

"20년 간의 연구를 통해 제가 말할 수 있는 것은 여러분이 자신을 바라보는 시각에 의해 여러분의 인생이 바뀐다는 점이다. 여러분의 생각에 따라 여러분이 원하는 사람이 될 수도 있고 여러분이 가치를 부여하고 있는 어떤 일을 성취할 수도 있다. 어떻게 이런 일이 가능할까? 어떻게 단순한 믿음이 여러분의 심리를 변화시키고 그 결과 여러분의 인생도 변화시킬까?"

여러분의 마음가짐은 여러분이 어떻게 생각하고, 말하고, 느끼고, 믿고, 행동하는가에 영향을 미친다. 그리고 이것들은 결국 여러분의 특성과 습관이 되고, 여러분의 직업적인 생활방식이 된다.

> "생각을 바꾸면, 우리의 행동이 변하고,
> 행동을 바꾸면, 우리의 습관이 변하고,
> 습관을 바꾸면, 우리의 성품이 변하고,
> 성품을 바꾸면, 우리의 인생이 변한다."
>
> - 새뮤얼 스마일즈 (Samuel Smiles)

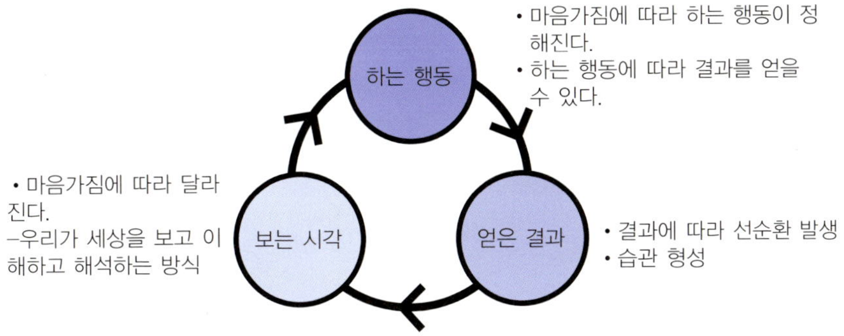

삶에서 우리가 **얻은 결과**는 우리가 하는 행동에 따라 정해진다.
우리의 삶에서 우리가 **하는 행동**은 우리가 세상을 **보는 시각**에 따라 달라진다.

<실습> 다음 질문에 Yes, No를 선택하시오.

1. 지능과 성격은 대체로 바뀔 수 있다. (Yes / No)
   지능과 성격은 대체로 바뀌지 않는다. (Yes / No)
2. 대체로 성공한 사람의 노력을 부러워한다. (Yes / No)
   대체로 성공한 사람의 재능을 부러워한다. (Yes / No)
3. '실패와 비판을 통해 한계점을 넘어서려 한다. (Yes / No)
   실패와 비판을 통해 한계를 설정한다. (Yes / No)
4. 대체로 새로운 도전을 감내한다. (Yes / No)
   대체로 새로운 도전을 두려워한다. (Yes / No)

성장형 사고와 고정형 사고(Fixed mindset)의 차이는 다음과 같다.

구분	고정형 사고	성장형 사고
자기관점	지능과 성격이 바뀌지 않는다.	지능과 성격은 변한다고 믿는다.
도전	자기가 잘할 수 있는 것에 매달린다.	자신을 성장에 필요하다면 도전을 기꺼이 받아들인다.
실패	실패하면 자아에 위협을 느낀다.	실패로 많은 것을 배우고 성장한다.

노력	노력보다는 재능을 우선시 하며 상대적으로 노력의 가치를 깎아내리는 경향이 있다.	노력의 가치를 매우 높게 보며, 노력하면 성장은 따라오는 것이라 믿는다.
비판	비판을 받으면 존재에 상처를 받는다.	비판으로 성장하고 개선된다고 믿어서 받아들이려는 노력을 한다.
다른 사람의 성공	열등의식을 느끼거나 성공한 사람의 재능을 찬양한다.	다른 사람의 성공을 보며 배울 점을 찾으려고 노력하며 성공한 사람의 노력에 초점을 맞춘다.

<실습> 각 상황별로 고정형 VS 성장형 성장형 사고일 때 어떻게 행동할 것인가에 대해 이야기 나누어 보자.

상황	고정형 사고는	성장형 사고는
1. 현재 진행하고 있는 프로젝트에 대해 내가 낸 제안을 혹독하게 비판할 때.		
2. 탁월한 성과를 내는 동료를 볼 때		
3. 나의 부족한 점을 볼 때		
4. 바쁜 프로젝트 중에, 셀프리더십 교육을 수강하라고 할 때		

<실습> 고정형 / 성장형 사고별로 예상되는 결과(3~5년 후)**에 대해 생각해 봅시다.**

상황	고정형 사고는	성장형 사고는
1. 현재 진행하고 있는 프로 젝트에 대해 내가 낸 제안을 혹독하게 비판할 때		
2. 탁월한 성과를 내는 동료를 볼 때		
3. 나의 부족한 점을 볼 때		
4. 바쁜 프로젝트 중에, 셀프리더십 교육을 수강하라고 할 때		

2. 역량 계발

최근 들어 우리가 자주 쓰는 말 중에 역량(competence)이라는 말이 있다. 말 그대로 풀이하자면, 어떤 일을 할 수 있는 힘 또는 아는 것을 바탕으로 수행할 수 있는 능력이다.

취업 역량이란

기업의 채용전형에서 가장 중점적으로 평가하는 7가지 핵심 역량으로 취업 준비생들이 꼭 갖추어야 할 기본 역량이다.

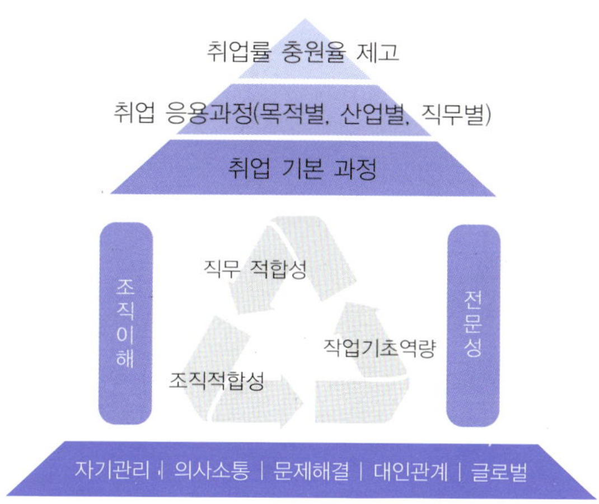

출처: 한국표준협회 취업 역량

21세기 급변하는 사회와 산업환경에 능동적으로 대처하기 위해 대학생들에게 요구되는 역량의 범위는 점차 확대되고 있다. 대학생은 자신에게 적합한 진로를 설계, 직업을 탐색하여 구체적이고 현실적인 준비를 해야 한다. 다양한 취업 역량 중에서도 역량, 소통, 협업 강화를 위해 노력해야 한다.

역량의 종류

역량별	자기관리	비전/진로 설계, 소중한 것 먼저 하기, 자신감/성취 동기 훈련, 비즈니스 매너
	전문성	전공지식과 지식경영, 정보 수집 · 분석과 활용
	의사소통	커뮤니케이션, 조직행동의 이해, 프리젠테이션
	대인관계	인간관계 향상, 리더십과 팔로워십, 협력과 갈등관리, 동기부여와 조직 활성화
	문제해결	창의력 개발, 문제해결, 기획력
	조직이해	기업경영의 이해, 산업분석과 기업탐색, 조직과 조직문화
	글로벌	타문화의 이해, 영어 프리젠테이션 스킬, 글로벌 매너, 에티켓

출처: 한국표준협회 취업 역량

직업 능력(Vocational Competency)

직업능력이란 '직장에서 일을 하는데 필요한 지식, 기술 그리고 태도로 구성된 큰 능력집합'이라 할 수 있다.

직업능력은 직업기초능력과 직무수행능력으로 나뉜다. 직업기초능력은 대부분의 직업에서 공통적으로 요구되는 직업능력인 반면, 직무수행능력은 특정한 직업에서만 요구되는 직업능력이다.

직업기초능력이란?

직업의 세계는 전공과 관련된 직무수행능력만 필요로 하는 것이 아니다. 모든 직업이 공통적으로 필요로 하는 직업기초능력도 중요하며 직장인은 기초능력을 갖추어야 한다.

직업기초능력은 수준을 낮게 잡는 기초능력이 아니다. 직무자라면 반드시 갖추어야 할 능력으로서, 문서나 말에 담긴 의미를 파악하고 의사를 표현, 간단한 외국어를 활용할 수 있는 능력을 말한다.

〈표 8-1〉 NCS 직업기초능력 10항목

	직업기초능력 영역	하위 능력
①	의사소통능력	문서이해능력, 문서작성능력, 경청능력, 의사표현능력, 기초외국어능력
②	수리능력	기초연산능력, 기초통계능력, 도표분석능력, 도표작성능력
③	문제해결능력	사고력, 문제처리능력
④	자기개발능력	자아인식능력, 자기관리능력, 경력개발능력
⑤	자원관리능력	시간자원 관리능력, 예산자원 관리능력, 물적자원 관리능력, 인적자원 관리능력
⑥	대인관계능력	팀워크능력, 리더십능력, 갈등관리능력, 협상능력, 고객서비스능력
⑦	정보능력	컴퓨터 활용능력, 정보처리능력
⑧	기술능력	기술이해능력, 기술선택능력, 기술적용능력
⑨	조직이해능력	국제감각, 조직체제 이해능력, 경영이해능력, 업무이해능력
⑩	직업윤리	근로윤리, 공동체 윤리

<실습> 나의 직업기초능력을 자기 평가하고 작성하시오.

- 가장 높은 것 1, 2, 3위는 무엇인가 나누어 보자.
- 가장 낮은 것(앞으로 개발해야 할 역량) 1, 2, 3위는 무엇인지 나누어 보자.

직무환경역량	하위요소	하위능력	자기평가 (상 · 중 · 하)
직무현장 기초 역량군	의사소통	읽기, 쓰기, 듣기, 말하기능력 비언어적 표현능력 · 프레젠테이션 문서의 논리적 작업능력 외국어능력	
직무현장 기초 역량군	수리활용	사칙연산 이해 및 활용능력 통계와 확률에 대한 계산능력 정량적 자료 해석능력	
직무현장 기초 역량군	정보활용	정보 수집 및 관리능력 정보 분석능력 · 컴퓨터 활용능력	
과제 해결 역량군	문제해결	문제 인식 및 이해능력 대안 탐색능력 대안 적용능력 대안 평가능력 의사 결정능력	
과제 해결 역량군	자원관리	시간 관리능력 · 예산 관리능력 자원 활용능력	
과제 해결 역량군	기술활용	기술 이해능력 기술 적용능력 기술 선택능력	
관계관리 역량군	대인관계능력	협동능력 리더십능력 갈등 관리능력 협상능력 고객서비스능력	
관계관리 역량군	문화이해능력	다양성 이해능력 다문화 이해능력	
조직기여 역량군	조직이해능력	조직체계 이해능력 경영이해능력	
조직기여 역량군	변화관리능력	조직혁신 이해능력 국제감각능력 업무혁신능력	

〈참조: 스무살 나의비전, 이의용, 학지사.〉

<실습> 직무수행능력(전공 관련)과 품성을 찾아서 작성하시오.

내 직업에는 어떤 역량(품성)이 필요할까? 전공 관련 직무능력을 추가로 찾아서 기록해 보자. 전체 역량 중 앞으로 내가 집중적으로 개발해야 할 역량과 품성은 어떤 것인지 찾아보자.

직업기초역량 (일반)	직무수행능력 (전공 관련)	품성	기타
의사소통		책임감	외국어
수리활용		성실성	국제감각
정보활용		정직성	Critical Thinking
문제해결		도전의식	Communication
자원관리		봉사정신	Collaboration
기술활용		섬세함	Creativity
대인관계			
문화이해			
조직이해			
변화관리			

3. 커뮤니케이션

> 사람들끼리 상호작용하는 의사표현. 몸짓, 그림, 기호 등의 수단을 통해 서로의 의사나 감정, 생각을 주고받는 일을 말한다. 원활한 커뮤니케이션을 위해서는 누가(전달자), 무엇을(전달내용), 어떤 방법으로(통로), 누구에게(수신자), 무엇을 기대하고 의사를 전하려는지의 다섯 가지 요소가 구비되어야 한다. 대표적인 형태로는 방송 및 광고, 선전 활동 등이 있다.
>
> – 백과사전 –

Communication / 소통 疏通

커뮤니케이션(Communication)이라는 말은 라틴어의 'communis'에서 유래되었다. '공통되는(common)', '공유하다(share)'는 뜻을 가지고 있다. 여기서 '공동체(community)'라는 말이 나왔다. 커뮤니케이션이란 전달, 표현, 설명, 공유, 공감, 소통 등을 의미한다. 우리말로 '의사소통'이라고 표현한다.

우리는 다양한 커뮤니케이션 속에 살아가고 있다. 주변의 가족, 친구, 직장 동료 등과 직접 혹은 스마트폰, 온라인 등을 통해 커뮤니케이션을 한다.

여러분은 어떤 의사소통을 원하는가?

① 이런 사람이랑 대화하면 싫어요!!

- 무례한 사람
- 대화 중에 계속 휴대폰을 하는 사람
- 표정이 무뚝뚝한 사람
- 자기 말만 계속하는 사람
- 말을 중간에 끊는 사람

② 이런 사람이랑 대화하면 즐거워요!!

- 상대방의 말을 잘 경청하는 사람
- 상냥한 미소로 소통하는 사람
- 추임새가 좋은 사람 (그래, 와우 등)
- 남을 배려하며 친절한 사람

대화의 종류 및 방법

① 서로 멀어지는 대화

- 상대의 말에 끼어들고 즉각적으로 반박한다.
- 상대의 말에 화제를 돌리거나 엉뚱한 소리를 하거나 대꾸하지 않는다.
- 상대가 말하는 동안 스마트폰을 보거나 딴짓을 한다.

② 대화 잘하는 팁

- 성급한 가정이나 판단을 피한다.
- 듣는 도중에 어떻게 반응할까를 생각하지 않는다.
- 상대를 진심으로 신뢰와 존중을 한다.
- 솔직하게 말할 수 있는 분위기를 조성한다.
- 적절한 질문을 한다.

③ 좋은 대화

- 상대의 말에 적극적인 경청, 공감 그리고 수용한다.
- 상대의 말에 적극적으로 반응하고 추임새를 넣는다.
- 두 사람 사이의 신뢰를 위한 표현 등을 평소에 한다.

의사소통의 방향

우리는 어떻게 의사소통하는가?

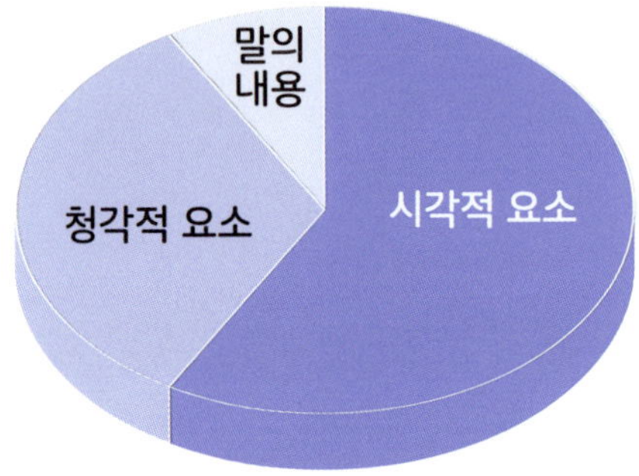

1971년 캘리포니아 대학 UCLA 심리학과 명예교수인 앨버트 메라비언은 커뮤니케이션 이론을 한 단계 발전시킨 중요한 연구결과를 내놓았다. 그는 대화하는 사람들을 관찰, 상대방에 대한 호감을 느끼는 순간을 포착하여 누군가와 첫 대면을 했을 때 그 사람에 대한 인상을 결정짓는 요소(메시지의 전달 요소)를 분석했다.

연구결과에 따르면, 결정적 요인은 상대방의 말의 내용이 아니라 이미지였다. 서로 상대방의 인상이 호감을 결정하는 데 목소리는 38%, 보디랭귀지가 55%(표정이 35%, 태도가 20%)의 영향을 미친 반면, '말하는 내용' 그 자체는 겨우 7%의 효과만 있었다고 한다.

의사소통을 잘 하는 법: 공감적 경청하기

사람들은 말을 잘 하는 사람이 대화를 리드한다고 생각한다. 하지만 대화를 리드하는 사람은 말을 하는 사람이 아니라 질문하는 사람이 대화를 이끌어 가게 된다. 질문을 상대에게 완전하게 몰입되어 있고 대화에 집중하여 상대를 공감적 경청으로 대화에 집중하고 있을 때 가능하다. 질문으로 상대방의 깊은 마음속에 하고자 하는 기대와 욕구를 알아차릴 수 있기 때문에 공감적 경청은 쉬우면서도 몰입해야 하는 어려운 의사소통의 중요한 기술이다.

공감적 경청을 잘 표현한 한자 중에 이청득심(以聽得心)이라는 말이 있다. 귀 기울여 경청하는 일은 사람의 마음을 얻는 최고의 지혜라는 뜻이다. 우리는 의사소통을 잘 하기 위해서는 말하는 요령이라는 생각을 많이 하고 있다. 상대를 이해하려는 의도를 가지고 듣고, 상대방이 세상을 보는 방식에 입각하여 세상을 볼 수 있어야 한다. 나의 시각이 아니라 상대의 시각으로 들어야 한다. 하지만 대화를 잘하는 것, 마음을 얻는 것은 말이 아니라 경청이라고 이야기 한다. 그만큼 경청은 대인관계를 높이는 차원의 의사소통의 핵심방법이다.

"당신이 다른 사람의 말을 공감적으로 경청할 때 그 사람에게 심리적 공기를 주게 된다."

경청 3단계

① 배우자 경청: 건성으로 듣는 것

- 하는 말을 가로막기까지 한다.

② 적극적 경청: 상대의 말에 주의를 기울임, 공감 표현

- 추임새: "저런…어떻게 됐어?"

③ 맥락적 경청: 말 자체뿐 아니라

- 의도와 감정, 배경까지 듣는 것

경청이 어려운 이유? - 방해요소

① 자기 안의 생각

대화 사례)
1) 딸: "엄마, 나 요새 공부하는 게 힘들어."
2) 엄마: "내 새끼 많이 힘들어 ?" (올바른 대답)
3) 엄마: "너 공부를 하기나 했냐 ?" (엄마의 자기 안의 소리)

내 안의 소리를 잠재우기 전에는 상대방이 소리가 들리지 않는다.

② 듣고 싶은 것만 들으려는 성향: 선택적 청취

경청은 상대방의 관심에 맞춰서 잘 듣는 것이다.

③ 듣는 연습 부족

경청은 훈련을 통해 키워 낸다.

경청의 기술

- 눈 맞추기(eye contact)
- 고개 끄덕이기 - 과하다 싶을 정도로 할 것
- 적극적인 추임새
- 말로 경청하기(Backtracking)

사례> 뛰어난 간호사 VS 평범한 간호사

갤럽에서 의료기관과 연계해 조사를 했다. 환자 100명에게 주사할 때 뛰어난 간호사가 평범한 간호사보다 통증을 덜 느끼게 하는 것이 "공감"이라는 것을 조사했다.

- 평범한 간호사: "걱정 마세요. 하나도 안 아파요."그리고 사무적으로 바늘을 찌른다.

- 뛰어난 간호사: 누구나 주사를 무서워한다는 사실을 알고 그 감정에 공감한다. 환자의 고통을 줄이는 비결이 바로 이 '공감'에 있다. 환자는 공감을 통해 간호사와 연결되어 있다고 느끼며 신뢰하게 된다. 그래서 주삿바늘이 피부를 찌르더라도 생각했던 것보다 아프지 않게 느끼는 것이다.

적극적 경청 상대방의 말의 내용 내면에 깔려 있는 동기나 정서에 귀 기울여 듣고 이해한 바를 상대방에게 피드백 해 주는 것	+	반영적 경청 상대방의 내면을 비춰 주는 거울로서의 역할만을 수행 상대방이 말한 메시지를 반영해 주거나 상대방의 말을 확인해 주는 것	=	공감적 경청 '이해'하려는 의도를 가지고 경청하는 것을 말하며 내가 먼저 상대방을 이해하는 것, 즉 진정한 이해를 추구하는 것

<실습> 공감적 경청 실습: 올바르게 대화하는 법

2명씩 짝을 지어서 1명은 이야기를 하고(3분) 상대방은 공감적으로 경청하여 듣는다. 다 이야기한 후 서로의 느낌을 이야기한다. 그런 후에 서로 바꾸어 이야기하고 듣는다.

1) 2명씩 짝을 지어 서로 번갈아가며 이야기하고 듣습니다.

2) 이야기 주제는 '여행, 영화, 취미 중 택 1' 하여 이야기합니다.(3분)

3) 상대방의 이야기를 경청하여 잘 듣습니다. 상대방의 핵심욕구가 무엇인지도 잘 들어 보세요. (눈 마주침, 고개 끄덕거림, 맞장구 등)

4) 서로 이야기를 다 나눈 후 느낌이 어떤지 피드백을 나눈다.

* 상대방이 이야기를 잘 들어주지 않았을 때와 잘 들어주었을 때의 느낌을 나누어 봅시다.

I-Message

대화할 때 주어를 나로 표현하는 것, 상대에 대한 직접적 비평이나 비난을 삼가고 자신이 처한 난처한 상황과 힘든 문제를 표현하는 방식이다.

You–Message vs. I–Message

- 쉽게 말하면 말할 때 주어를 나로 표현하는 것
- 상대에 대한 직접적 비평이나 비난을 삼가고 자신이 처한 난처한 상황과 힘든 문제를 표현하는 방식

You–Message	I–Message
(당신은) 이 일로 이해 얼마나 많은 문제점이 발생하고 있는지 알고 있습니까?	상황이 이렇게 되어 제가 일을 추진하는데 있어 몇 가지 애로사항이 발생했습니다. 어쩌면 좋죠?
(당신이) 이 점을 개선해 주시겠어요?	이러한 점을 개선해 주신다면 제가 일을 하는데 큰 도움이 되겠습니다.
(당신은) 중간에 말씀을 끊지 말고 제 이야기를 더 들어 주시겠어요?	제 생각이 채 전달이 되지 않는 것 같아 아쉽네요. 충분히 이해합니다만 저에게 시간을 더 주신다면 감사하겠습니다.

I-Message

사실 (Fact) → 나의 감정 → 구체적인 바람

I-Message 사용법

사실 (Fact)

자신의 주관적 부정적 인식을 말하는 것이 아니라 **객관적 사실**을 말함(ex. 중간에 말을 끊지 말고 X → **제 생각이 채 전달되지 않아** O)

나의 감정	그 행동 때문에 **내가 어떤 감정**이 들었는지, **어떤 영향을 받았는지** 말함 (ex. 제 생각이 채 전달되지 않은 것 같아 **아쉽네요**.)
FACT	**내가 원하는 것**이 무엇인지, 그 **기대**를 말함 (ex. **저에게 시간을 더 주신다면** 감사하겠습니다.)

<나-전달법 예시>

"홍길동씨가 다른 사람들한테 저에 대한 부정적인 이야기하고 다닌다면서요. 믿고 말한 건데 어떻게 그럴 수가 있어요."

사실	나에 대한 안 좋은 이야기를 정의 씨한테 들었다는 사람을 만났어요
감정	당황스러웠고, 정의 씨에게 좋지 않은 감정이 들더군요.
기대	어떻게 된 일인지 정의 씨 이야기를 직접 듣고 싶어요

<실습> I-MESSAGE 전달 연습하기

아래의 문장을 읽고 자신의 이야기로 바꾸어 I-MESSAGE 전달법의 사실-감정-기대를 작성하시오.

"홍길동 씨가 다른 사람들한테 저에 대한 부정적인 이야기를 하고 다닌다면서요. 믿고 말한 건데 어떻게 그럴 수가 있어요."

사실	
감정	
기대	

4. 협업

> '협업'은 '모두 일하는', '협력하는 것'이라는 의미의 말이다. 공동 출연, 경연, 합작, 공동 작업 등을 가리킨다.
>
> 백과사전 -

협력(Cooperation)을 넘어 협업(Collaboration)의 시대로

4차 산업혁명은 빠른 변화를 요구하고 있다. 기존의 전통적인 생각, 문제해결, 조직문화에서 4차 산업혁명에 맞는 변화의 과정이 필요하다.

기업은 시장의 빠른 변화와 새로운 목표가 주어지는 경우 그 목표에 맞는 조직의 변화가 뒤따라야 시장에서 살아남을 수 있다. 하지만 아직 대부분의 기업은 부서 간 협력조차도 원활하지 않은 수준이다. 협력에 어려운 조직은 조직 내 비용과 커뮤니케이션 비용이 엄청나게 증가하게 되고 변화에 어려움을 겪을 수밖에 없다.

4차 산업혁명 시대의 빠른 변화에 적응하기 위해서는 유연하게 조직이 애자일(Agile) 조직으로 바뀌는 조직문화, 수직적 문화에서 수평적 의사결정, 개인의 성과보다는 협력과 협업이 활발하게 이루어져야 변화의 시대에 대한 성과를 달성할 수 있다. 협력을 넘어 협업을 통해 빠른 시장 변화의 파고에 공동의 목표를 달성하기 위한 프로젝트 수행을 촉진할 수 있다.

협업을 통해 창출해 낸 프로젝트의 성과는 개인의 역량이 모아져 프로젝트의 목표를 이룰 수 있다. 동료, 상사 그리고 다양한 이해관계자와 프로세스를 진행하는 만큼 협업 과정에서 보여 준 개인의 업무역량, 소통능력, 협력을 하는 능력이 필요한 시대이다.

'협업능력'은 어떤 능력을 말하는 것일까? 협업에서 중요한 능력 중 하나는 다양한 이해관계자와 조율하고 소통을 할 수 있는 소통능력이다. 서로 다른 분야의 지식, 다양한 세대, 다양한 경험, 다양한 부서 등 개개인이 갖고 있는 능력을 극대화할 수 있도록 사람들을 하나의 목표로 모으고 목표를 달성할 수 있도록 촉진하는 촉진자의 능력이다.

협업은 수직적 관계를 넘어 수평적 관계를 바탕으로 자유롭게 아이디어를 공유하고 소통의 문화, 보다 적극적인 태도로 함께 일하는 구성원들 간의 원활한 소통을 이끌어 내는 역할을 '스스로' 할 필요가 있다.

협력(Cooperation)은 또한 효과적으로 다른 사람과 일할 수 있도록 다른 사람을 이해하는 것으로 정의할 수 있다. 협력하는 사람은 조건이 변경되거나 감독자가 없는 경우에도 필요한 목표를 달성하기 위해 최소 요구사항을 넘어선다. 기계적인 세부사항에 눈이 멀지 말고 목표와 목적에 집중하는 것이 중요하다.

아프리카의 오래된 속담에 "빨리 가고 싶다면 혼자 가라. 멀리 가고 싶다면 함께 가라."는 말이 있다. 우리 모두는 좋은 계획을 세우거나 새로운 아이디어를 생각하거나 목표를 달성하기 위해 함께 일하는 힘을 경험해 왔다. 다른 사람들과 협력하고 함께 일하는 법을 배우는 것은 팀을 도울 뿐만 아니라, 당신 자신의 잠재력에 도달하는 데 도움이 될 것이다.

협력의 정의에는 지적/정서적 및 실질적/물리적, 두 가지 요소를 포함한다.

다른 사람 이해하기. 다른 사람들과 함께 일하는 것은 어려울 수 있다. 배경과 경험이 다르면 해석과 작업 스타일이 달라질 수 있다. 다른 사람들과 함께 일할 때 공통점이나 적어도 공통의 어휘를 찾는 것이 다른 사람들이 말하는 것을 이해하는 데 도움이 될 수 있다. 함께 일하는 것이 더 자연스럽고 덜 방어적이 될 수 있도록 다가가서 이해의 다리를 구축하기 위해 노력하라.

다른 사람들과 효과적으로 일하기. 프로젝트에서 "함께" 일하지만, 팀으로 일하지 않을 수 있다. 어렵지만 가능하

다. 그러나 효율성과 효과성을 극대화하기 위해서는, 작업량을 나누어 개인이 아닌 단위(unit)로 해결하는 것이 도움이 된다. 효과적으로 협력하면, 다른 사람들이 한 일을 수행하고 다시 수행하는 데 소요되는 시간이 줄어들고, 대신 목표를 향해 상당한 진전이 이루어진다.

> "성공의 공식에서 가장 중요한 단일 요소는 사람들과 어울리는 방법을 아는 것입니다."
> - 시어도어 루즈벨트(미국 26대 대통령)

> "위급 상황에서는 무력(힘)이 보호할 수 있지만, 오직 정의, 공정성, 배려와 협력만이 마침내 인간을 영원한 평화의 여명으로 이끌 수 있습니다." - 드와이트 D. 아이젠하워

> "명예는 가치가 있음을 나타냅니다. 자신감은 신뢰를 낳습니다. 서비스는 만족을 가져옵니다. 협력은 리더십의 자질을 증명합니다." - 제임스 캐시 페니

협력을 위한 단계별 행동 수칙은 다음과 같다.

① 멈춰 서서 경청하라.

다른 사람과 효과적으로 협력하기 위해, 그들의 생각(아이디어)을 들어야 한다. 하던 일을 멈추고 다른 사람들의 생각, 의견, 아이디어를 듣는 데는 노력이 필요하다. 그러나 다른 사람과 효과적으로 협력하려면, 그들이 무엇을 얘기하는지 고려해야 한다. 이를 수행하는 가장 좋은 방법은 그들의 생각을 물어본 다음 그들이 말하는 것을 신중하게 고려하는 것이다.

② 소통하라.

당신의 아이디어를 공유할 때 다른 사람의 감정과 생각을 염두에 두라. 다른 사람들의 말을 듣고 나면, 자신의 생각을 추가하라. 당신의 아이디어를 주의 깊게 설명하고, 당신이 그의 말에 동의하지 않는 경우, 그룹에 속한 모든 사람의 감정과 정서를 염두에 두고 정중하게 그렇게 해야 한다.

③ 도움을 줄 방법을 찾아라.

아이디어를 모은 후에는 그룹이 함께 일하도록 도울 수 있는 방법을 찾아야 한다. 실제로 다른 사람과 협력하려면, 뭔가를 해야 한다. 모든 사람의 의견과 아이디어를 수집하고 당신의 생각을 소통한 후에는, 그룹이 목표를 달성하기 위해 함께 일할 수 있도록 도울 수 있는 방법을 찾아야 한다.

커뮤니케이션의 수준

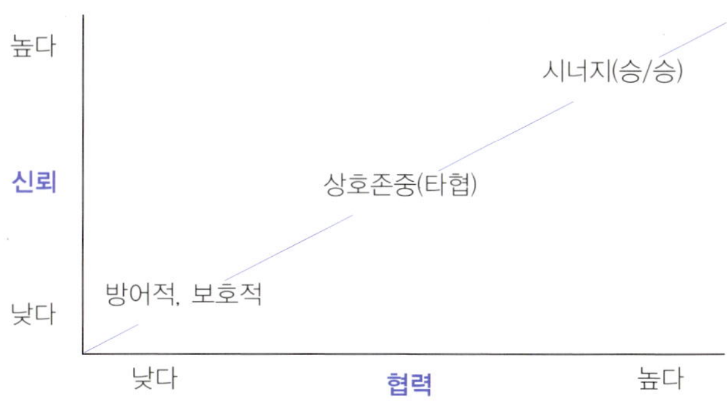

출처: 성공하는 사람들의 7가지 습관

협력에 있어서 상대방을 이해하고 신뢰하는 것에 따라 커뮤니케이션의 수준이 달라지고 과업의 성과에 있어서 차이가 난다.

협업능력을 키우려면?

- 경쟁에서 벗어나 더불어 함께 성장하는 마음가짐(Mind)
- 상대를 존재로서 존중하기
- 학교, 가정, 사회에서 협업하기

지금까지의 협력이 내가 가진 재능과 기술에 맞추어서 각자의 이익을 증가시키기 위해 협력하는 것이었다면, 협력적 인성교육에서의 협력은 각자의 재능과 기술을 발견하고 찾아내서 그것을 서로가 맞추는 집단 지성을 이루어 관계적인 삶을 사는 것이라 할 수 있다. 주목할 점은 협력이 개인의 자유의지나 능력보다는 관계 속에서 집단 지성을 일깨움으로써 개인의 인성을 드러나게 한다는 점이다. 이러한 의미에서 협력적 인성교육은 사회적 존재자로서 개인의 각성과 역할 그리고 권리를 중시하는 민주시민교육과 인권교육, 다문화교육과 개념적으로 상통한다. 협력적 인성교육은 협력이라는 집단 실천을 강조하고 있지만, 본질적으로 인성 주체인 '나'가 사회적 존재자임을 협력을 통해 깨달아 '나'를 세상에 드러내도록 돕는 것을 목적으로 한다. 즉, 협력적 인성교육은 교육적 목적으로서 인간 본성의 회복이라는 인성에 대한 내재적 관점을 따른다.

직장에서 역량을 발휘하기 위해서는 세 가지 능력 역량개발, 소통능력, 협업능력을 길러 성과를 창출하는 직장인으로 준비되는 것이 중요하다.

협력 · 협업의 사례

2003년 신당역 지하철사고의 기적[1]

2003년 10월 13일 22시 8분쯤 2호선 신당역에서 사고가 일어났다. 보통 사고가 일어나면 주위 사람들은 발만 동동 구르기 마련이건만 이 사고에서는

1 출처: 나무위키 신당역

한 명이 열차를 밀기 시작하더니 이내 열차 내 승객과 승강장에 서 있던 사람들이 힘을 합쳐 33톤에 달하는 무거운 열차를 밀어 선로에 떨어진 승객을 구출해 냈다. 처음에는 열차를 밀던 사람이 계속 다 같이 밀어보자고 소리쳤지만 사람들이 무시하고 지나갔는데 얼마 지나지 않아서 사람들이 하나둘씩 모여 힘을 보태 열차를 밀고 승객을 구해냈다고 한다.

이처럼 혼자서는 생각할 수도 없는 일을 사람들이 협력하여서 33톤의 기관차를 들어 올리는 기적을 이루어 내었다. 4차 산업혁명 시대, 빠르고 변화가 많은 시대 더욱더 사람과 사람이 힘을 합쳐서 변화의 파고를 넘어야 한다. 집단지성처럼 변화에 빠르게 대처하기 위해서는 서로 소통하고 서로의 정보를 공유하고 프로젝트별로 협력하여 새로운 차원의 사회적 가치를 만들어가야 한다.

<실습> 협력에 대해 진단하고 결과를 가지고 이야기를 나누어 보시오.

아래 표의 질문에서 자신에게 해당되는 항목을 선택한다. 표의 보기 중 해당하는 항목이 7개 이상이라면 동료들과 원활한 관계를 유지하고 있는 상태이며, 4–6개인 경우에는 업무 이외에는 친밀감은 떨어진 상태로 조직 내 정보 교류에서 멀어질 가능성이 있다. 또한 해당하는 항목이 3개 이하라면 조직 내 교류에 미숙한 상태로 보다 동료 간의 관계를 한층 강화시킬 필요가 있다.

나는 동료들과 협조적으로 잘 일하고 있을까?

질문	YES	NO
1. 동료들과의 관계에서 협조를 이끌어낼 자신이 있다.		
2. 업계 및 사내 정보를 주고 받는 동료가 2명 이상 있다.		
3. 사내 행사에 적극적으로 참여하고 있다.		
4. 동료 간 모임에 참석하거나 새로운 동료와 식사를 하곤 한다.		
5. 동료들의 경조사에 잘 참석하는 편이다.		
6. 사내에서 활동하는 동호회 및 스터디 모임이 있다.		
7. 업무상 문제를 상의하고 협조를 구할 수 있는 동료가 있다.		
8. 조언을 구할 동료가 있다.		
9. 사내의 모든 직원은 팀원이라고 생각한다.		
10. 동료들을 경쟁자보다는 동반자라고 생각한다.		
11. 타 부서에서 협조요청이 들어올 때 적극적으로 임한다.		

생각해 볼 문제

1 자신이 성장형 사고형인지 고정형 사고형인지 생각해 보고 어떠한 면에서 그러한지 얘기해보시오.

2 나의 직업기초능력의 역량을 평가해 보고 가장 높은 역량과 가장 낮은 역량을 얘기해보시오.

3 공감적 경청의 사례를 찾아보고 공감적 경청의 유익을 얘기해보시오.

4 최근에 자신이 겪은 난처한 상황이나 힘든 문제를 I-Message 방법을 이용하여 표현해 보시오.

5 협업과 커뮤니케이션이 서로 중요한 이유를 생각해 보시오.

CHAPTER

9

계속 성장해 나가기

현대 사회는 100세 시대를 맞이하여 평생직장, 평생직업의 개념이 사라지고 평생학습의 필요성이 대두되고 있다. 기술의 급속한 발전으로 인해 우리가 대학에서 배운 내용은 몇 년 안 되어 새로운 기술로 대체되고 새로운 제품들이 쏟아져 나오고 있다. 최근에는 인공지능(AI)의 발달로 인해 일자리의 판도가 바뀌고 육체노동이나 기초적인 인지 기술은 계속 감소할 것으로 예상되고, 미래에는 고급 인지 기술과 사회 및 감정적 기술 그리고 IT 기술을 포함한 테크놀로지 기술이 요구될 것이다.

따라서 대학생은 전문지식을 포함한 전공역량뿐만 아니라 인공지능을 포함한 기계로 대체될 수 없는 사회 및 감정적 기술인 기업가 정신, 리더십 등을 학습하고 계발해야 한다. 요즘에는 많은 정보가 인터넷, SNS 등에 넘쳐난다. 기본적인 자세와 학습능력만 있다면 어떤 정보를 잘 선별하고 취할 것 인가가 더욱 중요한 시대가 되었다. 100세 시대를 맞이하여 각 개인은 개인 생활 설계 등을 통해 계속 성장해 나가야 한다. 개인 생활 설계는 개인 생활 주기의 단계별 발달 과업을 원만하게 성취하여 성공적인 삶을 살아갈 수 있도록 계획을 세우는 것으로, 개인 생활 주기를 고려하여 진로 및 직업, 건강, 결혼 생활의 영역 등을 설계한다.

1. 성장의 4가지 영역

세계보건기구(WHO)는 건강의 정의를 단순히 병이나 질환이 없는 상태를 넘어서서 신체적, 정신적, 사회적 안녕이 완전히 이루어진 상태로 규정한다. 스티븐 코비는 4가지 차원의 성장을 얘기한다. 즉, 우리가 가진 본질의 4가지 차원, 즉 신체적, 영적, 정신적, 사회적/감정적 영역을 쇄신하는 것을 의미한다.[1] 자기 쇄신(성장)은 재충전을 위해 톱날을 가는 시간을 할애하는 것이다. 자기 쇄신은 개인적 생산능력이다. 이것은 우리가 가진 최대의 자산인 '자기 자신'

1 성공하는 사람들의 7가지 습관, 스티븐 코비, 김영사, 1994.

을 유지 및 향상하는 역할을 한다.

스티븐 코비는 자신의 책에서 산에서 나무를 베고 있는 사람의 이야기를 통해 톱날을 가는 것(자기 쇄신)의 중요성을 재미있게 얘기한다.

> ""무엇을 하고 계십니까?" 하고 당신이 묻는다.
>
> "보면 모르오? 이 나무를 베려고 톱질하는 중이오."라고 그 사람이 대답한다.
>
> "매우 지쳐 보이는군요. 얼마나 오랫동안 나무를 베었습니까?" 당신이 큰 소리로 묻는다.
>
> 그가 대답하기를 "다섯 시간 이상 이 일을 했소. 나는 지쳤소. 무척 힘든 일이오."
>
> "그러면 잠시 시간을 내서 톱날을 가는 것이 어떨습니까?"라고 당신이 묻는다. "그게 일을 훨씬 빠르게 할 겁니다."
>
> "내겐 톱날을 갈 만한 시간이 없어요." 그 사람은 단호하게 말한다."

많은 철학자와 이론가들이 서로 다른 용어들을 사용하지만, 동일하게 인생의 4가지 영역을 얘기한다. 철학자 쉐퍼드(Herb Shepherd)는 관점(영적), 자율성(정신적), 관계성(사회적) 그리고 정상 상태(신체적)로 건강하고 균형적인 삶을 기술한다. 유명한 정신적 지도자인 조지 쉬한(George Sheehan)는 4가지 역할을 얘기했다. 즉, 훌륭한 동물이 되는 것(신체적), 훌륭한 장인(匠人)이 되는 것(정신적), 좋은 친구가 되는 것(사회적) 그리고 성자(聖者)가 되는 것(영적) 등이 포함된다. 정통적인 동기이론과 조직이론에서는 경제적 차원(신체적), 사람을 다루는 방법(사회적), 사람의 능력을 개발하고 활용하는 방법(정신적) 그리고 조직이 제공하는 서비스, 직무 및 기여(영적) 등으로 나타낸다. 손승남은 교육학 전통에서 세 가지 요소, 즉 지 · 덕 · 체를 중심으로 대학생의 성장과 개발의 영역을 얘기하며 현실은 그렇지 않음을 지적한다. 여기서 덕은 사회적, 영적 요소를 포함한다.

교육학 전통에서 오래전부터 강조되었던 세 가지 요소, 즉 지 · 덕 · 체를 중심으로 그 순서에서 인간의 몸을 보존하고 육성하는 근본으로서 체육을 최우선으로 삼고, 마음과 덕성의 계발을 담고 있는 덕육을 지향한 다음, 몸과 마음의 수양이 이루어진 연후에 지적 훈련과 지성의 개발이 이루어져야 한다는 입장이 있다. 학교에서와 같이 지성의 전당이라는 대학의 장에서도 몸의 단련과 마음의 수양이 이루어질 수 있는 시간과 공간은 여전히 부족하며, 대학입시에서 벗어난 대학생의 경우 직업훈련이나 취업준비로 인해 제대로 지성을 연마할 기회를 갖지 못한 채 사회로 진출하는 안타까운 일들이 반복되고 있다(손승남, 1999).

2. 다시 기본으로 돌아가자

톱날을 가는 데 시간을 보내는 것, 즉 시간 매트릭스의 4가지 영역에서 심신을 단련하는 것은 제2 상한에 속하는 활동이다. 우리는 제2 상한에 시간을 할애해 행동해야 한다. 긴박함을 이유로 제1 상한에 입각해 활동하는 것은 우리의 생활을 끊임없이 바쁘게 하는 원인이다.

신체적 영역

신체적 영역에서의 쇄신은 우리 몸을 효과적으로 돌보는 활동, 영양가 있는 음식의 섭취, 충분한 휴식, 긴장이완 그리고 규칙적인 운동을 포함한다. 미국의 유명한 종교가이자 저자인 스토미 오마샨은 평생 몸의 건강을 책임지는 7가지 거룩한 습관으로 평안이 넘치는 생활, 청정한 음식, 알맞은 운동, 충분한 물, 명상(기도)과 금식, 주기적인 맑은 공기를 마시고 햇볕 쬐기, 완전한 휴식을 얘기한다. 이러한 습관들의 균형도 중요하다. 우리는 몸(신체)이라는 외형을 가진다. 이러한 외형이 제대로 동작하지 않는다면 내적인 나머지 부분도 제대로 동작하기 어렵다.

[그림 9-1] 토트넘 핫스퍼 훈련센터에 걸린 티셔츠

영국 프리미어리그 토트넘 홋스퍼에서 뛰는 손흥민 선수는 세계적인 선수가 되었다. 그의 몸값은 1,000억 원을 넘어간다. 그를 훌륭한 선수로 성장시킨 것은 자신의 끊임없는 노력에 더해 아버지인 손웅정 씨의 혹독한 훈련도 포함된다. 특별히 신체적 능력이 필요한 축구뿐만 아니라 모든 분야에서 신체적 건강이 요구된다.

손웅정의 훈련법[2]

1. **공과 친해져라.**
   하루 2시간씩 기본기 훈련에 매진하는 아이들. 공과 한 몸이 될 때까지 연습 또 연습. 뭐든 기본이 중요하다. 손흥민의 지론은 기본기가 탄탄해야 성공한다.
   자신이 원하는 분야에서 기본기를 키워라.
2. **스프린트 능력을 키워라.**
   토트넘 홋스퍼의 스프린트 1위 손흥민. 순발력이든 스피드든 기능적인 체력으로 (유럽 리그 선수들을) 극복할 수 있다고 생각. 유럽 리그 선수들에 비해 불리한 '체격'을 극복하기 위한 노력. (축구에서는) 스피드가 곧 기술이라고 볼 수 있다.
   기본기를 다졌다면 각 분야에서 필요한 기술을 연마하라.
3. **양발을 사용하라.**
   왼발 연습을 많이 했다. 슈팅은 왼발이 더 잘하는 것 같다.
   영어 'Ambidexterity'는 ambi(양쪽의)+dexter(오른쪽의) 합성어로 양손잡이, 능숙함의 의미이다. 양손을 오른손처럼 능숙하게 사용한다는 의미이다.
   필요한 기술을 연마했다면 더 능숙하게 하도록 갈고 닦아라.
4. **상·하체 밸런스를 유지하라.**
   상체 운동에 큰 비중을 두지 않는 맹점. 하체 근육만큼 경기에 큰 영향을 미치는 상체 근육. 치열한 몸싸움에서 버틸 수 있는 상체 근력을 강화해야 한다.
   끊임없이 성장하기 위해 자신의 맹점(blindspot)을 파악하라.
5. **경험이 중요하다.**
   새로운 환경과 상대 선수에 자신감을 잃은 아이들. 다치면서 얻게 되는 귀중한 경험들. 오늘의 경험이 내일의 밑거름이 된다.
   실패를 두려워하지 말고 자신감을 기르기 위해 다양한 경험을 하라.

영적 영역

영적 영역에서 재충전하고 성장하는 것은 목표를 확립하고 행동하는 것과 관련 있다. 이것에는 가치명료화와 몰입, 학습과 명상 등이 포함된다. 영적 차원은 우리가 가진 가치체계의 핵심이고, 중심이며, 또 서약이다. 이것은 우리 인생에 있어 대단히 개인적인 영역으로 가장 중요하다. 이것은 우리에게 영감

---

2 손세이셔널 EP5, tvN.

을 주고, 우리 자신을 향상시키는 원천이며, 우리로 하여금 모든 인류의 영원한 진리들을 믿도록 해 준다. 사람들은 이 같은 영적 쇄신을 제각기 다른 방법으로 하고 있다. 종교가 있는 사람은 각 종교의 경전을 읽거나 관련 경건 서적을 읽으며 영감을 얻는다. 위대한 문학이나 음악에 심취하는 것, 자연에 파묻혀 교감하는 것 역시 이와 비슷한 영적 쇄신을 제공한다. 야생의 동물이 나오는 다큐멘터리를 보고 놀라움을 느낄 것이다.

마음의 소리에 귀 기울이기 - 명상하라.
자연의 아름다움 속에서 보고, 듣고, 관찰하라.

아서 고든(Arthur Gordon)은 『The Turn of the Tide(형세일변)』이라는 책에서 자신의 경험을 얘기한다. 자신의 열정이 시들어 갈 때 의사에게서 받은 처방전이다.

어렸을 때 가장 행복했던 곳에 가서 9시, 12시, 3시, 6시에 처방전 하나씩 읽기
처방1-"조용히 경청하시오"
처방2-"과거로 되돌아가도록 노력하시오"
처방3-"당신의 동기를 검토해 보시오"
처방4-"당신의 문제를 모래 위에 쓰시오"

위대한 종교개혁가인 마틴 루터(Martin Luther)는 "나는 오늘 할 일이 너무 많기 때문에 그만큼 더 많은 기도를 해야 한다"고 했다.

영적 성장은 자신의 인생의 목적을 깨닫고 사명을 발견하고 목표를 세우는 것과 밀접한 관련이 있다.

"목적이 없는 사람은 키 없는 배와 같다. 한낱 떠돌이요, 아무것도 아닌, 인간이라 부를 수 없는 사람이다." - 토마스 칼라일(Thomas Carlyle)

삶의 목적에 대한 고민은 수천 년 동안 사람들을 혼란스럽게 했다. 혼란의

이유는 우리가 그러한 고민들의 출발을 우리 자신으로부터 시작하기 때문이다. 하지만 우리가 우리 자신에게만 초점을 맞춘다면 삶의 목적을 쉽게 찾을 수 없다. 자기 지침서(self-help)와 같은 책들이 말하는 성공을 위한 일반적인 방법들은 당신의 꿈을 생각하라. 가치관을 명확히 하라. 목표를 설정하라. 무엇을 잘하는지 파악하라. 목표를 높게 설정하라. 그것을 이루기 위해 노력하라. 꾸준히 자신을 훈련시켜라. 목표를 이룰 수 있다고 믿어라. 다른 사람과 꿈을 공유하라. 절대 포기하지 마라 등이다. 물론, 이러한 권고들 덕분에 큰 성공을 이루는 경우도 종종 있다. 목표를 이루기 위해 전심으로 노력하면 일반적으로 그 목표에 성공적으로 도달할 수 있다. 하지만 성공한다는 것과 삶의 목적을 충족시키는 것은 절대 같지 않다. 우리에게는 자기 지침서가 제안하는 것 이상의 것이 필요하다.[3]

우리가 종교를 가지고 있든 없든 인생의 목적을 발견하고 목표를 세워 실행하는 영적 쇄신을 통한 성장을 소홀히 하지 말자.

땅콩 박사 조지 워싱턴 카버의 이야기

조지 워싱턴 카버(George Washington Carver, 1860년대~1943)는 미국의 농화학자, 식물학자, 농업경제학자로 땅콩 박사로 알려져 있다. 그는 1860년대 노예 가정의 2남 1녀의 막내로 태어났다. 그가 태어난 때는 남북전쟁으로 폭력이 가득한 시대였다. 그가 태어난 지 일주일쯤 되었을 때, 주인의 집에 폭도들이 들이닥쳐 엄마와 누나, 조지를 잡아끌고 갔다. 집주인은 그들을 찾으려 노력했지만 조지만 찾을 수 있었다.

주인은 그를 친자식처럼 키웠고 공부도 시켰다. 그는 어렸을 때부터 병약하여 숲에서 혼자 노는 경우가 많았는데 식물에 관심이 많았고, 사람들이 식물을 키우는 것을 도와주곤 했다. 그 당시 흑인은 인종차별로 정규학교에 다닐 수 없었지만, 천신만고 끝에 그는 고등학교를 졸업하고 흑인 최초로 아이오와 주립 농과대학에 입학했다.

그는 식물 병리학 및 세균학 실험실에서 일했는데 그로 인해 미국 전역에 알려지게 되었고 식물학자로 명성을 얻었다. 또한 아이오와 주립대의 최초의 흑인 교수가 되었다. 당시 토마스

---

3 목적이 이끄는 삶. 릭 워렌. 디모데. 2002.

에디슨이 그에게 연구시설과 막대한 연봉을 제시하며 함께 일할 것을 권유했지만, 그는 가난한 흑인 농부들을 위해 시골의 터스키기 대학으로 가서 연구를 계속했다. 그는 땅콩을 포함하여 고구마, 콩, 피칸 등 여러 작물을 이용한 300여 개가 넘는 상품을 개발하였고 다수의 특허를 발명하였다. 그가 사망하자 당시 프랭클린 루스벨트 대통령은 그를 기리는 기념비를 고향에 세웠다.

카버 박사는 어느 대학교의 한 연설에서 다음과 같은 이야기를 들려주었다.

"하루는 숲속을 거닐다가 하나님께 왜 이 우주를 만드셨냐고 여쭤보았습니다. 그러자 하나님께서는 저의 작은 머리로 이해할 수 없는 것을 구하고 있다고 말씀하셨습니다. 그래서 저는 하나님께 왜 인간을 만드셨냐고 물었습니다. 하나님은 여전히 그 해답도 제가 감당하기에는 너무 크다고 대답해 주셨습니다. 한참 만에 하나님께 그럼 왜 땅콩을 만드셨냐고 여쭈었더니 하나님은 '이제야 적당한 질문을 하는구나'라며 제게 땅콩으로 여러 가지 제품을 만들 수 있는 방법들을 알려 주셨습니다."

정신적/지적 영역

우리는 정신 개발과 전문지식의 학습에 관계되는 대부분을 학교에서 하는 교육을 통해 받아 왔다. 크게 독서와 상상, 계획 수립, 저술, 직무능력 개발 등이 여기에 포함된다. 그러나 학교교육이 끝나면 많은 경우 우리들은 지식의 감퇴현상을 경험한다. 더 이상 진지한 독서를 하지 않고, 종사하고 있는 분야 밖의 새로운 것에 관해 깊이 있는 탐구를 하지 않으며, 비판적인 사고도 하지 않고, 글도 잘 쓰지 않는다. 많은 가정에서 텔레비전 시청으로 시간을 보낸다. 이 시간은 직장에서 근무하는 시간과 맞먹으며, 학교 수업 시간보다 많다. 정신적/지적 교육, 특히 마음을 수양하고 확장하는 평생학습 교육은 정신의 안정과 성장을 위해 필수적이다. 여러 가지 정보를 얻고 마음을 확장시키기 위해 규칙적으로 좋은 책을 읽는 습관보다 더 좋은 방법은 없다.

또한 우리의 생각, 경험, 간파한 것 그리고 배운 것을 저널 등에 기록하는 것은 정신적 명료성, 정확성 그리고 상황 파악 등에 큰 도움을 준다. 훌륭한 편지를 쓰는 것은 어떤 일에 대해 얕고, 피상적인 것만을 표현하기보다 사고, 감정, 아이디어 등 보다 깊은 수준에서 의사소통을 가능하게 한다. 따라서 편지를 쓰는 것은 우리로 하여금 분명하게 생각하고, 정확하게 판단하며, 나아가 남을 효과적으로 이해시키는 능력을 향상시킨다. 이것은 인생목표를 확립하고 시작하는 것이며, 목표 달성을 위한 계획을 정신적으로 해낼 수 있음을 의미한다.

텔레비전/스마트폰 길들이기
평생교육, 좋은 책 읽기, 글 쓰기, 일기 쓰기
메모하기

우리는 지적 성장뿐 아니라 정신건강 측면에서도 온전하게 성장해야 한다. 오늘날의 현대 사회는 다양한 문제들과 복잡한 관계들로 인해 많은 스트레스 및 SNS 등으로 인한 사생활의 침해가 발생하기 쉽다. 세계보건기구(WHO)는 정신건강의 의미를 "한 개인이 자신의 능력을 실현하고 일상적인 삶의 스트레스에 대처하고 생산적으로 일할 수 있으며 그가 속한 지역사회에 기여할 수 있는 안녕 상태"로 정의한다. 이를 토대로 건강개선을 위한 3가지 개념을 도출할 수 있다. 첫째, 정신건강은 통합적인 건강의 한 부분이다. 둘째, 정신건강은 단순히 정신질환의 부재 이상의 상태를 의미한다. 셋째, 정신건강은 신체적 건강이나 행동과 밀접히 관련되어 있다.

정신건강과 신체건강은 서로 독립되어 있지 않다. 정신적, 신체적, 사회적 기능은 상호 의존적이다. 이 세 가지 영역, 즉 신체적, 영적, 정신적/지적 차원에서 성장한다는 것은 "매일의 개인적 승리"를 실천으로 옮기는 것과 관련이 있다.

스트레스 인식하기[4]

오랫동안 스트레스는 질병에 대한 주요한 요인으로 알려져 왔다. 많은 연구에서, 암을 포함하여 적어도 모든 질병의 70%에서 스트레스가 원인이거나 원인을 제공하는 것으로 확증되고 있다. 우리가 스트레스를 겪고 있을 때, 그 근원을 해결하지 않고 증상만을 다루는 것은 별로 도움이 되지 않을 때가 많다. 여기서 스트레스는 외부적 요인으로 발생되는 것이기도 하고, 그로 인한 우리의 내부적인 요인이기도 하다. 우리가 경험하는 스트레스 상태와 우리의 신체 시스템과의 관계는 다음과 같다.

스트레스	손상되는 신체 시스템
1. 분노	심혈관계
2. 죄책감	신경계
3. 욕망	내분비계
4. 쓴마음(울분)	소화계
5. 탐심	면역계
6. 두려움	호흡기계
7. 시기심	근골격계

분노는 여러 가지 방식으로, 예컨대 좌절감, 흥분, 조급함, 혐오감, 또는 다른 형태의 내적, 외적 분노로 표출될 수 있다. 죄책감은 옳고 그름을 어겼다는 양심의 인식이다. 우리가 어떤 일을 한 이유를 해명하려고 애쓰거나, 우리가 한 일에 대해 타인을 비난하거나, 똑같은 일을 하는 다른 사람을 비난하거나, 혹은 그 일이 정말 잘못임을 부인할 때, 죄책감이 드러난다. 욕망은 보통 분노와 관련되어 있다. 욕망은 통제되지 않은 열정이기 때문이다. 욕망은 포르노를 보거나, 도박을 즐기거나, 중독성 약물을 복용하거나, 비정상적으로 과도한 관능적 행동에 몰두하는 등의 중독으로 이어진다. 울분에는 다른 사람이 우리에게 한 일 때문에 깊은 상처를 받고, 그에게 강하게 화를 내면서, 우리 마음에서 그 사람을 지워 버리고, 그 사람의 파멸을 바라고, 그가 얼마나 끔찍한 사람인지 다른 사람에게 얘기하는 것 등이 포함된다. 탐심은 우리가 부자가 되겠다는 목표를 세우고 돈을 가장 많이 벌 수 있는 방법을 중심으로 우리의 삶을 세울 때 자라난다. 여기에는 미래를 위해 위험한 방법으로 자산을 축척하고 다른 사람을 위한 기부에 인색한 것이 포함된다. 두려움은 사물이나 사람, 어떤 상황 등으로 인해 생기는 고통이다. 시기심은 더 큰 매력, 인기 상승, 더 훌륭한 집, 더 좋은 가족, 더 높은 지적 능력, 더 뛰어난 기술 등 다른 사람이 가진 것을 우리도 갖고 싶어 할 때 생긴다.

---

4 Discover your life purpose, LPPT, 2017.

사회적/감정적 영역

신체적, 영적, 정신적/지적 영역은 개인적, 비전, 셀프리더십, 관리에 관한 원칙에 관련된 반면, 사회적/감정적 영역은 대인관계리더십, 공감적 커뮤니케이션 그리고 생산적 협동에 관한 원칙에 초점을 두고 있다. 삶의 사회적 차원과 감정적 차원은 서로 밀접하게 연결되어 있다. 왜냐하면 우리의 감정적 삶은 주로 사회에서의 대인관계를 통해서 개발되고 드러나기 때문이다.[5]

사회적/감정적 영역에서의 성공 여부는 정신적/지적 수준이 아니라 감정과 관련이 있다. 이것은 우리의 개인적 안정감과 깊은 관계를 가진다. 개인적 안정감과 자기 자신의 내면은 깊은 관계가 있다.

"마음의 안정은 우리의 삶이 올바른 원칙 및 가치관과 일치할 때라야 비로소 이루어진다." - 스티븐 코비

"현재의 모습 그대로 상대방을 대해 주면, 그 사람은 현재의 모습대로 머물 것이다. 상대방의 잠재능력 그대로 대해 주면, 그는 그대로 성취해 낼 것이다." - 괴테

현대인을 위한 영적인 상담자 폴 투르니에

폴 투르니에(Paul Tournier, 1898~1986)는 스위스의 의사이며 작가로 의학과 심리학과 영성을 한데 결합한 사상가이자 영성가이다. 그의 아버지는 생후 석 달 만에 그리고 어머니는 그의 나이 여섯 살에 돌아가셨다. 이때 이후 그는 상실감에 빠져 암흑 속에 떨어진 기분이었다. 그는 그때 스스로를 아무에게도 쓸모없는 존재라고 느꼈고 그 후에 어머님에 관한 기억은 잊혔다. 그는 자신에게만 몰입해서 외로웠고 수줍음이 많았으며 또래들과도 잘 어울리지 못하는 아이가 되어 버렸다.

그러다가 그의 나이 16세에 고등학교 시절의 뒤브아 선생(고전 담당)이 그의 상처를 발견한다. 뒤브아 선생은 그의 숨겨진 심리적 장벽을 허물기 위해 트루니에를 자기 집으로 초대했고 이들은 점점 더 친근한 관계가 되었다.

---

5 성공하는 사람들의 7가지 습관, 스티븐 코비, 김영사, 1994.

그 선생님은 그를 그저 질문하는 한 학생으로서가 아니라 하나의 인간, 곧 인격체로 대해 준다. 선생님은 그에게 관심을 기울이고 그 자신을 표현할 기회를 만들어 주면서 스스로 자신을 발견하게끔 이끌어 주었다. 오랜 시간이 경과한 후에 트루니에는 그분이 바로 자신의 정신치료사였음을 깨닫게 되었고 그 결과는 놀라웠다. 바로 그 다음 해에 트루니에는 학급에서 학생회를 조직하여 회장으로 당선되었다.

성장한 트루니에가 34세의 나이에 국제연맹에서 고위직을 맡고 있는 한 네덜란드인을 만나 그의 집을 방문하게 된다. 이 사람은 단순하며 용기 있는 태도로 자신의 생활에 대해 이야기했다. 그의 말이 끝났을 때에 트루니에는 감히 자신의 활동 경력을 말할 엄두도 내지 못했고 자신과 자신의 사생활에 관해서만 이야기했다. 그는 처음으로 고아로서 겪은 고통을 얘기하면서 눈물을 흘렸다.

그는 이 네덜란드인 친구를 통해 두 번째 치유의 경험을 하게 된다. 그는 새로운 종류의 대화–진실로 개인적이며 감정적인–를 발견하게 되었다. 토론과 활동으로 보낸 수년 동안 그는 속마음을 숨기고 있었는데 사람은 자신을 드러내지 않고도 대중 앞에서 연설이나 강연을 하며 공적인 생활을 할 수 있다. 관계에는 두 가지 유형이 있는데 하나는 지적이며 객관적인 관계이고, 다른 하나는 감정적이며 인격적인 관계이다. 트루니에는 감정적이며 인격적인 관계를 시작하게 되었다.

34세 이후에 트루니에는 다른 사람과의 새롭고도 감동적인 접촉을 발견하기 시작한다. 그 처음 대상은 아내 넬리였는데 그들은 서로를 깊이 이해했고 사랑했다. 그러나 그 이전까지–그의 아내의 말에 의하면–그는 남편이기보다는 한 사람의 선생, 그녀를 가르치고 싶어 하고 모든 것을 지적으로 설명하기 좋아하는 선생이요 심리학자요 성직자 같은 존재였다. 진정한 인격적인 관계에 관한 한 그는 전적으로 배워야 함을 미처 깨닫지 못했다. 이제 그의 아내는 곧 그의 세 번째 정신치료사요, 고해성사를 받는 신부 같은 존재가 되었고, 이후에 그는 자식들과의 관계와 친구 관계도 더욱 풍성해졌고 환자들과의 관계도 변화되었다.

폴 트루니에는 세 번에 걸쳐 소중한 만남을 통해서 인격적인 치유와 감정적인 치유를 경험하면서 이것을 바탕으로 전인 치유를 완성한다. 그를 치유한 사람들은 처음에는 그의 고등학교 선생님이었고, 둘째는 그가 국제관계 업무 중에 만났던 네덜란드인이었고, 세 번째는 그의 평생의 반려자인 아내 넬리였다.

3. 큰 그림을 보고 생각하기

그림 9–2는 신체적, 정신적/지적 그리고 영적 영역의 발달 및 성숙의 일반적인 과정을 나타낸다. 가로축은 나이를 나타내고 세로축은 발달 및 성숙의 정도를 의미한다. 일반적인 사람은 15세 정도에 지적 능력의 절정기에 다다라

40세 이후부터 감소하기 시작한다. 신체적인 측면은 25세에 절정기에 다다라 역시 40세 이후부터 신체적 능력이 감소하기 시작한다. 영적 영역은 좀 더 다양하게 표시하였다. 10세 이후에 인생의 목적이나 목표에 자각하기 시작하여 자신의 목적을 찾고 사명을 수립하는 여부에 따라 성장과 상승 곡선이 다양하게 나타날 수 있다. 어떤 사람은 인생의 목적과 목표가 없이 그럭저럭 살아갈 수 있다. 다른 사람은 자신의 목적과 목표에 따라 지적, 신체적 능력의 성장과 함께 영적 능력도 계속 성장해 간다. 또 다른 사람들은 중간에 부침을 겪는다. 사회적/감정적 영역은 다른 사람과의 관계와 외부 환경 요인과 결합되어 좀 더 복잡한 양상을 보일 수 있다. 그림에는 표시하지 않았다.

우리는 이러한 일반적인 발달 및 성숙의 과정을 염두에 두며 큰 그림을 보고 생애 주기에 맞는 성장의 단계들을 계획하고 실천할 수 있다.

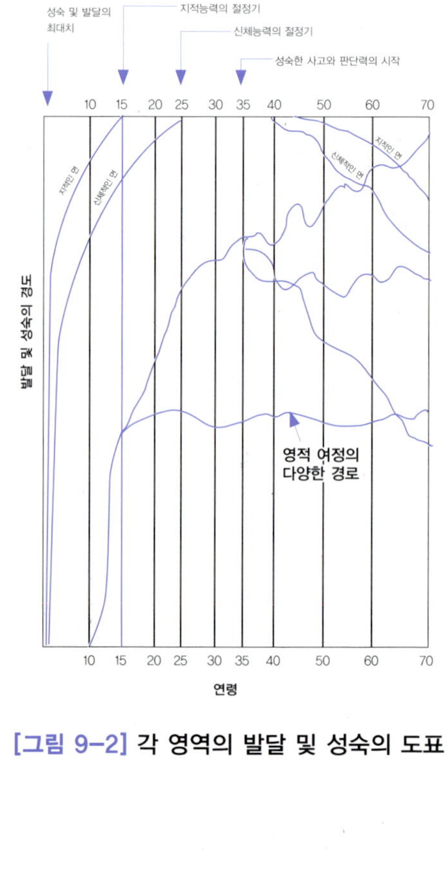

[그림 9-2] 각 영역의 발달 및 성숙의 도표

출처: 영적 치유의 핵심

성장의 균형과 나선형 성장

우리가 살펴본 네 가지 영역에서의 균형적 성장이 중요하다. 각 영역에서의 성장이 개별적으로 중요하지만 네 가지 영역에서 균형 있게 성장해야만 가장 적합하고 효과적으로 될 수 있다. 1부에서 기술한 리비히의 최소량의 법칙을 생각해 보라. 우리가 어느 한 분야라도 무시한다면 우리의 전체적인 효과성과 성장을 방해하는 부정적인 결과가 발생될 수 있다. 이 원칙은 한 개인뿐만 아니라 조직에도 적용될 수 있다.

이러한 성장을 이루는 데 있어 지름길은 없다. 여기에는 추수의 법칙이 작용한다. 우리는 뿌린 대로 거둔다. 우리가 뿌린 곳에서 거둔다. 우리가 뿌린 것보다 더 많이 거둔다. 우리가 뿌린 시기를 지나 다른 시기에 거둔다. 우리가 원칙에 따라 각 영역에서 시간을 투자하고 살아가면 자신감이 생기고 세상일에 대한 판단력은 점점 더 나아질 것이다. 즉각적인 결과와 성장도 있겠지만 보통은 나선형으로 상승곡선을 이루어 성장해 간다. 그래서 계속적인 결심과 학습, 실천의 과정이 필요하다. 각 영역은 서로 밀접한 관계를 가지고 영향을 미친다. 신체적 건강은 정신건강에 영향을 주고, 영적 능력은 사회적/감정적 능력에 영향을 준다. 따라서 우리가 한 가지 영역을 향상시키면, 다른 차원들에서도 우리의 능력은 향상된다. 그러므로 신체적, 정신적/지적, 영적, 사회적/감정적 차원 각각에서 자기 성장을 위한 목표를 정하고 실천하는 태도가 필요하다.[6]

> "진보는 일직선의 상승이 아니라 진보와 퇴보, 진화와 소멸의 리듬을 타는 나선형이다." -괴테

---

6 스티븐 코비(1994). 성공하는 사람들이 7가지 습관. 서울: 김영사.

생각해 볼 문제

1 성장의 4가지 영역에서 현재 자신이 생각하는 수준을 0~100 사이의 값으로 표시해 보시오.

영 역	수준 (0 ← → 100)
신체적	
영적	
정신적/지적	
사회적/감정적	

2 삶의 4가지 영역에서 성장하는 것의 중요성을 인식하고 각 영역에서 자신의 성장에 필요한 부분을 적어보시오.

신체적(운동, 영양, 스트레스 관리)	사회적/감정적(봉사, 공감, 시너지, 내적 안정)
정신적(독서, 상상, 계획 수립, 저술)	영적(가치명료화와 몰입, 학습과 명상)

부록

7가지 관점에서의 리더십

<설문 항목>

다음에 주어진 일곱 사람 중 당신을 가장 잘 표현한 것은?

사람 1

□ 진술된 말이 진실 되고 정확한 것임을 확실히 하기를 원한다.
You want to make sure that statements are true and accurate.

□ 할 수 있는 한 많은 지식을 얻기 원한다.
You desire to gain as much knowledge as you can.

□ 근거가 없는 말을 하는 사람들에게 반항(반대)한다.
You react to people who make unfounded statements.

□ 당신을 가르치고자 하는 사람의 자격(신뢰성)을 점검한다.
You check the credentials of one who wants to teach you.

□ 논쟁을 점검하기 위해 이성(理性)을 사용한다.
You use your mind to check out an argument.

□ 어떤 주제를 조사하는 것에 여러 시간을 사용하는 것을 즐긴다.
You enjoy spending hours doing research on a subject.

□ 어떤 주제에 대해 가능한 많은 사실을 다른 사람에게 말하는 것을 좋아한다.
You like to tell others as many facts as you can on a topic.

□ 단어나 문장에 관심을 가지고 매우 주의를 기울인다.
You pay close attention to words and phrases.

□ 어떤 문제를 확실하게 점검하기 전까지는 그것에 대해 침묵을 지키는 편이다.
You tend to be silent on a matter until you check it out.

□ 체계적인 절차 가운데 어떤 것들을 공부하기를 좋아한다.
You like to study material in a systematic sequence.

표시된 개수: ______________

사람 2

☐ 중요한 사업의 최종 결과를 상상할 수 있다.

You can visualize the final result of a major undertaking.

☐ 공통의 목표에 다다르도록 많은 사람의 노력을 조정하는 것을 즐긴다.

You enjoy coordinating the efforts of many to reach a common goal.

☐ 큰 작업을 성취 가능한 목표들로 나눌 수 있다.

You can break down a large task into achievable goals.

☐ 과업들을 다른 사람들에게 위임할 수 있다.

You are able to delegate assignments to others.

☐ 사람들을 어떤 일이 수행되는 데 사용될 수 있는 자원으로 본다.

You see people as resources that can be used to get a job done.

☐ 작업을 달성하기 위해 기꺼이 반대를 견딜 수 있다.

You are willing to endure reaction in order to accomplish a task.

☐ 당신의 감독 하에 있는 사람들에게 충성을 요구한다.

You require loyalty in those who are under your supervision.

☐ 마지막 목표에 집중하기 위해 사소한 세부 항목은 신경 쓰지 않는다.

You remove yourself from petty details to focus on the final goal.

☐ 일하는 사람들이 행동하도록 용기를 불어넣고 격려할 수 있다.

You can encourage your workers and inspire them to action.

☐ 어떤 일이 끝나면 새로운 도전으로 향한다.

You move on to a new challenge once a job is finished.

표시된 개수: ________________

사람 3

□ 행위를 옳거나 또는 그른 것으로 본다.
You see actions as either right or wrong.

□ 사람들이 그들이 보이는 것과 같지 않을 때 당신은 그들에게 강하게 반대한다.
You react strongly to people who are not what they appear to be.

□ 당신은 보통 어떤 것이 보이는 것과 같지 않을 때 감지할 수 있다.
You can usually detect when something is not what it appears to be.

□ 사람의 성격을 재빨리 분별할 수 있다.
You can quickly discern a person's character.

□ 잘못하는 사람을 교정해야 하는 책임감을 느낀다.
You feel a responsibility to correct those who do wrong.

□ 악을 회개하기를 거부하는 사람과 갈라선다.
You separate yourself from those who refuse to repent of evil.

□ 어떤 품목을 팔기 전에 그것이 무엇이 잘못되었는지 설명한다.
You explain what is wrong with an item before you sell it.

□ 중요한 문제에 대해 당신이 어떻게 느끼는지 사람들이 알도록 한다.
You let people know how you feel about important issues.

□ 당신에게 완전히 정직한 사람들을 가지고 있다.
You enjoy people who are completely honest with you.

□ 당신이 실패할 때 당신 자신에 대한 판단이 빠르다.
You are quick to judge yourself when you fail.

□ 옳은 일을 하는 것이 그것 때문에 홀로 고통을 겪는 것을 의미할지라도 기꺼이 그렇게 한다.
You are willing to do right even if it means suffering alone for it.

표시된 개수: ________________

사람 4

☐ 사람들이 상한 감정을 가질 때 감지할 수 있다.
You can sense when people have hurt feelings.

☐ 다른 이들의 감정에 민감하지 않는 사람들에게 반작용한다.
You react to those who are insensitive to other's feelings.

☐ 진정한 사랑을 분별할 수 있다.
You are able to discern genuine love.

☐ 상호 헌신이 있는 깊은 우정을 원한다.
You desire deep friendships in which there is mutual commitment.

☐ 당신에게 자신들의 문제를 말하는 사람들을 끄는 것 같다.
You seem to attract people who tell you their problems.

☐ 사람들에게 흔들리지 않거나 단호하게 하는 데 어려움이 있다.
You find it difficult to be firm or decisive with people.

☐ 사랑하는 사람을 위해 화를 대신 내는 경향이 있다.
You tend to take up offenses for those whom you love.

☐ 당신이 어떻게 느끼는지 설명하기 위해 질 높은 교류의 시간이 필요하다.
You need quality time to explain how you feel.

☐ 다른 이에게 상처를 주는 사람을 내쫓기를 원한다.
You want to remove those who cause hurts to others.

☐ 왜 하나님(신)이 사람들에게 고통을 겪게 하는지 종종 의아하게 생각한다.
You often wonder why God allows people to suffer.

표시된 개수: ________________

사람 5

☐ 당신이 보기에 사람들이 될 수 있는 그런 사람이 되도록 동기를 부여한다.
You motivate people to become what you see they could be.

☐ 논리적인 행동의 단계별로 조언하기를 좋아한다.
You like to give counsel in logical steps of action.

☐ 당신은 보통 사람들의 영적 성숙도를 분별할 수 있다.
You can usually discern a person's level of spiritual maturity.

☐ 다른 사람들이 영적으로 자라도록 도와주는 일을 하는 것을 즐긴다.
You enjoy working out projects to help people grow spiritually.

☐ 때때로 이른 시기에 결과에 대한 기대를 한다.
You sometimes raise expectations of results prematurely.

☐ 실제적인 방향(지시)을 주지 않는 가르침을 싫어한다.
You dislike teaching which does not give practical direction.

☐ 당신이 상담하는 사람들의 얼굴의 표정을 살피기를 좋아한다.
You like to see the facial responses of those whom you counsel.

☐ 다른 사람들을 상담하기 위해 종종 "가족 시간"을 가진다.
You often take "family time" to counsel others.

☐ 다른 사람의 삶의 모범을 예로 주기를 즐긴다.
You enjoy giving examples from the lives of others.

☐ 당신의 상담을 따르지 않는 사람을 곧 포기한다.
You soon give up on those who do not follow your counsel.

☐ 당신이 시작한 일(프로젝트)을 끝까지 계속 진행하는 것이 어렵다.
You find it hard to follow through on the project you have started.

☐ 사람들을 상담하기 위해 그들이 처해 있는 상황에서 그들과 공감한다.
You identify with people where they are in order to counsel them.

표시된 개수: ____________

사람 6

☐ 다른 사람들의 실제적인 필요를 감지하고 그것들을 채워 주는 것을 즐긴다.
You notice the practical needs of others and enjoy meeting them.

☐ 다른 사람들이 좀 더 중요한 일을 하도록 섬기는 것을 즐긴다.
You enjoy serving to free others for more important things.

☐ 다른 사람들을 돕기 위해 당신 자신의 일을 소홀히 할 수 있다.
You are willing to neglect your own work to help others.

☐ 다른 사람을 도울 때에 당신의 육체적인 힘의 한계를 때때로 넘어선다.
You sometimes go beyond your physical strength in serving others.

☐ 다른 사람들의 호불호(좋아하거나 싫어하는 것)를 기억할 수 있다.
You can remember the likes and dislikes of others.

☐ 당신은 보통 다른 사람이 하기 전에 섬기는 방법을 찾아낼 수 있다.
You can usually detect ways to serve before anyone else can.

☐ 어떤 일이 빨리 수행되도록 당신 자신의 돈을 사용한다.
You will even use your own funds to get a job done quickly.

☐ 혼자 일을 하는 것을 신경 쓰지 않는다.
You do not mind doing jobs by yourself.

☐ 공개적인 칭찬을 원하지는 않지만, 감사하게 여기는 것을 필요로 한다.
You do not want public praise, but you do need to feel appreciated.

☐ 도움을 요청하는 사람들에게 "아니요"라고 말하는 것이 어렵다.
You find it difficult to say "no" to those who ask for help.

☐ 당신이 한 일에 "추가적인 마무리"를 하는 것을 좋아한다.
You like to put "extra touches" on the jobs you do.

표시된 개수: ____________

사람 7

☐ 당신 자신이나 가족을 위해 돈에 대해 매우 절약한다.
You are very frugal with money for yourself and your family.

☐ 다른 사람의 사역(기관)에 돈을 투자하는 것을 즐긴다.
You enjoy investing money in the ministries of other people.

☐ 현명한 투자로 돈을 버는 능력이 있다.
You have an ability to make money by wise investments.

☐ 당신이 돈을 준 것(기부)을 비밀로 하길 원한다.
You desire to keep your giving a secret.

☐ 돈에 대한 압력에 부정적으로 반응한다.
You react negatively to pressure appeals for money.

☐ 다른 사람들에게 선물을 주어 격려하기 좋아한다.
You like to encourage others to give with your gifts.

☐ 당신이 지원하는 사역(기관)에 가능한 한 효율적이기를 원한다.
You want the ministries you support to be as effective as possible.

☐ 다른 사람들이 간과하기 쉬운 필요한 곳에 주기를 즐긴다.
You enjoy giving to needs which others tend to overlook.

☐ 당신은 때때로 당신의 선물(기부)이 그것을 받는 사람을 부도덕하게 만들까 걱정한다.
You sometimes fear that your gifts will corrupt those who get them.

☐ 양질의 선물을 주기를 원한다.
You desire to give gifts of high quality.

☐ 당신의 선물이 특정한 기도의 응답이었음을 알게 되는 것을 즐긴다.
You enjoy knowing that your gifts were specific answers to prayer.

표시된 개수: ____________

1	2	3	4	5	6	7
방향제시자	조직개발자	문제해결자	중재자	비전제시자	성공조력자	자원제공자
Teacher	Organizer	Idealist	Mediator	Visionary	Server	Provider

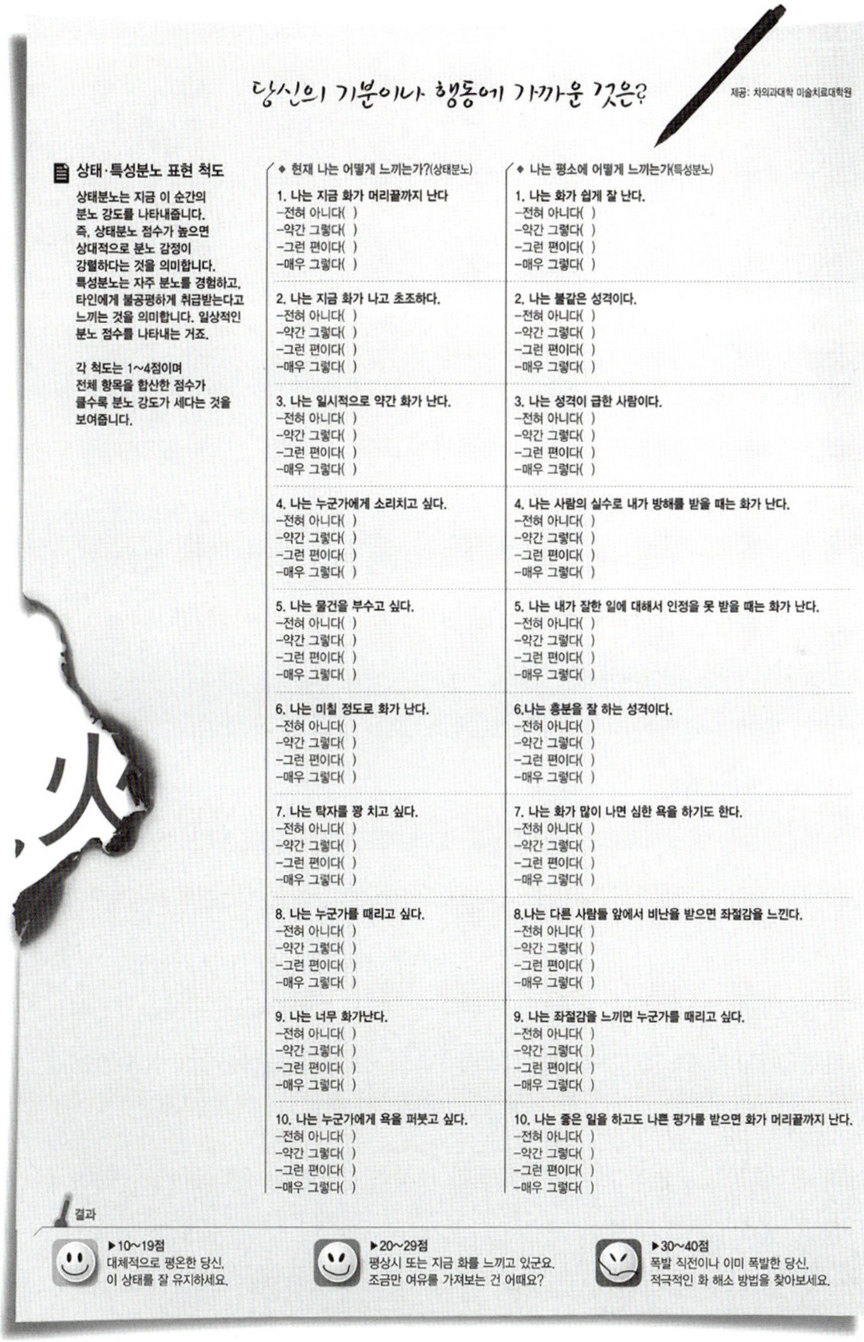

당신의 기분이나 행동에 가까운 것은?

제공: 차의과대학 미술치료대학원

상태·특성분노 표현 척도

상태분노는 지금 이 순간의 분노 강도를 나타내줍니다. 즉, 상태분노 점수가 높으면 상대적으로 분노 감정이 강렬하다는 것을 의미합니다. 특성분노는 자주 분노를 경험하고, 타인에게 불공평하게 취급받는다고 느끼는 것을 의미합니다. 일상적인 분노 점수를 나타내는 거죠.

각 척도는 1~4점이며 전체 항목을 합산한 점수가 클수록 분노 강도가 세다는 것을 보여줍니다.

◆ 현재 나는 어떻게 느끼는가?(상태분노)

1. 나는 지금 화가 머리끝까지 난다
-전혀 아니다( )
-약간 그렇다( )
-그런 편이다( )
-매우 그렇다( )

2. 나는 지금 화가 나고 초조하다.
-전혀 아니다( )
-약간 그렇다( )
-그런 편이다( )
-매우 그렇다( )

3. 나는 일시적으로 약간 화가 난다.
-전혀 아니다( )
-약간 그렇다( )
-그런 편이다( )
-매우 그렇다( )

4. 나는 누군가에게 소리치고 싶다.
-전혀 아니다( )
-약간 그렇다( )
-그런 편이다( )
-매우 그렇다( )

5. 나는 물건을 부수고 싶다.
-전혀 아니다( )
-약간 그렇다( )
-그런 편이다( )
-매우 그렇다( )

6. 나는 미칠 정도로 화가 난다.
-전혀 아니다( )
-약간 그렇다( )
-그런 편이다( )
-매우 그렇다( )

7. 나는 탁자를 꽝 치고 싶다.
-전혀 아니다( )
-약간 그렇다( )
-그런 편이다( )
-매우 그렇다( )

8. 나는 누군가를 때리고 싶다.
-전혀 아니다( )
-약간 그렇다( )
-그런 편이다( )
-매우 그렇다( )

9. 나는 너무 화가난다.
-전혀 아니다( )
-약간 그렇다( )
-그런 편이다( )
-매우 그렇다( )

10. 나는 누군가에게 욕을 퍼붓고 싶다.
-전혀 아니다( )
-약간 그렇다( )
-그런 편이다( )
-매우 그렇다( )

◆ 나는 평소에 어떻게 느끼는가(특성분노)

1. 나는 화가 쉽게 잘 난다.
-전혀 아니다( )
-약간 그렇다( )
-그런 편이다( )
-매우 그렇다( )

2. 나는 불같은 성격이다.
-전혀 아니다( )
-약간 그렇다( )
-그런 편이다( )
-매우 그렇다( )

3. 나는 성격이 급한 사람이다.
-전혀 아니다( )
-약간 그렇다( )
-그런 편이다( )
-매우 그렇다( )

4. 나는 사람의 실수로 내가 방해를 받을 때는 화가 난다.
-전혀 아니다( )
-약간 그렇다( )
-그런 편이다( )
-매우 그렇다( )

5. 나는 내가 잘한 일에 대해서 인정을 못 받을 때는 화가 난다.
-전혀 아니다( )
-약간 그렇다( )
-그런 편이다( )
-매우 그렇다( )

6.나는 흥분을 잘 하는 성격이다.
-전혀 아니다( )
-약간 그렇다( )
-그런 편이다( )
-매우 그렇다( )

7. 나는 화가 많이 나면 심한 욕을 하기도 한다.
-전혀 아니다( )
-약간 그렇다( )
-그런 편이다( )
-매우 그렇다( )

8.나는 다른 사람들 앞에서 비난을 받으면 좌절감을 느낀다.
-전혀 아니다( )
-약간 그렇다( )
-그런 편이다( )
-매우 그렇다( )

9. 나는 좌절감을 느끼면 누군가를 때리고 싶다.
-전혀 아니다( )
-약간 그렇다( )
-그런 편이다( )
-매우 그렇다( )

10. 나는 좋은 일을 하고도 나쁜 평가를 받으면 화가 머리끝까지 난다.
-전혀 아니다( )
-약간 그렇다( )
-그런 편이다( )
-매우 그렇다( )

결과

▶10~19점
대체적으로 평온한 당신,
이 상태를 잘 유지하세요.

▶20~29점
평상시 또는 지금 화를 느끼고 있군요.
조금만 여유를 가져보는 건 어때요?

▶30~40점
폭발 직전이나 이미 폭발한 당신,
적극적인 화 해소 방법을 찾아보세요.

분노 지수 점검

참고문헌

강선보 외(2008). 인성교육. 경기: 양서원.

______(2008). 21세기 인성교육의 방향설정을 위한 이론적 기초. 교육문제연구, 30, 1-38.

김명진(2007). 도덕과 교육을 통한 인성교육의 방법 연구. 윤리교육연구, 14, 181-206.

김수진(2015). 인성교육의 주요 접근. 교육과정연구, 33(2), 207-229.

김정민 외(2014). 한국교육개발원 교육여론조사. 서울: 한국교육개발원.

남궁달화(1999). 인성교육론. 서울: 문음사.

박병춘(2005). 배려윤리의 초등 도덕과 교육에의 적용방안. 도덕윤리과교육연구, 20, 241-264.

박종덕(2014). 인성교육과 교과교육. 도덕교육연구, 26(1), 177-194.

손승남(1999). 21세기를 대비한 인성교육의 철학적 구상, 한독교육학연구, 4(1), 67-84.

손승남(2014). 대학 인성교육의 교수학적 고찰. 교양교육연구, 8(2), 11-41.

신차균(2000). 체험중심 인성교육의 이념과 실제. 교육철학, 23, 205-225.

우수명(2012). 기적의 성품학교. 서울: 아시아코치센터.

이미숙 외(2012). 인성교육, 교육과정과 교사가 변화해야 한다. 서울: 한국교육개발원.

이영숙(2011). 한국형 12성품교육론. 서울: 좋은나무성품학교.

이인재(2009). 초등학생들의 사회·정서적 능력 함양을 위한 이론적 토대 연구. 한국철학논집, 25, 7-40.

이찬승(2015). 2015개정 교육과정, 무엇이 왜 문제인가? – 핵심 역량과 빅 아이디어 도입의 문제점 중심으로. 서울: 교육에서 희망을 찾는 국회의원모임.

장사형(2011). 공교육을 통한 인성교육 강화 방안. 교육철학, 43, 193–222.

정창우(2015). 인성교육의 이해와 실천. 경기: 교육과학사.

조벽(2016). 인성이 실력이다. 서울: 해냄출판사.

존 딕슨(2011). 후밀리타스–위대한 리더십의 완성. 서울: 포이에마.

짐 콜린스(2001). 좋은 기업을 넘어 위대한 기업으로. 경기: 김영사.

차성현(2013). 인성교육 개념의 재구조화. 서울: 한국교육개발원.

천세영 외(2012). 인성교육 비전 수립 및 실천 방안 연구(인성교육 비전 수립을 위한 정책연구 2012–41).

현주 외(2009). 학교 인성교육 실태분석 연구 – 중학교를 중심으로. 서울: 한국교육개발원.

현주 외(2014). 초·중등 학생 인성수준 조사 및 검사 사도구의 현장활용도 제고 방안 연구. 서울: 한국교육개발원.

Berkowitz, M. W., & Bier, M. C.(2005). *What Works in Character Education: A Research–Driven Guide for Educators*. Washington, D. C.: Character Education Partnership.

Devine, T., Seuk, J., & Wilson, A.(Eds.).(2000). *Cultivating Heart and Character*. Philadelphia and London: Character Development Foundation.

Gardner, H., Csikszentmihalyi, M., & Damon, W.(2002). *Good Work*. New York: Basic Books.

Hill, T., & Jenkins, W.(2010). *Making Character First*. Edmond, Oklahoma: Character First Publishers, LLC.

IBLP–Korea 편집부(2013). 진정한 성공의 길. 경기: IBLP–Korea.

IBLP-Korea 편집부(2014). 진정한 성공의 길(개정 4판). 경기: IBLP-Korea.

IBLP-Korea 편집부(2015). 진정한 성공을 위한 능력. 경기: IBLP-Korea.

McAdams, D. P.(2001). *The Person: An integrated introduction to personality psychology*. Orlando, Florida: Harcourt.

Narvaez, D., & Lapsley, D. K.(Eds.).(2009). *Personality, identity, and character: Explorations in Moral Psychology*. New York: Cambridge University Press.

Williams, M. M.(2000). Models of character education: Perspectives and developmental issues, Journal of Humanistic Counseling. *Education & Development, 39*(1), 32-40.

Williams, M. M., & Schaps, E.(1999). *Character education: the foundation for teacher education*. Washington, D. C.: Character Education Partnership.

저자 소개

박종진

연세대학교 전기 · 전자 · 컴퓨터공학과(공학박사)
청운대학교 컴퓨터공학과 교수(1997~현재)
미국 휴스턴대학교 방문교수(visiting scholar)(2010~11)
서울여자대학교 바롬인성지도사
IBLP-Korea & Character First 성품교육 강사
LPPT 성품교육 책임강사

손병기

위스테이별내사회적협동조합 이사장
한국공동체생활문화연구소 소장
한국코치협회 전문코치(KPC)
한국회복적정의협회 2급전문가
회복적경찰 대화모임진행자
한국사회주택협회 이사
휴넷e-MBA과정 수료
국민대학교 리더십과코칭MBA(경영학석사)
저서 〈 두 번째 인생 〉

49가지 품성에 기초한

성품리더십 계발

초판 1쇄 인쇄 / 2021년 7월 20일
초판 1쇄 발행 / 2021년 7월 25일

공저자 / 박종진 · 손병기
발행인 / 이 중 수
발행처 / 동 문 사

서울특별시 서대문구 홍제원 1길 12
(홍제동 137-8)
Tel : 02)736-3718(대), 736-3710, 3720
Fax : 02)736-3719
등록번호 : 1974. 04. 27. 제9-17호
가격 : 20,000원

ISBN : 979-11-6328-256-3 (93370)
E-mail : dong736@naver.com
www.dongmunsa.com